有什么样的精神，就有什么样的成就。毛泽东立志
"改造中国与世界"，最终，毛泽东成为中国"有史以
来最受人民爱戴的领袖"。

　　毛泽东精神万古不灭，永照寰宇！

毛泽东精神

MAO ZEDONG JINGSHEN

刘振起◎著

中国出版集团

中国民主法制出版社

全国百佳图书
出版单位

图书在版编目（CIP）数据

毛泽东精神 / 刘振起著 . — 北京：中国民主法制
出版社，2017.4（2021.4 重印）
ISBN 978-7-5162-1486-2

Ⅰ . ① 毛…　Ⅱ . ① 刘…　Ⅲ . ① 毛泽东思想研究
Ⅳ . ① A84

中国版本图书馆 CIP 数据核字（2017）第 075266 号

图书出品人：刘海涛
出 版 统 筹：赵卜慧
图 书 策 划：胡孝文
责 任 编 辑：陈棣芳

书名 / 毛泽东精神
作者 / 刘振起　著

出版·发行 / 中国民主法制出版社
地址 / 北京市丰台区玉林里 7 号（100069）
电话 /（010）63292534　63057714（发行部）　63055259（总编室）
传真 /（010）63056975　63292520
http://www.npcpub.com
E-mail：flxs2011@163.com
经销 / 新华书店
开本 / 16 开　710 毫米 ×1000 毫米
印张 / 21.5　字数 / 240 千字
版本 / 2017 年 5 月第 1 版　2022 年 5 月第 9 次印刷
印刷 / 北京天宇万达印刷有限公司

书号 / ISBN 978-7-5162-1486-2
定价 / 40.00 元

目　录

写在前面的话　/ 001

第一章　毛泽东精神　/ 007

一、精神　/ 008

（一）精神，是人的内化特质的外在表现　/ 008

（二）精神是具象的　/ 009

（三）毛泽东精神　/ 014

二、毛泽东　/ 017

（一）毛泽东缔造了世界上伟大的政党　/ 018

（二）毛泽东缔造了世界上伟大的军队　/ 020

（三）毛泽东缔造了世界上伟大的国家　/ 023

（四）毛泽东创立了毛泽东思想　/ 024

（五）毛泽东重塑了新中国的伟大人民　/ 025

（六）毛泽东改变了世界　/ 026

（七）毛泽东是中华民族历史上的奇杰　/ 026

三、伟大的毛泽东精神　/ 032

（一）实现伟大复兴梦的力量之源　/ 033

（二）捭阖国际风云的胜利旗帜　/ 034

（三）立足世界民族之林的明慧之光　/ 035

第二章　大善精神　/038

　　一、仁厚　/038

　　　　（一）典型的中国农民家庭　/038

　　　　（二）淳朴的同情心　/040

　　　　（三）容天纳海的仁性　/042

　　二、慈悲　/043

　　　　（一）不同的结论　/043

　　　　（二）蒋介石的失败在于残忍的杀戮　/045

　　　　（三）毛泽东的胜利则在于大慈大悲　/046

　　三、博爱　/050

　　　　（一）悯怀苍生　/051

　　　　（二）人道主义　/054

　　　　（三）孝爱亲友　/056

　　　　（四）心慈过人　/059

　　四、和善　/060

　　　　（一）不用"命令"的军事统帅　/060

　　　　（二）半支烟的折服　/061

　　　　（三）"突发事件"　/061

　　　　（四）你帮我半年忙　/062

　　五、教化　/065

　　　　（一）打天下，不坐天下　/065

　　　　（二）改造世界观　/066

　　　　（三）化腐朽为神奇　/067

第三章　平等精神　/069

　　一、国家平等　/069

　　　　（一）在中国主权问题上决不屈服　/070

　　　　（二）以和平共处的原则处理国际事务　/071

　　二、民族平等　/072

　　　　（一）代表汉族赔过去的不是　/072

（二）充分尊重本民族的意愿　/ 073

（三）中国的民族平等是世界最好的　/ 075

三、政党平等　/ 075

（一）受控于他党的代价　/ 076

（二）平等的争取与策略　/ 077

（三）平等的"十六字"方针　/ 080

四、官民平等　/ 081

五、官兵平等　/ 083

第四章　报国精神　/ 087

一、立志　/ 087

二、奋斗　/ 091

三、探索　/ 099

（一）第一个28年，寻找"大本大原"　/ 099

（二）第二个28年，下定决心走自己的路　/ 103

（三）第三个28年，跳出历史周期律　/ 108

第五章　民本精神　/ 113

一、民本史观　/ 113

二、人民制胜　/ 116

三、人民主宰　/ 119

四、从民到民　/ 120

五、人民万岁　/ 123

六、敬畏人民　/ 126

第六章　斗争精神　/ 129

一、斗争实践多彩　/ 129

（一）一师初试手　/ 130

（二）工人运动第一旗 / 131

（三）武装斗争 / 133

（四）非一战不足以图存 / 134

（五）农夫与蛇 / 138

（六）"美国人不整是不行的" / 142

（七）一战图安 / 148

二、桌面对决妙法胜算 / 152

（一）重庆谈判 / 152

（二）出国会商 / 155

三、斗争的寻常性 / 159

四、斗争的坚定性 / 162

（一）坚不可摧的斗争意志 / 163

（二）坚定无比的斗争信念 / 167

（三）坚贞不渝的斗争目标 / 171

五、斗争的原则性 / 174

（一）收复一切失地 / 174

（二）半个指头也不行 / 175

（三）寸土必争 / 176

（四）经典的斗争原则理论 / 178

六、斗争的艺术性 / 178

（一）"三分法"艺术 / 178

（二）反蒋、逼蒋、联蒋 / 181

（三）既联合，又斗争 / 182

（四）又团结，又斗争 / 183

第七章 合作精神 / 185

一、选择合作团队 / 185

（一）矢志革命的家人团队 / 186

（二）忠诚报国的师生团队 / 189

二、无条件的合作　/191

　　（一）袁文才、王佐，第一批的合作者　/192

　　（二）朱德、陈毅，第二批的合作者　/193

　　（三）彭德怀、滕代远，第三批的合作者　/196

三、最广泛的合作　/197

　　（一）尽量减少不合作者　/197

　　（二）一切爱国的都是合作者　/198

四、合作的变与不变　/200

　　（一）对象变，宗旨不变　/200

　　（二）方法变，目标不变　/203

五、合作特质与合作模式　/205

　　（一）不同的合作特质　/205

　　（二）不同的合作模式　/205

第八章　开放精神　/207

一、流血流泪的“开放”　/208

　　（一）侵略中国的五次战争与不平等条约　/208

　　（二）不平等条约与中国“开放”　/210

　　（三）“开放”与中国沦为半殖民地　/214

二、被封锁中的开放思想　/215

　　（一）根据地时期的开放　/216

　　（二）边区时期的开放　/219

　　（三）新中国成立初期的开放　/221

三、台湾问题与开放政策　/223

　　（一）美国政府扶蒋反共　/223

　　（二）美国总统放蒋出笼　/225

　　（三）美国人制造台湾问题　/226

　　（四）不给帝国主义合法地位　/228

　　（五）一揽子解决方案　/229

四、"一边倒"的开放智慧 / 230

（一）"一边倒"的历史判断 / 231

（二）"一边倒"的成功实践 / 232

（三）"一边倒"的伟大功绩 / 233

五、大外交的开放战略 / 234

（一）大外交的构思与传递 / 235

（二）大外交时机的把控与抉择 / 236

（三）大外交局面 / 238

第九章 学者精神 / 240

一、终身的学习活动 / 241

（一）青少年时代 / 241

（二）井冈山时期 / 244

（三）延安时期 / 246

（四）新中国成立后的第一个学习期 / 248

（五）晚年时期 / 250

二、广博的学习书目 / 252

（一）马列著作 / 252

（二）中国史籍 / 253

（三）哲学与逻辑 / 255

（四）自然科学 / 256

（五）古典小说 / 258

（六）诗词书法 / 262

（七）鲁迅著作 / 265

（八）学术理论文章 / 267

三、创新的学习方法 / 267

（一）有先有后地学 / 268

（二）批判地学 / 269

（三）联系实际学 / 270

（四）多种形式结合学　/ 271

四、唯实的学习态度　/ 272

（一）诚实和谦逊　/ 273

（二）永远不满足　/ 273

（三）不拘泥于书本　/ 273

五、高尚的学习风范　/ 274

（一）"无多研究，不敢有所论列"　/ 274

（二）"故不必改动"　/ 275

（三）"姑且存留听下回分解吧"　/ 276

第十章　修身精神　/ 279

一、修心性　/ 279

（一）救国救民——子任　/ 280

（二）国败民无安——舍家　/ 281

（三）为国奋斗——共命运　/ 282

二、修善德　/ 283

（一）接济穷人　/ 283

（二）打抱不平　/ 284

（三）不拿群众一针一线　/ 284

（四）为人民服务　/ 285

（五）从群众中来，到群众中去　/ 286

（六）心里放不下的是中国老百姓　/ 287

三、修意志　/ 288

（一）文修其心　/ 288

（二）武修其体　/ 289

四、修胆力　/ 290

（一）纳于烈风雷雨　/ 291

（二）切实社会调查　/ 292

（三）战争中的学习　/ 293

五、修智慧　/294

（一）历史联系的思维　/294

（二）透过现象看本质　/295

（三）辩证地分析判断　/295

（四）巧妙地运筹矛盾　/296

六、修学识　/298

（一）贯通今古，融会中西　/298

（二）读万卷书，行万里路　/298

（三）联系实际，学以致用　/298

第十一章　平民精神　/300

一、平民之情愫　/301

二、平民之孝道　/302

三、平民之婿孝　/304

四、平民之兄义　/305

五、平民之父爱　/307

六、平民之率真　/309

七、平民之饮食　/310

八、平民之衣着　/313

九、平民之随性　/315

十、平民之乡邻　/318

十一、平民之义气　/320

十二、平民之称呼　/322

十三、平民之钟爱　/324

后　记　/326

主要参考文献　/328

写在前面的话

我写这样一部书，是下面的一系列事件促成的。

缅怀毛主席的书法人。2009年4月的一天，由军事博物馆散步去西客站，行至会城门一小巷，见地上用水笔写下的大字："毛主席壹萬年都好"，楷体字，写得苍劲有力，这顿时引发了我诸多的联想。多年来，在京或出差外地，经常在公园或广场见到在水泥地面或砖地面练习书法的人，他们写着各种各样的话，但写毛主席诗词、毛主席语录，表达对毛主席敬仰、爱戴、怀念的话最多。例如，伟大领袖毛主席永远活在我们心中，毛主席是人民的大救星，等等。这些人，有老年人，有中年人，也有青年人。我们说，时光会冲刷人们的记忆、荡涤社会的万事万物。时间越久远、社会越发展，毛主席的影响越深刻。

毛爷爷回来啦！2012年9月19日，乘北京西开往郑州的D133次列车出差。列车正点发车驶出北京，车上的人们由上车初的嘈杂而变得渐渐安静。突然，一个清脆而亢奋的女声爆出："亲爱的，俺可自豪啦！俺昨天去日本大使馆游行啦，高高举着毛主席像，喊着'毛爷爷回来啦！毛爷爷回来啦！钓鱼岛是中国的……'"一个车厢几乎所有的乘客都不约而同地朝这个姑娘望去。这个姑娘看上去20岁左右，穿着一件浅粉红色上衣，干干净净，给人的感觉端庄朴实。她处于兴奋状态，并没有因为大家朝她看去而停止大声说话，而大家也就静静地听着这个姑娘继续说："人们排着队，警察维持秩序，讲不准砸东西，不准投石头，可以投鸡蛋。路边上有老乡给我们递鸡蛋，可解气啦！……"她一口地道的河南话，很激情、很婉美，大家被感染，鼓起了掌。从她说话的语气和表情可以判断出，电话是打给男朋友的。她是来北京办事的，偶然参加了这次游行。这个姑娘的电话使我很振奋，也为新生代的爱国精神而自豪。同时也让我深思，为什么一旦国家有难，人们总会想起毛主席。我国驻南联盟大使馆被炸，国人义愤填膺，茶余饭后无不谴责美国的强盗行径，而手机上最热的短信是"毛主席复活了……"的段子。这是一个神话式的幽默，传得很广、时间很长，它集中反映了国人的一种心态，这就是有了毛泽东，我们就什么也不怕，我们就能战胜任何敌人，战胜任何困难，我们就会战无不胜！

供奉毛泽东画像。2014年1月18日，开车回老家看望母亲，途经永清县曹家务集市，看到摊位上摆着崭新的毛主席标准画像和习近平总书记的标准画像。这是我第一次看到习近平总书记的这一画像。这些画像都是新印刷的，各有几百张。这说明有市场需求，这种需求充分反映了老百姓的认可度。有的领导干部，总认为老百姓不知道什么，实际上老百姓心里明镜似的。习近平任总书记以来，在廉政建设和反腐败问题上采取了一系列措施，深得老百姓拥护，所以，老百姓才自发地挂他的像。而挂毛主席的像、除夕供奉毛主席，即使在过去一度出现贬损毛泽东的思潮时，也没有能把毛主席从普通老百姓的心中赶走。老百姓深深知道，毛主席是中国人民的大救星。有了毛主席，中国的老百姓才告别了苦难和屈辱，才得到了解放并当家作主。这种记忆在中国人民心中是延续的，也将是永恒的。1945年毛主席赴重庆谈判时，安危健康、饮食起居都成为普通老百姓放心不下的大事。边区的老百姓寝食难安，每天都要去听人读报、探听消息，甚至有的老百姓焦虑得闹起眼病。国民党统治区的老百姓也是如此。重庆的"一个小康的家庭"给《新华日报》投书说："好几年来我们一直关怀着毛主席的健康,乘他到达此地的这个机会,我们诚心诚意附上法币一万元,拟请代购美国鱼肝油丸转献毛主席,略表我们对他的一点敬意。我们既非共产党员,又非无产阶级,可算是小康之家;也就因为这点,才足以证明爱戴他的人,除上述这类人外,还有我们这一类的人!我们认为只要他活着,中国就总有完成人民愿望的一天。"新中国成立后,来北京开会的代表,如果和毛主席握了手,其他的人就握他(她)的手,对毛主席的崇敬溢于言表。毛主席去世后,老百姓又把对毛主席的爱戴、景仰之情,转换成了一种精神寄托,祈求毛主席保佑。春节,这个具有中华民族象征的节日,是老百姓祈求平安、幸福和家人团聚的最重大的节日,不少百姓家里,除夕之夜,除了供奉祖先的牌位,还供奉毛主席的像。还有不少人在车里挂着毛主席像,作为平安符,有的老百姓还说"真灵"。在老百姓心里,毛主席能保平安。

诋毁毛主席是应该警惕的! 2011 年一次乘高铁去济南出差,连座的一位老同志见我看研究毛泽东的书,他瞅了我一眼说道:"好!应该看歌颂毛主席的书。现在有些人诋毁毛主席,这是应该警惕的。这些人归纳起来可称为'三无'人员。"我听此,以期待的眼光看着他。他接着说:"这'三无'人员:一是无知之人,他们不了解过去灾难深重的中华民族的历史,也不知道毛主席为人民打江山的丰功伟绩,人云亦云。二是无德之人,他们无视毛主席没有任何私心、一心为国为民的伟大品格,只是站在自己和家庭得失的标准上泄私愤,完全没有公德。三是无良之人,这主要是敌对势力,包括国内外怀有不良政治企图用心的人,他们造谣、诋毁毛主席,是想整垮中国人的精神支柱,整垮共产党,进而整垮中国。无知、无德之人客观上帮了无良之人,无良之人正好利用了这些无知、无德之人。这是应该切实警惕的!"无独有偶,一年后,又读到了李敖先生的文章,文章中也有此见解："毛泽东时代中国的力量主要是精神的力量，丑化毛泽东就可以瓦解中国人的精神，达到不战而屈人之兵的目的。国内很多人对毛泽东的仇恨，在客观上完成了西方列强一直想做却无法做到的工作，很多不明真相却自以为是的人，事实上成了西方列强的走卒和帮凶。"这使人感到，毛泽东，毛泽东精神，已与中国和中华民族的命脉相连。

毛泽东在世界享有崇高威望。非洲莫桑比克首都马普托市中心有一条毛泽东大街，是一条主要街道，是莫桑比克为纪念毛泽东而命名的。在 21 世纪的今天，在非洲，仍然会听到很多非洲朋友用中文唱歌曲《东方红》，用中文喊毛主席万岁！非洲的朋友，如果听说你是中国人，会立即竖起大拇指说："毛泽东！毛泽东！"21 世纪一位广受敬仰的伟人——南非总统曼德拉，是世界著名的平民领袖，非洲人民给予他最崇高的赞誉，他曾在牢房里如饥似渴地研读《毛泽东选集》，保持终生学习。世界上没有任何一位其他国家的领袖能够让他们如此肃然起敬。"外国人眼里的毛泽东神秘而高大，他在世界人民心中有着不可估量的地位与魅力。"2013 年，你还可以在拉丁美洲国家青年人的 T 恤衫上看到毛泽东的画像；在美国尼克松图书馆里，陈列着十尊与真人一样大小的世界政治人物雕像，这些是尼克松心中最为佩服的政治家，其中排在第一位的是毛泽东；英国前首相希思最推崇的世界政治家，第一位就是中国的毛泽东；日本前首相田中角荣，私下里对儿女们评论各国领袖时，推崇毛泽东为圣人。这就是毛泽东的魅力，跨越国界，跨越民族，跨越世纪。

毛泽东热是个历史奇迹。2009 年的美国《世界日报》报道，每年的 12 月 26 日（毛泽东诞辰日）和 9 月 9 日（毛泽东逝世日），人们都要自发地纪念毛泽东。2008 年的毛泽东诞辰日，官方没有举办活动，但民间悼念活动照例进行。清晨，人们冒着严寒在天安门广场南侧排起数十米长的队伍，依次序进入"毛主席纪念堂"，瞻仰毛泽东遗容，献花，以示悼念。这一天，到韶山的有数万人，在网络上，参加网上纪念毛泽东活动的也有数万之众。实际上美国《世界日报》说少了，据香港《大公报》说，单是4月2日一天，就有至少3万人从全国各地到韶山向毛泽东表示敬意。香港《亚洲时报》说，虽然毛泽东逝世40年了，但是这位共和国的缔造者仍然活在许多中国人的心中。在中华人民共和国成立60周年前夕，对毛泽东新一轮的怀念席卷全国，他的小红书《毛主席语录》在中国的大学生中重新流行起来，一个书店每月能卖出200多本。香港中评社报道，一个中国官方网站日前举办最受欢迎的爱国歌曲评选，歌颂毛泽东的《东方红》遥遥领先、稳夺第一，排名第二的是《太阳最红，毛主席最亲》，已经逝世40年的毛泽东在中国仍然很具人气。《世界日报》的文章认为，中国改革开放30多年，但不管政治如何反复，社会如何转型，毛泽东热一直在持续，还不断变换内容、花样翻新，这确实是个历史奇迹。

这是毛主席。济南战役纪念馆，一位父亲对着毛泽东对十三四岁的孩子说："这是毛主席。"听得出，这位父亲是满含深情的，但孩子一脸茫然，没有太多的反应。这是现实：新人不知本。黄克诚讲，毛主席缔造了党和国家，根据马列主义的基本原理，结合中国革命实践，创立了毛泽东思想，这是我们的财富，今天还要靠毛泽东思想，丢了就有危险。李敖先生说："毛泽东和他那辈人奋斗了一辈子，留下来的宝贵财富就是毛泽东精神，要是在我们这辈人手上丢了，那最终也许我们将一无所有。"那位父亲可能想到了这一点，也可能没有想到，但这告诉我们：需要让年轻人知道毛泽东，学习毛泽东思想，弘扬毛泽东精神。

"有天安门在，就有毛泽东在。"这是一位著名作家说的话，可谓深刻、高远。是的，今天在"别的地方看不见毛泽东了，在天安门能够看见毛泽东"。年年月月天天，不论白天黑夜，天安门城楼的毛泽东像以他那睿智的眼睛注视着新中国的人民和远道的朋友。来天安门游览的人，无一不在天安门城楼前留影，毛泽东就这样永远定格在了每幅照片中。有研究认为，"短短的30年的时间，历史奇特地拐了回来。在没有任何外力要求下，越来越多的人开始重新学习毛泽东……新的毛泽东热不断涌现，许多人特别是年轻人开始用自己的心灵去感受这一神圣……"这说明毛泽东精神已经融入中华大地——过去、现在、将来。

"毛诞"快乐！ 12月26日，毛泽东诞辰，你会接到朋友、同事、师生短信："毛诞"快乐！还有此间的聚会，也不乏"祝各位'毛诞'快乐"的祝福语。毛泽东诞辰纪念日，已似乎成为许多人心中的节日。

这明白地告诉人们：毛泽东成为一种符号、一种精神象征、一种精神信仰。

我们说，一个伟大的民族，必定依赖一种伟大的精神。只有有了这种伟大精神，才能立于不败之地。

这些客观的信息，促成了我写作《毛泽东精神》的决心。

第一章

毛泽东精神

精神是生命的主宰。一切物质的、有形的东西皆为躯体，只有注入精神才有生命力。

一个国家需要有一种精神。这种精神是国本，是一个国家的象征，是凝聚人心、激发正能量的稳定剂。

一个民族需要有一种精神。这种精神是脊梁，是一个民族的符号，是抵御外侮、昭示自强的兴奋剂。

这种精神统一于一个国家、一个民族的一个伟大的代表人物。

这个代表人物必须具有最大的公信影响力，具有普渡众生的大爱情怀，具有艰苦卓绝的奋斗传奇，具有超凡入圣的智慧魅力，具有公而无私的大我品格，具有无与伦比的非凡气质。在中国，唯有伟大的毛泽东，唯有伟大的毛泽东精神。

李敖先生说："中华民族五千年的历史上，第一位巨人毫无疑问是毛泽东。""毛泽东的精神给了吾民族以灵魂，毛泽东的精神就是我们民族的精神。"

一、精神

为了研究和理解的便利，本文不得不解释和定义一下精神的概念，尽管这样做增加了读者的负担，还冒有被挑剔和指责的风险。下面对精神给出新的定义，并论述精神的特点，从而阐述本书的主概念——毛泽东精神。

（一）精神，是人的内化特质的外在表现

如果要问，精神是什么呢？大家可能一时难以回答。确实，尽管大家都在经常使用这个概念，但要说清楚这个概念是很难的。因为，这个概念使用非常广泛，你几乎可以在任何地方、任何时间都能听到它。例如，哥儿俩一见面，你可以听到：嗨！哥儿们，看上去精神不错啊！这时你能清楚他说的精神是什么吗？

权威的辞书对精神的解释也是较为宽泛的。《辞海》语词分册的解释有五项：一是哲学名词，指人的意识；二是神志，心神；三是精力，活力；四是神采，韵味；五是内容实质。《现代汉语词典》的解释有两条，也是共五项：一是指人的意识、思维活动和一般心理状态；二是宗旨，主要的意义；三是表现出来的活力；四是活跃；五是英俊，相貌、身材好。而《新华词典》的解释则少得多，只包括了意识、活力和内容实质三项。尽管这么多的解释，好像也没有周全它的方方面面。例如，电影《列宁在1918》中有这样的镜头，苏联红军在与敌人拼杀时，指挥员为了激励士气，高喊着"为了列宁，冲啊！"此时，但见指战员一跃而起、英勇百倍地冲向敌阵。在这里，这种英勇杀敌的精神，实际上反映的是一种信仰，是对列宁精神的信仰。从语言实践中，精神这一概念也还包含了理想、信

念、意志、理念、价值观等。例如，无数革命先烈，为了革命，抛头颅洒热血、赴汤蹈火在所不辞的大无畏精神，是对理想、信念的追求。

但无论从什么角度去定义、去认识，都必须承认，精神是由人呈现出的多维的表现。如此说，可能有人要问，那如何理解大寨精神、大庆精神呢？那是个单位啊！其实这很好理解，大寨精神、大庆精神，同样反映的是大寨人、大庆人在社会主义农业、社会主义工业建设中表现出的革命热情和无私奉献精神，是大寨人、大庆人这个群体的精神表现，带有明显的大寨人、大庆人群体的特质。即使是内容实质、宗旨，也是人的意识、决策的体现。例如，文件精神、会议精神，它反映的是决策人、与会人的思想、意识等。因此，作者认为，精神，是人的内化特质的外在表现。这个人，可以是个人，也可以是人的群体。所呈现出的精神，具有这个人或人的群体的特质。

（二）精神是具象的

精神，一般说来是抽象的。这就是哲学范畴所讲的，精神是人脑的产物，它能动地反映客观存在并能动地反作用于客观存在。就是人们常说的，物质变精神，精神变物质。但研究会发现，精神最大的特点是它的具象性，就是说，不存在纯粹的、空的精神。我们说的大寨精神、大庆精神，都是大寨人、大庆人的具体的信仰、观念、意识、行为、贡献的集中体现。即使是唯心主义所说的精神，也要造一个具象的东西来体现。

精神非常重要。正如有人说的：人，身体摔倒了还可以爬起来，但如果精神倒了，就永远起不来了。

精神具有象征意义。凡是某一精神，其主体都是某一团体、政党、国家和民族的伟大人物或英雄。这一精神，是这一团体、政党、国家和民族的象征，具有宣示主旨、凝聚人气、教化心灵、激励向上的巨大作用。

很多国家、政党都悬挂其总统、领袖的画像，这是为什么呢？其实，就是宣示的一种精神象征。

孙中山作为国民党的领袖，已经逝世90多年，台湾的国民党政权始终悬挂他的画像，这可谓智慧之举。有了孙中山的像，就宣示着国民党的历史和宗旨，也可能还想告诉人们国民党过去的正统和辉煌。无论如何讲，悬挂画像的精神象征意义，是用再多的文字也难以比拟的。孙中山是20世纪初探索中国革命道路最杰出的代表人物，是国民党的创立者，尽管共产党帮助过孙中山改组国民党，但孙中山的"联共"其实是"联俄"政策的附属产物，因为他认为共产主义秩序和苏维埃制度实际上不能引进中国。资料显示，孙中山与越飞（苏联副外交人民委员艾布拉姆·阿道夫·亚伯拉罕维奇的中文名字）于1923年1月26日发表《孙文越飞联合宣言》，第一条中清楚表述："……孙中山以为，共产主义甚至苏维埃制度均不能实施于中国，因中国并无可使共产主义或苏维埃制度实施成功之情形存在之故。"有意思的是，26年后共产党战胜国民党，建立了社会主义的新中国。

还可以看看前苏联。前苏联共产党垮了，国家分裂了，可这其中的原因是什么呢？现在有不少专家在研究，找出了很多理由，可我认为这与苏联共产党否定斯大林有最直接的关联。赫鲁晓夫上台，彻底否定了斯大林，一夜之间扫清了一切与斯大林有关联的东西。斯大林象征着苏联共产党，是一种精神信仰，斯大林被否定、被清扫了，精神象征也就这样中断了。

没有了精神象征，就意味着失去了最根本的基础。

胡志明1969年9月逝世，至今已近50年，越南依旧悬挂他的像，其实也是把他作为国家和党的精神象征的。看看中国，大量事实证明，西方敌对势力、国内民族分裂势力，把污蔑毛泽东作为战略手段，卑鄙地造谣中伤毛泽东，其目的也就在这里。毛泽东是中国共产党的领袖，是中国共产党、中华人民共和国的精神象征，毁了毛泽东，也就毁了中国共产党，毁了中国共产党也就必将达到他们西化、分化中国的目的。只可惜我们有些人对此麻木不仁，或视而不见，或听之任之，甚至有的还在迎合。这是非常可怕的，因为这会在麻木中丧失正义，使邪恶扩散、集聚，妄图有朝一日击碎我国社会秩序。

精神具有激励作用。这是司空见惯的精神特性，它能够鼓舞斗志，增强意志力，激励人们努力上进，达成人类的目标。即使在最艰苦的战争年代，同样如此。八一南昌起义，朱德是九军的副军长，这个军是个空架子，没有军长，朱德率领参加起义的人不到500人，大约是一个营的兵力，所以，他的地位并不重要，组织指挥的核心领导成员中没有他，也没人听他的话。三河坝完成阻击任务后，部队已是个烂摊子，兵力损失过半，四面都是敌人，与各方面皆失去了联系，所有师级以上的党代表均已离队，团级的政治指导员只剩了陈毅，师团级军事干部就剩七十四团的参谋长王尔琢，部队没有衣物、没有粮食、没有药品、没有弹药，思想、组织上相当混乱，面临顷刻瓦解、一哄而散之势。

生活在新中国和平年代的我们，无法想象当时的艰难，因为，单是那种环境就使人窒息。就是在这关键的时刻，朱德站出来，以其决绝的革命精神，喊出了"要革命的跟我走"，挽救了这支队伍。陈毅元帅后来说，在当时最黑暗的日子里，群众情绪低到零点，朱总司令指明了光明的前途，增强了群众的革命信念。

同样，毛泽东领导的秋收起义，也面临过同样的情况。秋收起义失败后，毛泽东对剩下来的700来人的队伍进行了缩编，从三湾出发前，他以贺龙"两把菜刀闹革命"的鲜活榜样，告诉他的部下，他们的部队必定能胜利。正是毛泽东必胜的信念和决心激励了他的追随者。

精神具有传导性。精神有激励的作用，是来源于它的传导性。这种传导性，既可以是正向的，也可以是负向的。有个词叫兵败如山倒，就是形容一旦精神倒了，多大的兵力也会顷刻瓦解、轰然崩塌，这也就是精神的负向性传导。精神倒了，是非常可怕的。中国人自 1840 年后，就在外国侵略者面前变成了"人为刀俎，我为鱼肉"的状态，恐惧、绝望、懦弱、奴性，任人宰割成为民族精神的代名词。我们知道，区区两万八国联军人马，踢着正步就踏进了 40000 万人顶礼膜拜的紫禁城，清政府屈辱地签下一个个不平等条约。到了 20 世纪，面对日本侵略者，以蒋介石为首的国民政府和国民党军队，仍然一味妥协退让、不敢亮剑。在东北，张学良 20 万大军，面对 19000 人的日本关东军，10 倍于敌的兵力，在自己的国土上，不战而退，不放一枪丢掉了东北。在华北，日本华北驻屯军最多也只有 8400 人，而同一地区宋哲元的第二十九军不下 10 万之众，面对日军的挑衅，也只有退让，日本侵略者肆意践踏国土一直到卢沟桥。世界战争史找不到先例。"在抗战初期，常有百十名日寇就能扬长而入一县城、省城，不仅未遇抵抗，还会有些汉奸忙着挂维持会牌子打太阳旗相迎之。"这就是我们屈辱的历史。在这里可以明显看出，国家的衰弱，是精神的衰弱。真正改变这一切的，还是用毛泽东精神武装起来的中国共产党的军队。1937 年 9 月 25 日，林彪指挥八路军第一一五师，在平型关打赢了中国军队自抗战以来的第一仗，这也是自 1840 年以来，近百年中国人对付外国侵略者取得的真正胜利，给中国人注入了精神的强心剂。

精神具有不可想象的能量。人类的精神一旦唤起，其力量是物理因素不可比拟的。毛泽东讲，一切反动派都是纸老虎，原子弹是纸老虎。这讲的就是中国共产党人的精神，为了人民的革命事业，不惧怕任何困难，敢于战胜任何敌人。任志刚先生说，毛泽东用愚公移山作为中国共产党人的最主要的精神，有了毛泽东找到的战无不胜的一整套方法，就如同精神层面上的核裂变和核聚变，由他和共产党人以彻底的自我牺牲带领中国数亿人的努力奋斗，最终改变了旧中国社会堕落的轨迹。这就是精神的力量。

精神可以超越生命。对于一个伟大的人，你可以消灭他的肉体，你不可以消灭他的精神。1935 年 1 月，红十军团因指挥失误导致作战失利，在浙赣边界的怀玉山突围时，第二十一师师长胡天桃被捕，令国民党将领吃惊的是，"这位（红军）师长的身上穿着三件补了补丁的单衣，下身穿两条破烂不堪的裤子，脚上穿着两只不同色的草鞋，背着一个很旧的干粮袋，袋里装着一个破洋瓷碗，除此以外，别无他物，与（红军）战士没有什么区别。"时值严冬，天寒地冻，他们真不敢相信这就是红军的师长。国民党的将领使出物质诱惑、死亡逼迫的手段，不能动其精神丝毫。共产党的师长胡天桃被国民党枪杀了，国民党的将领最后成了共产党的"俘虏"。应该说，时光给出了裁决，胡天桃是精神的胜利者。

"生的伟大，死的光荣"是毛泽东给刘胡兰的题词。一个 15 岁的女孩子，今天可以在父母面前任意撒娇。而 15 岁的女共产党员刘胡兰，在国民党军阀用铡刀铡死 6 个人的威胁面前，无丝毫畏惧，令残暴的国民党军队得不到任何想要的东西。刘胡兰从容地牺牲在敌人的铡刀下，精神永生了！这就是精神的能量。

精神唤起，其力无比。1949 年新中国成立，"是一穷二白，国民党把能搬走的全搬走，能炸掉的全炸掉，留给中国大陆的是两百万土豪劣绅、流亡土匪要你清除，国民党把整个国库九十二万两黄金搬到台湾去"，就是这么一个烂摊子，朝鲜战争，中国共产党领导全国人民和军队，打赢了美帝国主义，"使中国在短短二十多年内走完了西方发达国家上百年才能走完的工业化道路，成为世界主要工业强国之一"。这其中最主要的也是精神的力量。

李敖先生说:"毛泽东的精神不是万能的,但没有毛泽东的精神是万万不能的。"这也是本人写作《毛泽东精神》的初衷。

(三)毛泽东精神

毛泽东精神的提法,总归起来大体上有以下三类。

第一类是隐含性的。比如,毛新宇在其著述中提到,爷爷毛泽东给子女留下了伟大的精神财富。他在《爷爷毛泽东》的代前言中还说道:"学习毛泽东,因为他的精神已经不可避免地融入了我们民族的灵魂。"再如,任志刚先生在《为什么是毛泽东》一书的后记中说:"事实上他(毛泽东)最终成了世界上最多人的精神导师,他的声音穿越中国,到达世界许多角落,无数和他同一时代的人在他面前谦恭地低下头,希望聆听他的教诲,以听到他的声音为荣。"再比如,曾任澳大利亚总理的惠特拉姆,认为毛泽东是掌握世俗权力,且具有精神力量的领袖人物特有的气派。原中国人民解放军总医院副院长、著名耳鼻喉专家姜泗长院士,曾于1974年12月至毛泽东逝世期间,在为毛泽东专设的医疗组工作。1977年他写过一篇文章,题目是《战斗不息——回忆毛主席在病中的伟大革命精神》,文中讲:"伟大的领袖和导师毛主席为了中国革命和世界革命,战斗到生命的最后一息,他老人家的崇高精神,光彩照人,将永远激励我们前进。"《毛泽东思想研究》2013年第二期刊载彭臻、沧南的文章,标题就是《毛泽东的精神风范和人格魅力》。从这些表述中,我们可以看到与毛泽东相连的精神元素。

第二类是单一性的。由上面姜泗长的文章题目可以看出,他讲的是毛泽东的革命精神。任志刚先生在《为什么是毛泽东》一书的论述中,还提到"毛泽东一生充满斗争精神"。还是在该书中,任先生讲毛泽东推崇鲁迅的斗争精神和彻底的牺牲精神,认为这其实就是毛泽东的精神。还有的文献提到，毛泽东在晚年面对疾病和死亡威胁，表现出了令人十分敬佩的乐观主义精神。显然，这些提法，都是就毛泽东精神的某一侧面而说的。

第三类是指代性的。1977 年 9 月 13 日，《解放军报》发表原中国人民解放军总后勤部政委王平上将的文章《大力发扬毛主席培养的革命英雄主义精神》，文中讲，"毛主席培育我军的革命英雄主义精神，很重要的就是他自己的革命英雄主义伟大榜样"。还有很多文章提到毛泽东倡导、培养的自力更生、艰苦奋斗精神等等。从毛泽东伟大的革命实践看，凡是他培育、倡导的一系列精神，他自己首先是这一系列精神的模范实践者。

毫无疑问，毛泽东精神是实实在在存在着的，只是我们没有这么去总结、去认识。

那么，什么是毛泽东精神呢？按照本文对精神的定义表述，毛泽东精神，就是毛泽东内化特质的外在表现。

毛泽东的内化特质，是毛泽东精神本原的部分，是毛泽东若干精神发散的基本元素。毛泽东的内化特质，主要由毛泽东的修为、品格、意志、信念、气质等构成，这使得毛泽东登上人类大我的至高殿堂，大慈大悲，严于律己，为了人类的解放和平等，决绝践行、百折不挠、不可征服。

毛泽东精神的具体方面，则是由毛泽东这一伟大圣贤表现出来的无数鲜活的行为细节所构成，是多维立体的整体，基本的包括：大善精神、平等精神、报国精神、民本精神、斗争精神、合作精神、开放精神、学者精神、修身精神、平民精神。这是毛泽东精神整体的多维折射，就像太阳辐射的光线。

那么，如何理解毛泽东精神呢？主要的应遵循以下三个基本方面。

一是实践性。毛泽东是中国共产党的创建者。共产党的遵义会议前的主要领导者，使中国共产党多次蒙受巨大灾难，有几次近乎要亡党。例如，陈独秀右倾错误导致的第一次国内革命战争失败，王明"左"倾教条主义导致的第五次反"围剿"的失败等。共产党真正走向成功的道路，是毛泽东摸索出来的。实践证明，在方向、路线上他没有错过。遵义会议后，是毛泽东一直驾驶着共产党的这艘光明之轮驶达胜利的彼岸。我们说，马克思、毛泽东都是伟大的思想家、理论家，但马克思只是描述了建党学说，而毛泽东则不但提出系统的建党学说，而且成功地进行了伟大的建党实践。克劳塞维茨，是以军事理论著称于世的，是举世公认的军事理论家，而毛泽东不但是举世公认的军事理论家，而且是世界上最伟大的中国人民解放军的缔造者，领导中国人民解放军长达半个世纪，直接指挥和间接指挥 400 多次战役，战无不胜，指挥艺术超凡盖世，以至于美国军队有了这样的通则：研究陆战，就研究毛泽东。毛泽东又是中华人民共和国的缔造者，从创建根据地、建立中央苏区政权到建立新中国，他领导中国人民披荆斩棘、战胜无数次国内外敌对势力的颠覆破坏，探索实践了中国特色社会主义的政体和组织模式。总之，毛泽东领导建党、建军、成立新中国的伟大实践，是举世无双的。毛泽东精神就孕育在这些伟大的实践中、闪光在这些伟大的实践中，这是我们理解毛泽东精神必须首先把握的。

二是完整性。毛泽东精神，博大而深邃。为便于研究，我们把毛泽东精神细化为很多方面，或者说，我们是划分了不同方面去研究。这些方面，有的是从报国为民的角度，有的是从自身修养的角度，还有的是从策略艺术的角度。这些划分，只是为方便研究起见，而在实际上看，它们既有着明显的独立性，又有着割不断的联系，更主要的是它同化于毛泽东的个人特质，深深印着父母的良性迁移、中国优秀传统文化的影响、现代科学文明的洗礼、"三大斗争"实践中的人性发现，多维立体。所以，认识理解毛泽东精神，不应片面化，而应整体地领会揣悟。

三是指引性。毛泽东的一生，经历十分丰富，可以说令人眼花缭乱，从生命个体看，像他这样的经历，是世界上古往今来伟大人物中绝无仅有的。毛泽东精神，正是毛泽东一生经历的折射，具有真实性、客观性，具有取之不尽的巨大的正能量，对国家、政党、团体、个人均有指引性。从掌握的实例看，已有很多人认识到了毛泽东精神的这种指引性。"不学习毛泽东的人会后悔"，不学习毛泽东精神的人，将会犯精神缺乏症。正如李敖先生说的，一个人不能没有灵魂，没有灵魂那是行尸走肉；一个民族不能没有灵魂，没有灵魂就成了一盘散沙。

学习毛泽东精神，会使我们永远地更加自信、自尊、自主、自立、自强，建设国家、服务于人民。

二、毛泽东

学习毛泽东精神，必须首先认识毛泽东。

毛泽东，被公认为世界伟人，得到不同国度不同肤色人的认可，甚至包括他的对手。

丁晓平在《毛泽东印象》中认为，毛泽东"是中国乃至世界的一个永恒的记忆"。"在中国人民记忆的天平上，他永远是一块让中国与世界平衡的砝码。"

美国著名作家、记者、社会活动家、国际主义战士艾格妮斯·史沫特莱，在1937年著的《中国的战歌》中说："中国共产党的其他领袖，每一个人都可以同古今中外社会历史上的人物相提并论，但无人能比得上毛泽东。"

亨利·基辛格，前美国国务卿、世界著名社会活动家认为，毛泽东是现代历史上的一位巨人，是全能领导人。

联邦德国总理赫尔穆特·斯密特说，毛泽东现在和将来都是世界历史中的伟人。

日本剧作家河原崎长十郎，则把毛泽东称为世界人民的伟大领袖。

"有世界最大艺术殿堂之称的纽约大都会博物馆，在 20 世纪艺术展的人物肖像中，仅有的一幅巨幅领袖像就是毛泽东。"

李敖认为，毛泽东是中华民族最伟大的英雄，永远是人民心中的一座丰碑。

历史确确实实告诉了我们：毛泽东缔造了一个世界上伟大的政党——中国共产党；毛泽东缔造了一个世界上伟大的军队——中国人民解放军；毛泽东缔造了一个世界上伟大的国家——中华人民共和国；毛泽东重塑了新中国的伟大人民；毛泽东改变了世界。毛泽东绝对是个天才，他几乎在任何方面都表现出最杰出的才华。

这就是让中华民族引以为豪的毛泽东。

（一）毛泽东缔造了世界上伟大的政党

毛泽东是中国共产党的创建者。1921 年 7 月，毛泽东以湖南早期党组织代表的身份参加了中国共产党的成立大会——中国共产党第一次全国代表大会。成立中国共产党，并非是毛泽东的独特贡献。没有毛泽东，中国共产党的成立会照样进行。这从 1920 年 4 月共产国际代表维经斯基来华帮助建立中国共产党，和之前上海、北京等各地早期党组织活动情况可以得到印证。但历史以铁的事实证明，没有毛泽东，中国共产党的发展壮大、取得领导中国革命胜利、成为执政党，是不可能的。这从中国共产党的其他领导人陈独秀、李立三、王明、博古等领导造成的中国共产党一次次的毁灭性挫折中也可以得到印证。

毛泽东以他天才的智慧，为中国共产党指出正确的方向。在蒋介石实施最严酷的白色恐怖中，他为中国共产党人找到了立足之地，他建立的苏区为上海的党中央提供经济支撑，最后，无路可走的中共中央领袖们，在他开辟的根据地才得以生存下来。

毛泽东以他独具的创新力，组织发展中国共产党的队伍，依托最广大的赤贫农民，找到了中国共产党的组织基础，使中国共产党的细胞更具中国的特色与活力。

毛泽东以他超凡的意志力和非凡的领导才能，带领中国共产党人战胜艰难险阻，以愚公移山的精神，搬掉了压在中国人民头上的三座大山，使中国共产党成为全国人民信赖的执政党。

以毛泽东为领袖的中国共产党人，全心全意为人民谋幸福，从不谋半点私利。毛泽东、周恩来、朱德等老一辈无产阶级革命家，为人民打下江山，却没有任何享受，没有给子女留下任何个人财产。这样伟大的执政党，世界上无二。

世界革命史说明，有了马克思主义，并不一定会发生革命，因为马克思主义只是一种理论学说。同样，建立了共产党，也并不意味着能够发展壮大，更不意味着领导革命胜利取得执政地位。

日本 1870 年把马克思主义作为防控的幽灵加以批判，所以日本人比中国早 36 年知道了马克思主义。正如毛泽东说的，马克思主义的传播日本比中国早，中国人是从日本人那里学习到马克思主义的。正是这些因素，使共产国际和联共中央最初对日本革命的期望，要远远大于对中国革命的期望。可 140 多年过去了，日本也没有发生无产阶级革命。日本的第一个社会主义政党——社会民主党，只存在了一天便被镇压了。随后的日本共产党，在共产国际的帮助下，于 1922 年 7 月成立，但发展艰难，至今也还只是一个具有共产党名称的不大的一般组织。

有人认为，中国共产党成立初期，是一个松散的知识分子俱乐部，进出自由。有的人参加了建党，紧接着就忙自己的家庭小日子去了。其实，当时大变革时期的旧中国，每天成立的组织多得难以计数，既不用注册也不用声明，成立的和散伙的几乎同样多，所以，中国共产党的成立也并不是什么惊天动地的大事。中国共产党参加一大的 13 名代表，脱党、叛党的接近一半，其中两人还蜕变为一仆三主的可耻汉奸。这也说明，参加建党的人，并不都是坚定的共产主义信仰者。陈独秀、李大钊热烈地宣传马克思主义，是成立党组织的鼓动者，却没有亲身参加党的一大，在今天看来非常可惜。

中国共产党成立之所以成为开天辟地的大事，正是因为有了毛泽东的加入和领导，才改变了共产党的方方面面。

（二）毛泽东缔造了世界上伟大的军队

中国人民解放军的建军纪念日是 8 月 1 日，这就是我们熟悉的八一建军节。这一纪念日，最早是 1933 年 7 月 11 日毛泽东主持的中华苏维埃共和国临时中央政府人民委员会召开常委会，批准中央革命军事委员会关于以南昌起义的 8 月 1 日为中国工农红军成立纪念日的决定。1949 年 6 月 15 日，中国人民革命军事委员会正式发布命令，规定仍以这一天为建军纪念日，只是把过去的中国工农红军改为其时的中国人民解放军。

把 8 月 1 日作为建军纪念日，主要是为了纪念 1927 年 8 月 1 日的南昌武装起义。南昌武装起义，是中国共产党打响武装反抗国民党反动派的第一枪。毛泽东又是中国共产党领导人中最早认识武装斗争的人，早在"八七会议"上他就创造性地提出了枪杆子里面出政权的伟大理论。

为了反抗国民党的屠杀政策，中国共产党早期领导发动了 80 多次武装起义。最早的是海陆丰农民起义，最大规模的是南昌武装起义。这些起义都被国民党镇压了、失败了。那么，南昌武装起义又与中国人民解放军建军存在着怎样的关联呢?

我们说,最主要的关联,就是南昌武装起义为中国人民解放军贡献了若干杰出的军事领导人才。中国人民解放军1955年第一次授衔,十位元帅中有八位元帅、十位大将中有六位大将与南昌武装起义紧紧相连。八位元帅是:朱德、林彪、贺龙、刘伯承、陈毅、聂荣臻、叶剑英、徐向前;六位大将是:陈赓、粟裕、许光达、张云逸、谭政、罗瑞卿。这些都是中国人民解放军历史上赫赫有名的将领。

南昌武装起义,得益于李立三的坚持,由周恩来负责,刘伯承具体策划,贺龙任总指挥,参加的主力是国民革命军第二方面军,总计三万余人。起义,打的是国民革命的旧旗帜,沿用的是国民革命军的旧番号。起义部队经5小时激战,全歼守敌一万余人,占领了南昌城,但随后在国民党调集的优势部队围攻下失败,后撤出南昌城向广东进发,部队主力被打散,部分留守的兵力在天心圩由朱德稳定留下来的800人,在陈毅的协助下于1928年4月上了井冈山。

可以说,上了井冈山,才有了以后的永远的赞誉。

中国人民解放军的前身是中国工农革命军,建军的起点应该是毛泽东领导的湘赣边界秋收起义。这次起义,毛泽东组成的是中国工农革命军,打出的是中国共产党的旗帜,这都是中国革命的第一次。

秋收起义的部队,一支是共产党员卢德铭率领的一个团,一支是平江、浏阳等地的农民自卫军,一支是王新亚率领的安源工人纠察队。所以,秋收起义部队是以工农为基础的,成立了中国工农革命军第一军第一师,卢德铭任总指挥,余洒度任师长。起义部队于1927年9月19日在浏阳文家市胜利会师。会师后,毛泽东主持召开前敌委员会,提出并决议向湖南、江西交界的井冈山进军。9月

29 日，起义部队到达江西永新县三湾村，毛泽东对部队进行改编，把一个师缩编为一个团，即中国工农革命军第一军第一师第一团，实行了连以上各级均设党代表，连建立党支部，营、团设立党的委员会。在军队内部实行民主制度，成立士兵委员会。从此，确定了党对军队的绝对领导，从政治上、组织上奠定了新型人民军队——中国人民解放军的基础。

这支军队，在毛泽东军事思想的武装下，在毛泽东的统率下，全心全意为人民服务，具有铁的纪律和钢的意志，不怕流血牺牲，战胜了一切对手，为中华人民共和国的建立、为保卫中华民族的根本利益，作出了永载史册的贡献。

金一南在《苦难辉煌》一书中作过设问："没有朱德，南昌起义的火种能够保留下来吗？没有三河坝分兵，朱德也跟着南下潮汕，又会是什么结局？"这个设问有意义，它充分证明了朱德的历史性重大贡献，也告诉了人们朱德在十大元帅中排第一的缘由。

实际上，这个设问还可以接着进行：朱德不带着天心圩留下来的部队上井冈山，会是什么结果呢？

这个设问没意义，因为历史不是这样的。

这个设问也有意义，因为它可以带给我们更深邃的思考。这对于今天以至于今后研究毛泽东、评价毛泽东有意义。

南昌武装起义三万多人，这在共产党领导的起义中，规模是最大的，但放在当时倒蒋、反蒋的诸多军事事件中看，蒋介石并没有把南昌起义放在眼里，因为南昌起义的部队规模远没有一些新军阀倒蒋部队的力量强大，而新军阀的军事行动一个个很快被蒋介石镇压了。可想而知，朱德的 800 人的队伍，如果不上井冈山，又会好到哪里去呢？井冈山的红军，几乎是赤手空拳，不值一提，只是在毛泽东这样的天才军事家的统率下，才逐步打出了一片天地。

有的研究，在分析十大元帅排名时，得出一个有趣的结论：上井冈山的早晚，决定了排名的先后。朱德先上井冈山，排名第一；彭德怀接其后，所以排名第二。林彪是在朱德的 800 人队伍中上的井冈山，排名第三。这个有趣的结论，也不无道理。南昌起义的总指挥贺龙，当时是国民革命军第二方面军暂编第二十军的军长，辖 6 个团；朱德是第九军副军长，该军是空架子，没有基本部队，只有军官教育团 3 个连和南昌公安局 2 个保安队，500 人不到，只能算得上一个营；周士第是第四军二十五师师长，在天心圩离队，解放后授衔上将，林彪是周士第的第二十五师所属七十三团三营七连连长，在天心圩留下来随朱德上了井冈山，才有了元帅第三的排名。

上井冈山，意味着跟随毛泽东创建人民军队的资历和贡献。这就是毛泽东缔造中国人民解放军的历史。

（三）毛泽东缔造了世界上伟大的国家

认识新中国的伟大，必须了解旧中国的黑暗。1840 年鸦片战争后，中国就成为一个无边无际的沼泽泥潭，只是沼泽里有的不是水，而是中国下层人民的血和泪。外有洋人掠夺，内有买办偷盗，饥荒和战祸伴随着灾难深重的劳苦大众。没有独立的国防，中国的内河中游弋着西方和日本人的军舰；没有工业，多数人在从事着千年不变的仅比刀耕火种效率略高的农业劳作；没有科学教育，多数学生依然死记硬背传统识字教材。中国社会有的是堕落和背叛，上层社会和买办已经变成了洋人的走狗；有的是愚昧和麻木，下层人民为了求得温饱而卖命；有的是不平等条约，英国、美国、法国、德国、葡萄牙、意大利、俄国、日本等强盗，在中国土地上，享有上等人的权利，视华人如狗一样。这就是吃人的旧社会，这就是百年之辱的旧中国。

"这一切，直到 1949 年毛泽东及其领导的中国共产党通过浴血奋战建立了强大的主权国家，才得以改变。"

正如有评论讲的，毛泽东"旋转乾坤，把一个备受欺凌、人民做牛做马的黑暗旧中国，变成昂首挺胸、人民当家作主的光明新中国"。"新中国的建立，彻底改变了中国广大人民的命运，使他们摆脱了原先悲惨的生活状况。"

毛泽东对中国社会的探索是从瑞金苏区开始的，后来又在陕甘宁边区进行了系统完整的实验，新中国成立后成为新中国社会的基础模式。当时，陕甘宁边区是全国最进步的地方，一没有贪官污吏，二没有土豪劣绅，三没有赌博，四没有娼妓，五没有小老婆，六没有叫花子，七没有结党营私之徒，八没有萎靡不振之气，九没有人吃摩擦饭，十没有人发国难财。新中国成立后，这种进步的社会进一步发展，反动派被打倒，帝国主义夹着尾巴逃跑了，人民当家作主，男女平等，没有压迫，没有剥削，人民追求高尚精神和道德情操，为国家甘愿奉献，毛泽东等党和国家领导人过着普通人的生活，社会接近于夜不闭户、路不拾遗，实现了向人民民主制度的伟大跨越，实现了各民族的平等和空前的大团结。

"世界上所有实行了西方民主制度的国家，可有任何一国能够做到毛泽东时代的中国那样清廉？印度和印度尼西亚这些国家实行了西方式民主，是否制止了腐败呢？从近些年它们先后荣幸地当选全球最腐败的国家，人们不难得出答案。"

是的，平心想一想，毋庸置疑，新中国是世界上最伟大的国家。

（四）毛泽东创立了毛泽东思想

马克思、列宁创造了马列主义，成为世界级的理论大师，在理论上可谓做到了极致。但他们在实践方面没有一个比得上毛泽东，作为世俗领袖，毛泽东领导世界上最大的政党、最大的国家40余年，实际处理的事务包括了人类涉及的一切方面，他的理论体系——毛泽东思想，更具有接地气的科学性。

"真正的理论在世界上只有一种，就是从客观实际抽出来，又在客观实际中得到了证明的理论。"这就是我们看到的现象，中国革命的旗帜上写着马列主义，中国革命的胜利靠的却是毛泽东思想。黄克诚说，毛主席根据马列主义的基本原理领导并总结了中国革命的实践，写了一系列的著作，产生了毛泽东思想，成为中国共产党人的精神武器。我们感到它对于我们更亲切、更行之有效。

毛泽东思想，是中国共产党和中国人民的精神财富，"丢掉了毛泽东思想，造成党和人民的思想混乱，我们的社会主义国家就可能变质，子孙后代就会受罪"。

美国国务卿基辛格说，他在大学教书时曾经指定他班上的学生研读毛泽东的著作。美国总统尼克松说："主席的著作推动了一个民族，改变了整个世界。"毛泽东思想是人类的精神财富，将为人类指引光明。

（五）毛泽东重塑了新中国的伟大人民

进入新中国之后，中国人的思想和灵魂得以净化和升华。为了国家和民族的未来，甘愿牺牲自己利益的先进群体和个人不断涌现。邓稼先，"失踪"20多年，舍妻舍子，不计报酬，把全部的身心献给国家和人民。大庆人、大寨人、红旗渠人、"两弹一星"人、航天人，工农学商兵，全体的人民，以建设国家为己任，艰苦奋斗，自强不息，创造了一个个世界奇迹。"毛主席和他们那一辈人在一穷二白的基础上靠自身的努力完成了世界历史上最伟大的'资本原始积累'。"

全体的中国人民具有很强的凝聚力，形成了战胜一切敌人的国家力。正如李敖先生说的那样："中国在毛泽东时代，可以说是亿万军民众志成城，世界上没有任何国家敢惹。""中国的少年儿童们高唱着气壮山河的革命战歌，这样有战斗力的一代没有任何国家不害怕。"可以这样说，中国人民已彻底告别了旧中国"东亚病夫"

的形象，成为世界上最具活力的群体。

（六）毛泽东改变了世界

尼克松，是第一个访问中国的在职美国总统。1972年2月21日11时30分，美国总统尼克松的飞机，飞越太平洋降落在中国的首都国际机场。尼克松访华，蒋介石暗地里怒责他"朝毛"（即朝拜毛泽东），外电评论他是"打着白旗到北京来的"，不论怎么说，世界头号强国来中国登门求和，要与毛泽东谈世界问题，谈越南、朝鲜、日本、苏联和台湾问题，这已标志着世界东西方格局的彻底改变。毛泽东接见尼克松时，尼克松说出了这一结论答案：毛泽东改变了世界。

不仅如此，毛泽东关于"三个世界"的划分，已经成为世界基本格局架构的普遍共识。毛泽东关于欧洲一体化的观点，实际上也已成为欧共体的现实。

改变中国与世界，是毛泽东早年确立的目标，经过几十年的奋斗，他实现了这一目标。

总之，"他是个人改变人类历史进程的少数的巨人之一"。

（七）毛泽东是中华民族历史上的奇杰

有人说，毛泽东是天才。毛泽东说，天才就是比别人聪明一点。李维汉说，"毛主席的确是比别人聪明一点"。中国的老百姓认为毛主席是"人民的大救星"；华侨领袖陈嘉庚则称毛泽东是"中国的大救星"；很多人把毛泽东当成神，李维汉说："要说造神，我也有一份。遵义会议以后，看到毛主席正确，把革命从一个胜利引向另一个胜利，就有点相信到了迷信的程度。"这就有了造神现象。

"天才的统帅。"中国人民解放军出了很多能征善战的战将，研究解放军军史的人无不感叹，总觉得蒋介石麾下的军事人才稍逊一等。其实这是一种简单且片面的看法。蒋介石的"八大金刚"，除政治立场外，也都是同时期难得的军事人才。从最初看，他们都是军事界的尖子人才，在实际作战中，都是屡建战功的，只是在对中共军队作战中出现了反常的现象，当然，也不是一以贯之的，这就需要剖析了。中央红军的第一、第二、第三次反"围剿"，包括第四次反"围剿"，在毛泽东直接指挥和军事思想影响下，以劣胜优。尤其是第三次反"围剿"，蒋介石亲自指挥，集中嫡系，投入十倍于红军的兵力，是五次反"围剿"中敌我兵力最悬殊的一次，最终是师长韩德勤被俘、总指挥蒋鼎文险些丧命。而第五次反"围剿"，兵，还是国共两党的兵；将，还是国共两党的将。总兵力，国民党与共产党是5∶1。只是红军没有了毛泽东，朱德、周恩来无计可施，就连红军的将领中最能打仗的林彪、彭德怀等，照样是一败再败。朱德、周恩来历史上都担任过最高的军事指挥者，朱德担任过中革军委主席，周恩来两次为中央"三人团"核心成员，没有毛泽东，他们有的是失败和感叹，有了毛泽东，他们有的是辉煌和光荣。这就是中国革命战争的历史。抗日战争、解放战争、抗美援朝、中印边界反击战，都证明了毛泽东天才的军事才能。

李敖说："他是一个伟大的战略家，终其一生，在任何错综复杂的形势下，他从来都能抓住对手、敌人的鼻子，而到目前为止，我还没有发现他被对手、敌人牵住鼻子走的情况——这才是真正的战略家。"

有人得出的一个通俗结论是：这近似魔咒，听毛泽东的就胜利，不听毛泽东的就失败。

我们说，在毛泽东正确的军事战略布局下，将帅们的行动战术方可得以有效发挥；在毛泽东天才统帅的指挥下，将军们才得以光彩照人。

"中国有词以来第一作手。"毛泽东是举世公认的独领风骚的伟大诗人与词人，不仅在国内无人能及，在国际上亦是魅力无比。

朱向前说："毛泽东是用诗写史，也是以史写诗，正事写史，余事写诗，诗史合一，是为史诗。这才是一等一的大诗人，大手笔。我敢说是千古一人，既前无古人，肯定也是后无来者。"

毛泽东诗词，现在收集到的 90 多篇，可谓是佳作连连。一首《沁园春·雪》，令 1945 年的陪都重庆惊叹折服、争相传颂，征服了国内文学界。蒋介石为打压毛泽东的影响，传令组班子、找作手，可征集的几十首《沁园春》，却没有一首能与毛泽东的《沁园春·雪》相提并论。曾追随孙中山参加辛亥革命的著名诗人柳亚子，拜读过《沁园春·雪》后，赞叹毛泽东为："中国有词以来第一作手，虽苏、辛犹为能抗手，况余子乎？"

评论一致认为，毛泽东的诗词，雄视千古、色蕴天地，荡四海、撼五岳，精彩绝妙、超凡出众。

毛泽东诗词，已在世界广为传播，在世界上已被翻译成数十种语言，出版 7500 多万册，已有 100 多个国家和地区把毛泽东诗词作为诗歌艺术专门课题进行研究。

毛泽东一生写下了许多极为精彩的文章。"英籍女作家韩素音曾评论毛泽东的文章：他的散文比他的诗词更加精美绝伦，清新之极。他的政治著作就是艺术著作。"

"开天辟地的神手。"毛泽东的书法，书起千年之落，成为中国书法艺术发展史上的第三个高峰。书法界研究认为：第一个高峰，是公元三四世纪的王羲之、王献之父子；第二个高峰，是公元七八世纪的张旭、怀素、颜真卿；第三个高峰，就是毛泽东。柳亚子曾说："毛润之一支笔确是开天辟地的神手。""毛泽东书法艺术达到了大气磅礴扑人面，刚柔苍淡得益彰的真品境地。"专家认为，使转，是草书最本质的特征，是草书生命力最深刻的根源，意味着书写者性格的发挥、主客观关系的天人合一。而毛泽东的书写驾驭，达到了提按、轻重、缓急、疾涩的天然无缝高度，随意之中不失法度，从容不迫而游刃有余，体现出了对于草书规律的创造性运用。

万应均认为，毛泽东在现代书法史上可谓"一笔擎天"，意态高扬，堪称大家，无与伦比。毛泽东给中国书法艺术领域注入了不可多得的稀世珍品。

目前，毛泽东书法艺术研究会遍地开花，毛泽东书法艺术爱好者不计其数。

"超越历史学家的历史学家。"许多人认为，毛泽东是历史的创造者，又是历史的继承者。实际上，这种历史创造的智慧和动力，无不与他深厚的历史学素养相关。毛泽东曾反复强调研究历史对于取得胜利的重要意义。他指出，"指导一个伟大的革命运动的政党，如果没有革命理论，没有历史知识，没有对于实际运动的深刻的了解，要取得胜利是不可能的"。正是毛泽东深厚的历史学素养，成就了他充分发挥渊博学识的知识分子的领导地位，从而建立了他自己的思想领导的威望。斯诺在《西行漫记》中写道，毛泽东熟读世界历史，对中国历史有深入的研究。国内学者研究认为，毛泽东一生都在孜孜不倦地研究历史，对中国政治史、哲学史、文学史、军事史、农民战争史、科学史、神话史、教育史、艺术史等都有着深刻理解和卓异识见，其历史学的见解，在通识与新知方面，已经超过了许多以毕生精力研究历史的历史学家。

毛泽东作为世俗领袖，对于历史的不懈研究和超凡慧悟，殊为难得。

创新经济理论与实践的经济大家。社会上有一种毛泽东不懂经济工作的说法，其实，这是一种没有进行切实研究的错误认识。

这种错误认识，一方面的原因是长期没有人从经济工作的角度来研究毛泽东，另一方面的原因是以前更多的研究是作为革命家、政治家、理论家、军事家、书法家、诗词大家的毛泽东，而掩盖了经济大家的毛泽东。

稍加研究，你就会发现，毛泽东不但懂经济工作，而且是我党经济工作的大家，是世界上独有的把经济工作做到了政治艺术高度的专家，无人可比肩。

一是毛泽东是中国共产党历史上最早科学研究并正确实践经济工作的领导人。毛泽东领导秋收起义，在井冈山建立农村革命根据地，就探索领导了根据地的经济建设，开创了根据地经济建设的全新局面。从井冈山根据地到中央苏区根据地的经济发展，有力地打破了蒋介石的经济封锁，保障了红军的军需供给，也为上海的党中央提供了物质保障。

二是毛泽东是世界史上绝无仅有的娴熟驾驭经济力量的军事家。作为军事家，世界上没有哪一个军事家能如此成功地发展经济、运用经济来战胜敌人。毛泽东是中国共产党第一个公开抗起红旗造反的人。不足千人的队伍上山，要生存、要作战、要发展，必须先解决好吃饭、穿衣问题，不仅如此，根据地政权建设，不解决好老百姓的经济问题，也无法取得老百姓的支持，保障战争的胜利。一般人津津乐道某战役、某战斗的军事仗，而没看到这其中的经济仗，只有毛泽东是清楚的。毛泽东告诉全党、全军，经济是战争胜负的最终决定因素，打仗没空做经济工作、战争环境下不能做经济工作都是错误的。我们同蒋介石不仅是打军事仗、政治仗，还要打经济仗。打不赢经济仗，就打不赢军事仗、政治仗。即使打赢了，胜利成果也保不住。

毛泽东高度融合了经济斗争、军事斗争、政治斗争，用经济斗争为军事斗争、政治斗争服务，用经济利益保障革命政权建设，这是世界史上的军事家都不曾做到的，是了不起的创举。

实际上，作为现代人，我们不难想象：毛泽东如果不懂经济，不会搞经济建设，共产党及其领导的军队，早在江西苏区、陕甘宁边区就被蒋介石卡死灭掉了。

三是毛泽东是著述颇丰的经济理论家。毛泽东在长期领导革命根据地、敌后抗日根据地、新中国经济工作中，撰写了大量的经济理论著作。这些著作，紧密结合中国共产党及其领导的革命斗争和国家建设实际，阐述了不同时期的经济工作规律和经济工作方法，对于取得革命战争胜利、巩固国家政权、改善民生发挥了最为根本性的作用。

在中央苏区，毛泽东曾撰写《必须注意经济工作》、《我们的经济政策》、《关心群众生活，注意工作方法》和《怎样分析农村阶级》等一系列文章，精辟地论述了根据地经济建设问题，成为指导根据地经济建设工作的纲领性文件，不仅为当时，而且为以后的经济工作提供了理论依据。

在抗日战争、解放战争时期，随着毛泽东领导地位的变化，他在一系列著作和讲话中，科学阐明了中国共产党领导经济工作的政策，指导了抗日根据地、陕甘宁边区的经济建设工作，为克服日本法西斯的"三光"政策和蒋介石的经济封锁带来的经济困难，发挥了指导性作用。尤其是在解放战争时期，毛泽东面对即将取得全国政权，就如何进行国家经济恢复和建设，阐明了理论，作出了正确的经济决策，以此武装一直拿枪的党的各级干部，为适应新中国经济恢复和建设发展奠定了基础。

新中国成立后，毛泽东的经济理论和经济政策更加系统化，更加带有全局性和规律性。一切从国情出发，以农业为基础，以工业为主导，自力更生为主、争取外援为辅，调动一切经济因素，正确处理各种利益、重工业轻工业农业、经济建设和国防建设、沿海工业和内地工业、中央和地方之间的关系的理论，均是已为历史证明了的正确理论。这些理论，带有中国经济建设的特殊规律性，对中国经济建设具有长期的指导作用。

四是毛泽东时代的新中国取得了其他任何国家都没有取得过的经济成就。李敖先生在一篇时评文章中，以详实的数据批驳了认为毛泽东时代经济发展落后的错误观点。李先生研究认为，20世纪强国与弱国、富国与穷国的主要标志是工业化的程度，毛泽东使中国在短短20多年内走完了西方发达国家百年才走完的工业化道路，成为世界主要工业强国之一。到1980年，中国的工业规模已经超过世界老牌工业强国英、法两国，直逼在西方强国中坐第三把交椅的联邦德国，中国的工业总产值跃居世界第三位。20世纪80年代，中国经济的实际规模已经超过日本。美国耶鲁大学教授莫里斯·迈斯纳称，毛泽东时代为"世界历史上最伟大的现代化时代，与德国、日本和俄国等几个现代工业舞台上的主要的后起之秀的工业化过程中最剧烈时期相比毫不逊色"。美国在20世纪70年代出版的《日本与俄国的现代化》一书中认为，新中国取得了其他任何国家都没有取得过的成就。

纵观历史，可以说，毛泽东既是经济理论大家，又是经济实践行家。

三、伟大的毛泽东精神

认识了毛泽东，才能真正领会毛泽东精神的伟大。

习近平总书记在《在纪念毛泽东同志诞辰120周年座谈会上的讲话》中说："毛泽东同志属于中国，也属于世界。他不仅赢得了全党全国各族人民爱戴和敬仰，而且赢得了世界上一切向往进步的人们的敬佩。毛泽东同志的革命实践和光辉业绩已经载入中华民族史册。他的名字、他的思想、他的风范，将永远鼓舞我们继续前进。"

毛泽东是中国共产党的光荣与骄傲，是中国人民的光荣与骄傲，是中华民族的光荣与骄傲。伟大的毛泽东精神，将激励我们实现中华民族伟大复兴梦。

精神强，方能事业兴。

（一）实现伟大复兴梦的力量之源

为有牺牲多壮志。1840 年后，中华民族有无数仁人志士，为中华民族的独立与复兴，抛头颅洒热血，前赴后继。革命先驱孙中山，一生奔走革命，历经无数次失败。"先败于他认准的敌人清朝政府、袁世凯及北洋军阀；后败于他以为的友人英、美、日政府及国内官僚政客；到 1922 年 6 月陈炯明叛变，竟开始败于跟随他十余年的部属了。"直到 1925 年 3 月逝世，他也没有寻找到中国革命成功的道路。

敢教日月换新天。中国革命的彻底成功，起于中国共产党的成立，起于毛泽东成为中国共产党的领袖。毛泽东以其天才的慧悟，运用马克思主义的基本原理和中国优秀的传统文化，开辟了以农村包围城市、最后夺取全国胜利的唯一正确道路；深刻认识中国这个半殖民地半封建的东方大国的社会形态和阶级状况，创造性地把握了中国革命的性质，解决了谁是我们的敌人、谁是我们的朋友这样的根本问题。领导中国共产党，指挥军队，依靠人民，通过凤凰涅槃式的浴火重生，打败了敌人，战胜了困难，赢得了新中国的诞生。毛泽东的伟大精神，已经成为我们从胜利走向胜利的力量之源。

辉煌从历史走来。站在新的历史起点上，实现中华民族伟大复兴，关键在党，根基于民，精神是保障。岳飞精忠报国精神，鼓舞过多少英雄儿女？新的历史条件下，要向"两个一百年"迈进，也必须有一种精神力量。继往开来，方有基石。这种精神，过去、现在、将来，应一以贯之，方能伟业大成。这种精神，唯有伟大的毛泽东精神，它植根于中国共产党的浴血奋战和顽强奋斗，植根于中华民族的百折不挠和自信自强。高高举起伟大的毛泽东精神旗帜，我们坚信，中国人民有志气、有能力，一定要在不远的将来，赶上和超过世界先进水平。

（二）捭阖国际风云的胜利旗帜

国家主权和利益是不可逾越的底线。在国人的眼里，执政者在国内施政上严苛一点，也是情有可原的，但在事关国家、民族主权和利益上，绝不容许有任何懦弱。这就是国人的心结，这就是执政者的底线。这也可能是世界各国的普遍情况，否则，西方那些竞选的政客，就不会一到竞选时就拿国家利益说事儿。在中国历史上，从清朝到民国，从军阀到蒋介石，凡是触碰国家主权和利益的，都被钉在了历史的耻辱柱上。1935 年，日本想分裂华北，宋哲元则要与日本保持一种特殊关系，"一二·九"爱国运动爆发，声讨宋哲元的这种卖国投降行径。1937 年卢沟桥事变发生，宋哲元在国人的爱国压力下，力挺抗日，则又被称为"抗日英雄"。

可见，在底线面前，泾渭竟是这样分明。

听命他人没出路。在中国共产党的历史上，在毛泽东成为党的领袖以前，中共中央一直听命于共产国际和苏联，使中国共产党和中国革命走了很多弯路。这告诉我们，外国的和尚、外国的经，会带来水土不服的病。在毛泽东成为党的领袖之后，他高度警惕在中国革命利益问题上来自共产国际和苏联的干扰，包括斯大林，因为斯大林首先捍卫的是苏联的利益。新中国成立后，面对西方的恶劣封锁，面对国内战争创伤，百废待兴，我们只好采取"一边倒"策略，因为，这是当时条件下的唯一的路径选择。而当毛泽东不答应苏联在我国建立联合舰队和长波电台时，苏联就撤走全部专家，并"除了对我国施加政治压力，实行经济封锁，还变本加厉地向我们讨债"。即使他们短缺的农产品鸡蛋、苹果，大了或者小了都不行，运去的猪肉，肥了或者瘦了都不要。这使得因天灾等原因造成的三年自然灾害，无异于雪上加霜。

毛泽东不信邪，中国人民不信邪，只有摆脱了苏联，中国才真正挺起了脊梁，迈入世界大国的行列。

听命别人，"不是必然遭遇失败，就是必然成为他人的附庸"。

"两个没有"是铁律。没有永远的朋友，也没有永远的敌人，这是世界捭阖的铁律。新中国成立初期，即使在以美国为首的西方死命封杀我们、苏联又是中国认为的老大哥的情势下，毛泽东还是明白无误地告诉党的高层领导核心，在国际上，凡涉及中国主权利益的，无论是敌对国家还是友好国家，决不拿原则做交易。这是极高的世界博弈的律条。当今及今后的世界，实现和平与发展任重而道远，竞争与博弈仍将起着社会进化的推动作用。我们虽然站在了新的历史起点上，有了比较好的国家基础，但仍会面对世界纷繁复杂的形势，敌人朋友，朋友敌人，非敌非友，捭阖纵横，国家利益为上，既需要我们运用智慧，更需要我们坚持伟大的毛泽东精神。

（三）立足世界民族之林的明慧之光

报国为德。关心国事，为国效力，这就是以报国为德。现如今，一些人总是对做中国人不甘心。资料显示，我国正经历第三次"移民潮"，大量的人才、富人移民国外，巨量的财富流失，而且一些人加入外国国籍后还想方设法到中国弄钱，真叫人好不痛心！还有大量的留学者，尤其是公派留学人员，不是学成而归，而是以拿到外国绿卡为目的。新中国成立，大批留学海外的学子，拒绝外国优厚的待遇，用在外国学到的科技知识回国效力，钱学森、华罗庚、李四光以及"两弹一星"的许多元勋，他们做了真正的中国人，也载入了中国的史册。20世纪初，我国大批青年留学海外和赴海外勤工俭学，向西方人学习科学知识，探索救国真理，他们的杰出代表有朱德、周恩来、刘少奇、陈毅等等。毛泽东是湖南青年赴法勤工俭学的组织者，但他自己没出国，他认为，留学的关键在于留学的目的，如果是为了到白人的国度里生活，那是没有意义的。他选择留在国内，是要把国内的事情搞明白，为祖国做些事。他实验、探索了中国成功的路子，找到了解决中国问题的金钥匙，为中国人民贡献了毕生精力。

中国人，就要为中国做事。毛泽东在给同学周世钊的信中认为，一个人如果不为自己的祖国做些事，就相当于家里面没有生过这个孩子一样。

以公立人。公民，就要以公立人，有公民意识，有公民操守。关键是不能私欲太强，要正当得利、正当做事。毛泽东时代，国人耻于谈利，讲求的是奉献、大公无私。20世纪60年代，河北沧州的一个农民家庭有8口人，生产队里的粮食仓库就是他们家的房子，为方便队里取粮，就由这家的主人掌管着粮仓的钥匙，孩子多口粮紧，宁可让孩子挨饿，他们也绝不会拿队里的一粒粮食。这就是那个时代的国民。改革开放了，人们的心思活了，"人不为己天诛地灭"，"有奶便是娘"，成了一些人的信条，致使利欲熏心，贪赃枉法。个别领导干部，不是老老实实为民做事，而是肆无忌惮地敛财，金额成千万、上亿、几十亿，甚至上百亿，触目惊心。当然，"伸手必被捉"。锒铛入狱，一切化为乌有。毛泽东、周恩来、朱德，为国家、为人民，一生克勤克俭，没有任何个人私有财产。朱德，一生积蓄2万元，逝世后，全部交了党费，为党做了最后一次贡献。所以，他们丰碑永存。

人过为己，天道必乱！

友善安心。安什么心呢？友善至上！真诚、磊落、正大、光明，不能抱有阴暗心理，时时算计他人。近些年来，很多人活得很累，焦虑紧张，心绪不宁。想想，这是为什么呢？中国人民解放军的上将许世友，是军内外皆知的虎将，战功赫赫，功勋卓著，也是人人皆知的毛泽东的"忠臣"，毛泽东曾信赖地把许多事关成败的大事交由他。可这一切，很难说不是源于许世友要枪毙毛泽东。红军长征时，许世友是张国焘手下红四军的军长，对张国焘唯命是从，张国焘搞分裂，给共产党、给红军造成重大损失，许世友对中央批判张国焘不理解，声称要枪毙毛泽东，毛泽东找许世友谈话，许世友带枪而入，而毛泽东丝毫不设防，真诚以待，许世友才视毛泽东为万代"明君"。

立足世界民族之林，不但是国民经济的发展，更是国民素质的跃升。

国民经济发展了，不等于国民素质跃升了。如果把两者都作为任务的话，后者的完成将更加艰难。

毛泽东自从立志改变中国与世界，就始终把眼光对准了人，对准了人的素质，所以，他办农民夜校、工人夜校、干部学校、红军大学，最后把整个解放军变成了大学校，直至"全国人民学习解放军"，全国也变成了大学校。他把提升国民素质放在了历史长河之中，这是了不起的大发展战略。

诺贝尔物理奖获得者、著名物理学家杨振宁在日本讲学时说：深圳现象，得益于中国解放后成功的扫盲运动。我们说，特区的成功，吃的正是包括国民素质在内的新中国的"红利"。

第二章

大善精神

　　毛泽东的大善精神，指的是毛泽东所具有的天性善良、佛心仁厚、大慈大爱的精神。善，是人性中的太阳。心向太阳，可以化解邪恶、去除阴暗。不要以善小而弃之，行善没有敌人。毛泽东是大善之人，几经挫折和委屈，最终他赢得了敌人，赢得了朋友，赢得了同志，赢得了民心，成为中国和世界的伟人。

　　这正是：无以大善，不成至高。

一、仁厚

　　仁厚，就是本性善良。这是毛泽东心性的根，遗传于家庭，尤其是慈母文七妹的仪范，植根于中华民族的沃土。观其一生，毛泽东很多的行为，都负载着他仁厚的特性。

（一）典型的中国农民家庭

　　中华民族上下 5000 年，形成了世界上最优秀的农耕文明。这种农耕文明，最为典型的是以家庭承载的优良文化传统，勤劳、质朴、厚道、宽容、慈悲、热情、助人，勤俭持家，忠厚传家。这也是中华民族的伟大心性。所以，中华民族生息繁衍、薪火相传、履艰克难、不断发展。毛泽东的家，就是中华民族最为典型的农家。

毛泽东祖上20代约500年，一直生活在"十户人家九户穷"的韶山冲。毛泽东的爷爷毛恩普，是诚实厚道的庄稼人。其时家境窘迫，不得不把祖传的一些田产典当给别人，在儿子17岁时便委以一家之主的重任。

毛泽东的父亲毛顺生，接管家业后，先是起早睡晚、苦苦地专事农桑。在家境丝毫没有好转的情况下，不得已从军，后来又用从军的退伍钱，兼做经商，从此"下海"不丢田，成为亦商亦农的能人，渐渐使家境富裕起来。

毛泽东的父亲是一个克己为人、与邻为友、口碑颇佳的人，与乡邻的关系非常融洽。他秉承着"亲者严"的古训，严格教子，要求儿子们恭敬祖业、供养父母、勤劳本业。在生活上，他对孩子们只以粗茶淡饭供之，而关心他人比关心自己为重。正如毛泽东回忆的："他一文钱也不给我们，给我们吃的是最差的。每月十五对雇工特别开恩，给他们鸡蛋下饭吃，可是从来没有肉。对于我，他不给蛋，也不给肉。"毛顺生及自家人富而不奢、克勤克俭，但对于社会公益事业却慷慨解囊。1919年上半年，当地修建韶麓桥，7个集体（公上）和8位个人捐银洋104元，其中毛顺生捐银洋4元，居个人捐款数的第三位，还参加了劳动。银洋4元，在当时是一笔不小的数目。毛顺生就像千千万万中国农民父亲一样，教子很严，爱子很深，对孩子面上严、心中爱，在毛泽东出走回家、离家求学时，他的舐犊情深溢于言表。这正是传统中国农民身上所潜存的美德。

毛泽东的母亲文七妹，是"可以损己而利人的人"。她性情温顺、心地善良、勤劳贤惠、慈悲为怀、慷慨厚道、积德行善，是位高德之人。正如毛泽东形容的："吾母高风，首推博爱。远近亲疏，一皆覆载。恺恻慈祥，感动庶汇。爱力所及，原本真诚。"

父亲的俭约、宽仁，母亲的仁慈、温情，深深影响了毛泽东，造就了他仁厚的天性。

（二）淳朴的同情心

一个人有没有同情心很重要，因为它是善和恶的分水岭。有同情心，人会时刻存善念做善事；没有同情心，人就会成为没有心理成本的恶魔。同情心，在旧中国，最典型的就是表现在如何对待穷人。

毛泽东从小就是一个极富同情心的人。毛泽东同情穷人，在韶山有着广为流传的故事。

毛泽东上学时，母亲为了免得他中午来回走路，都要给他带午饭，而毛泽东看到穷孩子没有午饭吃，就分给他们，自己少吃或有时不吃。更为值得惊赞的是，他的母亲知道了，把他装饭的碗换成了小钵子，以便他更多地分给穷孩子吃。以后，他还曾在大雪纷飞的路上，把自己的衣服让给别人穿，把自家的米倒入断粮人家的米缸里。这些事，都得到了母亲的赞许。这种幼时的同情心举动，更为金贵，因为它是一种天性的自然流露，而他的母亲更加不寻常，这如同是佛，在点赞他的同情心。

有一家姓毛的农民，与毛泽东的父亲订了买卖猪的约定，十几天后，毛泽东的父亲让卖主把猪赶过来，而卖主叹道，时运不好，猪价涨了，少卖三四块钱。毛泽东十分同情，就让卖主还了订钱，多几块钱把猪卖给别人。毛泽东经常同情穷人，足以说明他的父亲也是宽厚的。

鼓励孩子的同情心，就是积德行善。

1945 年 9 月 8 日，国民政府一位叫柳六文写的文章讲道："毛先生（毛泽东）对人家的痛苦和不幸，是具有丰富而深刻的同情的人。在乡里有一件事是这样发生的：毛先生父亲在世的时候，家里不过是有饭吃的农家，还够不上小地主的资格。我们家乡的经济情况，是家家都靠养猪饲鸡来维持油盐零用。有一年旧历年底，毛先生的父亲要他去接收一笔猪银，回家好度年关。银钱到年底照例是紧张得不得了，一角一分，在一个家庭都做过预算的，乡间那时很不太平，三五块大洋招了杀身之祸的并非没有。闻说毛先生接到了猪钱，在回家的路上碰见了几个衣服褴褛的可怜人，他便把手中的现钱通通散给那些贫民，忘记了自己家里早有的预算。这种事虽也平常，可是谁知道他是根据爱的出发的表露，又谁知道他这种崇高的同情继续不断发展，高度发展，今天不但是我们四万万同胞享有他这种爱的同情，就连全世界弱小民族也感觉到了他这种爱的光辉而自豪呢！"

这位柳先生的认识应该说是到位的。

还是这位柳先生的文章："我们乡下有个小地方叫作花园冲，那里有一个彭氏祠堂开办了一个小学，我的一个堂叔在这里读书，年龄小但是很聪明而且好学，可是家里很穷，因此纸笔之类都难常常购买。有一天毛先生来会那小学堂的老师，知道了有这样一个聪明而肯努力的小学生，便力劝老师助他求学，并从自己的荷包内拿出一千一百文铜元，送给这小学生……这些事在毛先生本身只能算点看不见的细微末节，不足道的事了，可是我不知道现在这些有大批存款在外国银行的人们可为人民做过一毫细尘大的事吗？"

毛泽东的同情心，是一种自觉的行动，不分时机与场合，只是表现的不同罢了。

这位柳先生问的是当时国民党政府的富人们，其实，现如今也大可这样问。有些富翁挥金如土、奢侈糜烂，但哪里肯施舍一点，在他们眼里，穷人蠢，受穷是天经地义。有些富翁也做一点慈善，也不过是应景罢了。

同情心是有正能量的。有一年，村里有一个叫毛承文的贫苦农民，几次带领穷人"吃大户""闹平粜"，族长恼羞成怒，勾结地主，以破坏族规的罪名惩治毛承文。在这种人群集聚、情绪对立的严峻场合，年少的毛泽东竟敢大声喝阻，制止了这起贫民受苦事件。

在毛泽东的记忆里，长沙饥民暴动被镇压一直挥之不去，所以，他一生最看不得劳动人民受苦。他为劳苦大众奋斗奉献了一生，即使在个人最困难、最艰险的厄运时也不放弃。看到这里，你就知道了毛泽东为什么有那么大的能量，那么受人民大众的敬仰。

有一年正值秋收时节，家家忙着收割，突然天降大雨，人们纷纷跑到自家的晒谷坪上，抢收场上的稻谷。毛泽东的父亲带着家人也忙着抢收，可唯独不见毛泽东，结果因雨大人手少，家里的一些稻谷被雨水冲走了。雨停后，毛泽东浑身湿淋淋地跑回来了。原来他去帮助邻居家抢收稻谷了，他说：人家是佃的田，要交租，冲走一点都不得了；自己家里的比人家多一些，冲走一点也不太要紧。毛泽东的这种淳朴同情心，新中国成立后成为全国的"为人民服务""毫不利己，专门利人"的道德追求。

中华民族、中国老百姓有毛泽东这样伟大的仁厚之人做领袖真是幸运。

（三）容天纳海的仁性

中国的民间传统，最讲究的是祖坟。所以，但凡有点地位的人，都要请高人看坟地，即使一般普通人家，也很看重这个"阴宅"，因此，在民间就有"十年选地，一年定点"的说法，认为"阴宅"选建得好可以造福子孙后代。由此，也就有了这样的共识，最损的招、最缺德最恶毒的人，就是挖人家的祖坟。挖了人家的祖坟，就是世代不共戴天的仇人。蒋介石及其领导的国民党反动派，挖了毛泽东的祖坟，还挖了其他一些共产党人的祖坟。而毛泽东及其领导的共产党，绝没有挖蒋介石的祖坟，也没有挖国民党其他人的祖坟。不仅如此，新中国成立后，黄炎培副总理要去江南做调查研究，毛泽东特意要他关注文物古迹，一定要教育农民，提高认识，保护文物。并郑重地说："举个例子说吧，过去，尽管蒋某人的手下挖了我的祖坟，今天，我要把蒋介石的祖坟当作文物保护起来。"

这就是毛泽东的仁厚，有哪个能比呢？

二、慈悲

我佛慈悲，讲的就是不杀生。所以，慈悲，可以说就是尊重生命。尊重生命，才有力量。毛泽东作为一个彻底的无产阶级革命家，被敌人逼得拿起枪上了山，一生指挥过数百次的战役战斗，但他坚决反对从肉体上消灭敌人，而以慈悲为怀，主张改造与教化。所以，毛泽东成了蒋介石的天敌，毛泽东的军队成了蒋介石的军队的天敌。

（一）不同的结论

为什么蒋介石败给毛泽东？为什么毛泽东赢了蒋介石？这是现代史研究的永恒课题，也是永远不会有共同结论的课题。

"四曰"说。1930年9月8日，阎锡山在北平第八次孙中山纪念周上曾说过蒋介石必败的原因，他归纳了四条：一曰与党为敌；二曰与国为敌；三曰与民为敌；四曰与公理为敌。阎锡山的归纳不能不说深刻，但蒋介石在一段时间内可以说是纵横捭阖、所向无敌，他战胜了一个个老军阀，收拾了一个个新军阀。这是为什么呢？从军阀之间说，蒋介石比其他军阀更加毒辣，更毒辣的军阀打败毒辣稍差的军阀就成为必然。当然，蒋介石也还有高于其他军阀的东西。

金一南说：从客观因素看，蒋介石代表着比其他军阀更为先进的势力，与衰亡的封建残余更少粘连，与新兴的资产阶级有更多关系。从主观因素说，蒋介石具有一以贯之的极强的精神气质。如前苏联军事顾问契列潘诺夫在回忆录中说的，蒋介石懂政治，能很快作出决定，倔强，有极强的自尊心，应该在政治上会走到合乎逻辑的极点。如果从这里说，阎锡山说的这四条，也就不完全是那么回事了。因为，蒋介石一直拥有国民党，执政 22 年，高举孙中山的主义，掌握着强大的枪杆子。

不仅对付军阀，在毛泽东之前，蒋介石对付共产党的其他领袖也是易如反掌，他用法庭审判了陈独秀，用死亡压垮了向忠发，用子弹枪杀了瞿秋白，甚至他都不用亲自出马，也不曾失败。

有人说，毛泽东、蒋介石，心头皆有主义，手中皆有枪杆子，历史选择他们代表各自的阶级和政党，用手中的枪杆子和心中的主义，用对历史的感触和对未来的憧憬，在现代中国猛烈碰撞，用一场又一场生死拼杀对决。这话也对也不对，因为，毛泽东是带领几百人上山，即使到了 1947 年，军事实力与蒋介石仍相去甚远，而毛泽东真正掌握中国共产党的领导权是在 1935 年遵义会议以后。实际上蒋介石之败早已露形。

那蒋介石又为何而败？是败于主义，还是败于枪杆子？是败于对历史的把握，还是败于对未来的规划？蒋介石终生不解，对此，他逃到台湾后，还专门成立了革命实践研究院，专门研究其失败的教训。

"五是"说。1931 年 5 月 12 日，在国民党政府国民会议第四次会议上，何应钦代表蒋介石作"剿匪"报告，说赤匪猖獗剿不尽的原因有五条：一是军阀叛变，社会上有散兵散枪；二是苏联提供援助；三是欧美日经济侵略，增加了农村的失业人数；四是教育不当；五是社会组织松懈。这五条更不靠谱。历史告诉人们，欧美日实际上是蒋介石政府的后援，苏联的援助也大多给了孙中山、蒋介石、冯玉祥，相比之下给予共产党的数量少之又少，因为共产国际和斯大林并没有看好中国共产党，更没有看好毛泽东。到延安时期，毛泽东、周恩来还饿得打晃呢！

运气说。 1975年蒋介石去世，美国作家布赖恩·克罗泽出版了一本书，名字叫《丢失中国的人》，书中对蒋介石失败的原因，归结为运气，说蒋介石缺少那些将军和政治家流芳百世的先决条件——运气。影视剧中，还有蒋介石面对失败慨叹天意的镜头。蒋介石心中的天意也可能指的是运气。作者倒认为蒋介石是运气最好的，他机缘逢时、占尽运气，获得最高权力后，一直在运势的核心位置，谁有这样的运气呢？别人没有，毛泽东更没有。一句话，运气说，站不住脚。

（二）蒋介石的失败在于残忍的杀戮

研究蒋介石你会发现，在蒋介石的政治词汇里充满了"枪决""斩决""斩立决""见电立决"这样的概念。可以说蒋介石是嗜杀成性的人，他用屠刀在中国制造的白色恐怖，可谓全世界最严酷的白色恐怖。

国民党爱国将领陈铭枢在《"九一八"第四周年纪念感言》中写道："呜呼！不知多少万热血青年，就在这'清党'明文的'停止活动'四字之下，断送了最宝贵的生命！国民党为'救党'而屠杀了中国数百万有志有识的青年。这个损失是中国空前的损失，即秦始皇之焚书坑儒亦必不至于此。"蒋介石对共产党的屠杀更加的残忍，叫作"宁可枉杀千人，不可使一人漏网"。仅1927年4月到1928年上半年，屠杀共产党员、共青团员以及其他革命人士就达337000人，至1932年以前，仅仅四五年就杀了100万人以上。共产党人，只要被捕，便难以生还。中共中央总书记向忠发被捕后，叛变共产党，而且为蒋介石逮捕共产党人出了力，蒋介石也只让他活了 3 天。

如果认为杀共产党人还看不出蒋介石的嗜杀成性的话，你还可看看与他长期共事的人，邓演达，先后任黄埔军校教育长、国民革命军总司令部政治部主任，与蒋介石长期共事，而且也不是共产党，只是什么"第三党"人，还有陈诚这样的重量级人物说情，也要坚决杀掉。如果胆敢反蒋，那就被残忍地杀害。张学良、杨虎城"兵谏"蒋介石抗日，蒋介石把杨虎城及女儿和随员都杀死，连孩子也不放过。蒋介石，就是这样一个杀气腾腾的刽子手。

人在干，天在看。蒋介石总不能把所有的人都杀掉，杀得越多，起来反抗的人就越多，这叫天怒人怨，蒋介石怎么能胜利呢？

天理不可违。

（三）毛泽东的胜利则在于大慈大悲

这样提出问题，只是体现毛泽东精神的一个角度。当然，这也很重要。再有，不可否认的是毛泽东极高的政治智慧和无与伦比的军事才能，也是战胜蒋介石的基本条件。

但我们必须看到这样一个问题，试想，毛泽东的几百人、几千人，即使后来的几十万人、上百万人，和蒋介石的军事实力相比，仍不是一个量级。况且，蒋介石还掌握着国家政权，国家机器、国家财力物力都在蒋介石的手里。所以，毛泽东的胜利，与他的大慈大悲是直接关联的。

蒋介石发动"四一二"反革命大屠杀，共产党人被迫拿起刀枪，毛泽东组织领导了秋收暴动，在上井冈山的途中进行了著名的"三湾改编"。在军队内部实行了民主制度，成立了士兵委员会，废除了烦琐的礼节，取消了雇佣制度，实行了经济公开，建立了崭新的官兵关系，这就是毛泽东开天辟地地进行政治建军。这个有什么意义呢？它的最大的意义，就是废除了拿命换钱的雇佣制，实行了官兵平等的民主制，这就把"平等"注入了部队，最大地唤醒了人性，为捍卫被压迫人民的生命尊严而战斗，官官、兵兵、官兵之间都是生死相依的弟兄，慈悲结缘。所以，毛泽东的部队注入了新的思想和灵魂，成为老百姓心目中的菩萨兵。

菩萨兵，救苦救难，为百姓解放而战，焉能不胜？

菩萨兵，同苦同难，为社会平等而战，焉能不胜？

1928 年 2 月，毛泽东指挥部队攻打新城，全歼敌人 600 多人，其中俘虏 400 多人。如何对待俘虏，毛泽东为红军规定了宽待俘虏的四条政策：第一，不打、不骂、不杀；第二，不准搜俘虏腰包；第三，对受伤者给予治疗；第四，释放俘虏，走留自愿，留者欢迎，还可以加入工农革命军，一视同仁，走者一律发给路费。他同时教育部队，必须尊重已经放下武器的敌军俘虏的人格。

这哪里是对待敌军俘虏，简直就是对待自家弟兄！是的，在毛泽东眼里，他们就是亲爱的阶级兄弟、就是独立平等的人，是应该受到优待的。这就是菩萨心肠。

这些被优待的俘虏，留下参加工农革命军的，一定会心甘情愿地去作战；回家的，也一定会念叨毛泽东的好处；即使再被国民党抓去当兵的，再与毛泽东的军队打仗时，一定会手下留情，处于不利态势时还会说服他人一起投降，因为投降当共产党军队的俘虏并没有什么不好。

毛泽东的大慈大悲，使得国民党的军队面对共产党的军队时就多了一个选项，那就是"举手投降"。于是就有了这样的结果：第一次至第四次反"围剿"作战中，红军歼灭国民党军队约 51.4 万人，其中俘虏 19.8 万人，占歼敌总数的 38.5%；解放战争中，解放军共歼灭国民党军队约 800 万人，其中俘虏、投诚起义和接受改编的人数合计达到约 636 万人，占歼敌总数的 79%。师以上的重大起义就有 60 余次，起义兵力达到 114 万余人，占蒋介石总兵力的七分之一。

"国民党军队逮到共产党就杀，这一政策只能叫共产党人拼命，宁可战死也不投降。"共产党军队逮到国民党兵优待，这一政策则叫国民党士兵有了另一条活路，只要时机适宜就选择改换门庭。

这是什么呢？这叫弃暗投明、弃恶从善，放下屠刀，立地成佛。

毛泽东对蒋介石，一直喊的口号是打倒、打败，打败蒋介石、打倒蒋家王朝，就是要推翻蒋介石的政权，推翻政权并不意味着要杀死蒋介石。可以肯定地说，如果毛泽东逮到蒋介石，毛泽东绝不会杀死蒋介石，这从"西安事变"可以推知。毛泽东的话也说明了这一点。1945年，他赴重庆与蒋介石谈判前曾说过，要给蒋介石"洗脸"，而不是"杀头"。蒋介石对毛泽东，一直喊的口号是悬赏，悬赏××万大洋要毛泽东的人头，就是要消灭毛泽东的肉体。也可以肯定地说，如果蒋介石逮到毛泽东，蒋介石绝不会让毛泽东活着，这从蒋介石杀死杨开慧、毛泽民和若干共产党高级领导人不难推知。

毛泽东和蒋介石，慈悲和杀戮，竟是这样分明。

作为政党的领袖，不可避免地遇到对待党内同人的处理问题。蒋介石对党内同人的处理，我们说了一个邓演达。我们再看看毛泽东对党内同人的处理。

王明是反对毛泽东的人，但毛泽东从不计前嫌。1945年5月中共七大进行选举准备时，毛泽东特别提出不能用王明对待他的办法来对付王明，坚持做了大量的说服工作，推选王明任中央委员，而且一直关注到唱票人告诉他王明当选时，才离开座位休息。王明的中央委员就这样一直当着，直到1956年1月，王明以治病为由赴莫斯科，行前给中央写信，要求解除他的中央委员职务。

由于共产党成长的残酷环境，中国共产党内部整风肃反时，也发生过"过火"行为，但只要是毛泽东有权处理的，他绝对主张避免杀人。

1935年10月底，毛泽东率领党中央及中央红军北上支队到达陕北下寺湾，了解到刘志丹、高岗、张秀山等共产党的领导干部被逮捕入狱，有的被杀害，立即下令刀下留人、停止捕人，并派王首道等人去接替陕甘宁边区保卫局的工作，先把事态控制下来。毛泽东特意嘱咐：杀头不像割韭菜，韭菜割了还可长出来，人头落地就长不拢了。杀错了人就是犯罪，大家一定慎重，随后全部释放被关押的100多人，给被冤枉的人平反。

抗日战争时期，蒋介石在军统内设立了以张国焘为主任的特种政治问题研究室，专门开展对中共的特务活动，军统派往延安和根据地的特务8000余人之多，中统也在兰州设立了西北区工作委员会，主要针对陕甘宁边区进行暗杀等破坏活动。国民党的这些特务混入陕甘宁边区后，造谣煽动，刺探情报，捕杀出入边区人员，并根据蒋介石的指示，企图暗杀中共领导人。

为此，中共中央开展了反奸细斗争，于1942年延安开展整风运动，到年底整风运动进入干部审查阶段。毛泽东指出，反奸斗争，要以宽大为主，镇压为辅，原则上不要抓人杀人。康生领导下的社会部采用不正当的审查手段，造成了肃反扩大化问题。毛泽东立即指出康生的问题，作出批示"一个不杀，大部不抓"，并主动承担责任，并为此向受到委屈的人赔礼道歉。在1945年中共七大前夕中央机关和边区干部大会上，毛泽东再次脱帽鞠躬，向同志们认错。后又针对康生甄别工作消极，一些同志的问题尚未结清，毛泽东又转以安排这些人去东北工作，让他们自己去作结论，说："是共产党人，一定留在共产党内；是国民党人，让他跑到国民党去，怕什么呀！"

真是，去留由之，实乃大善在胸。

而如果换作蒋介石，那又可能是坚决杀掉、毋使漏网！

这就是毛泽东与蒋介石的不同，所以胜与败的结果也肯定不同。

毛泽东的慈悲是心性所致。毛泽东的一生，从少年到逝世，慈悲一以贯之，体现在方方面面。毛泽东曾经被中共中央指责为"右倾机会主义""富农路线"等，而且因为"右倾"还多次被罢权。这里的分歧是什么呢？换一个角度看，就是毛泽东实行的"悲天悯人"的政策与当时中共中央实行的"红色恐怖"的政策格格不入。毛泽东主张从民生出发，按人口平均分配土地，对地主"酌量分与土地"，使人人能够生活，不能使一些人为了生活，又造成了另一些人不能生活。而当时中央则主张对地主实行杀戮并焚烧他们的财产，指责毛泽东没有执行这一政策，是"向地主豪绅及富农让步的右倾机会主义"。

正是"因为毛泽东具有太阳般的热忱"，才使得共产党人尊重生命、热爱人民。

美国作家海伦·福斯特·斯诺写道："成功对他（毛泽东）来说，主要是指赢得人心。据目前所知，他从来没处决过他的敌手。同法国革命、苏联革命相比，这是一种进步，是迈向文明的显著进步。1937 年，当老布尔什维克相互残杀之时，毛泽东给他的两名死敌授予了自由——而这两个人一直到死，从未放弃过毁灭毛泽东的企图。一个是第三国际的代表李德，另一个是张国焘。"

"如果某一个人活不了，那么每一个人也活不好。"这是美国总统罗斯福在劝说美国的上层社会对穷人作出必要的让步的时候，曾经说的话。这话说得对。蒋介石的屠杀政策，使若干人活不了，那么每一个人就更加活不好，这就是人民造反的原因，就是他失败的原因。

大千世界，纷繁缭乱。但"哪里有压迫，哪里就有反抗"，这是社会运行机理。你即使有最尖端的武器，也消灭不了公理。

三、博爱

博爱，就是广博的爱，是平等的爱，是没有等差的、没有级别的爱。毛泽东是一个无我的人，他一生不谋取任何个人私利，为国为民，救苦救难，举家革命。毛泽东是一个大我的人，他心中装着普天下的劳苦大众，终生操劳，无欲无畏，将生死置之度外。毛泽东的博爱是无上的，他以彻底的自我牺牲引领了中国社会的平等友爱，使人类社会触及人性的最高追求。

（一）悯怀苍生

1945 年，毛泽东赴重庆谈判，是国人家喻户晓的故事。对这个故事的解读，每个人都会掺有阶级、政党和时间等因素。世间之事，有着这样的规律，沉淀时间越长，深层的东西浮现得越清。重庆谈判，过去一直有两党之争的研究，本文对此不做评述，只从民众的角度，来关注一下毛泽东悯怀苍生的情怀。

毛泽东可不可以不去。回答是肯定的。因为，先前为联合抗日，中共已派有周恩来、王若飞在重庆，有周、王代表毛泽东和中共与蒋介石或蒋介石政府谈判完全可以。当时，周恩来是中共中央政治局委员，中央书记处"五大"书记之一，在党内外有着很高的地位。如果从中共本党的利益出发，毛泽东就更不应前去重庆，因为蒋介石极不讲信义，一直悬赏毛泽东的人头，"围剿"、封锁、暗杀都未能如愿，送上门就等于自投罗网。如果蒋介石对毛泽东动手，中共无疑就没有后来，这是中共走过来的历史证明了的。所以，从中共本党的这个角度看，毛泽东是更不能去的。这也正是当时中共和一切善良的人们所担心的，民盟中央主席张澜见到毛泽东就极为不安地说："这明明是蒋介石演的假戏啊！国共两党要谈判嘛，你们可以像过去那样，派恩来先生，加上若飞先生，来谈就可以了。何必动润之先生的大驾呀……蒋介石在演鸿门宴，他哪里会顾得上一点信义！"

蒋介石的算盘是什么？从现在解密的资料和有关研究的结论来

看，蒋介石急邀毛泽东赴重庆谈判，有着两个方面的打算：

一方面是蒋介石大有用意。这用意是什么呢？就是为受降争取调兵遣将的时间，这是表层的、直接的打算。1945 年 8 月 14 日，日本天皇宣布接受《波茨坦公告》无条件投降。同日，蒋介石与苏联签订了《中苏友好同盟条约》。就在这一天，蒋介石给毛泽东发去第一封电报，急邀毛泽东到重庆谈判，其后又接连发去第二、第三封电报。那么，蒋介石为什么在这样一个时机，这么急迫邀毛泽东去重庆谈判呢？原因就是蒋介石的军队在与日寇作战中溃退于中国西南一隅，而坚持在敌后抗日的共产党的军队却散布在华北、西北、华南的敌后解放区，蒋介石有心但无力接收日寇约 100 万人的武器给养。所以，他要以此争取调动军队的时间。

另一方面是蒋介石的"上帝所赐良机"。蒋介石在 1945 年 8 月 30 日的日记中写道：毛泽东应诏来渝，"而实上帝所赐也"。蒋介石为什么这么如意庆幸？他认为这是一次消灭毛泽东、消灭共产党、消灭共产党军队的天赐良机。这可以说是蒋介石一生未曾改变的目标。之前,诸多努力未曾如愿，如今又是一难得时机。在蒋介石看来，毛泽东来或不来，他都有胜算。

毛泽东如果不来，蒋介石就可以把挑动内战的罪名扣在毛泽东、共产党的头上，趁机发动对共产党军队的进剿。他知道他还有强大的军队，掌握着国家政权、国际支援和舆论工具，如再能争取到民心，获胜就触手可及啦。当然，蒋介石判断毛泽东是不敢赴约的，所以，他也没有做真正谈判的准备，正像当时一些有识之士所看到的，蒋介石就是在演戏。

毛泽东如果来重庆，蒋介石就可趁机走"三步"棋。这"三步"棋是：

一逼，逼中共就范。日本投降之际，蒋介石在国内外的地位可谓如日中天，他一如既往地得到美国的支持，又以承认外蒙古独立、中苏共管长春铁路 30 年、旅顺作为海军基地与苏联共享 30 年、大连作为苏联自由港为代价，与苏联签订了《中苏友好同盟条约》，获得了苏联的支持。日本投降了，美国、苏联两个大国都支持，真可谓前所未有的国内外时机。如果毛泽东来重庆，蒋介石就使毛泽东迫于各方压力，接受蒋介石的条件，削弱或消化共产党和军队，达到不战而屈人之兵的目的。

二扣，就是趁毛泽东来渝谈判期间实施扣押。史料显示，就在毛泽东到达重庆的第二天，蒋介石就重印了 1933 年炮制的《剿匪手本》下发部属，并精心策划了扣押毛泽东的惊天阴谋。2007 年，美国斯坦福大学胡佛研究院开放了存放在该院的《蒋介石日记》手稿本，在 1945 年 9 月 29 日的日记里，蒋介石罗列了中共 11 条罪状，并决心要扣押甚至审判毛泽东。这时的毛泽东就在重庆。

三审判，就是扣押再不能达到其逼中共就范的目的就审判毛泽东。这是一个合乎逻辑的思路，不然，扣押干吗呢？况且中共的 11 条大罪已列录。如果审判毛泽东，那结果就可想而知了，"共匪"头子、共产共妻、烧杀抢掠等等，可任意欲加之罪。这也印证了中共其他领导人担忧毛泽东去谈判的最坏结果。

毛泽东的心思是什么？蒋介石，这个较量了 20 多年的老对手，毛泽东比谁都清楚。他清楚蒋介石的如意打算，也深知赴渝谈判的危险。但毛泽东救国救民、悯怀苍生的既定目标始终深存于心，所以他心里也有着两种考虑。

一是说服蒋介石，也就是给蒋介石"洗脸"。怎么个洗法呢？就是共产党参加国民政府，走长期迂回曲折的道路，走弯路使共产党在各个方面达到更加成熟，中国人民更觉悟，然后建立新民主主义的中国，实现他改变中国的理想。

二是做最坏准备，被蒋介石软禁，开展狱中斗争。所以，毛泽东在赴重庆谈判前的政治局会议上说："我准备坐班房……如果是软禁，那也不用怕，我正是要在那里办点事。"我们设想啊，在监狱里还有什么事可办呢？无非就是利用在敌窝的环境，与蒋介石做斗争。因此，毛泽东临行前作了周全的安排，安排刘少奇代理自己的职务，增补陈云、彭真为候补书记，以便毛泽东、周恩来都不在的情况下，书记处还能保持 5 人开会，继续与蒋介石斗争，实现改变中国的目标。

这就是毛泽东的博爱，为了国家前途、为了民生疾苦，已经将个人生死置之度外了。

（二）人道主义

人道主义是博爱的重要内涵，可以说毛泽东是最好的人道主义者，他既具有人道主义的鲜明的世界观，又具有无私而真诚的人道主义的实践行为，真正体现了普爱人类的大善精神。

人道主义援助，是每年世界都有的人类救助活动，这是人类特有的情感形态，包括对震灾、水灾、风灾、疫灾、泥石流、突发安全事件等的救援、救助。可以肯定地说，中华人民共和国从历史和现实看，是世界各国中最诚实的，因为，中国的人道主义援助，是没有任何附加条件的、真诚的、尽力的，尽管有时受条件限制可能还存有能力不足等问题，这也是受到世界尤其是第三世界国家一致高度赞扬的，而这正是毛泽东人道主义的继承与发展。

大人道主义世界观。毛泽东即使在革命战争年代，也一直主张实行革命的人道主义。新中国成立后，他把这种人道主义融入国家政策中，领导中国政府坚决反对帝国主义的侵略政策，号召社会主义阵营各国人民联合起来，亚洲、非洲、拉丁美洲各国人民联合起来，全世界各大洲的人民联合起来，所有爱好和平的国家联合起来，所有受到帝国主义侵略、控制、干涉和欺负的国家联合起来，结成最广泛的统一战线，反对帝国主义的侵略政策和侵略战争，保卫世界和平。他决不允许外国干涉中国内政，也坚决反对中国干涉别国，主张即使中国将来富裕起来，也决不做超级大国欺负人家、侵略人家、剥削人家，各国相互尊重、相互同情、相互支持，互惠互利。这就是毛泽东灵魂深处的大人道主义世界观，超越了个人角度的人道主义，因为人是有国度的，不讲超越个人的国家层面去主张人道主义，就会带来人道主义灾难。

履行革命的人道主义义务。毛泽东认为："在帝国主义存在的时代，任何国家的真正的人民革命，如果没有国际革命力量在各种不同方式上的援助，要取得自己的胜利是不可能的。胜利了，要巩固，也是不可能的。"20 世纪 50 年代，在新中国成立初期自己还极端困难的情况下，毛泽东领导中国人民实施了抗美援朝战争，投入兵力 130 万人，全国人民在人力物力上进行了全力的支援，付出了巨大的民族牺牲，取得了抗美援朝战争的胜利。为援助越南人民抗法战争，向越南提供各种枪支 116000（挺），火炮 420 门，大批配套的弹药以及通信和工兵器材，我国也是全世界唯一向越南提供军事援助的国家。其后，又于 20 世纪 60 年代，援助越南人民进行抗美斗争，把自己生产的最新的武器装备，在自己还没装备部队的情况下，优先援助越南，并毅然派遣由炮兵、工程兵、铁道兵、通信兵、海军、空军、后勤运输等兵种组成的 30 余万志愿部队参战，帮助越南人民取得了抗法、抗美战争的胜利。

毛泽东履行革命的人道主义，可谓不惜代价。

第三世界人民的人道主义担当。中国与第三世界国家有着极为紧密的关系，这一切的基础都来自毛泽东对第三世界人民的人道主义担当。新中国成立后，毛泽东一直有个想法：已经获得革命胜利的人民应该援助正在争取解放的人民的斗争。毛泽东十分同情弱小国家的遭遇，当非洲大陆日益觉醒的消息传来，他颇为感慨与欣喜，毫不犹豫地表达了支持非洲和阿拉伯各国人民的愿望。1963 年，毛泽东决定由周恩来率团访问非洲,特意提出要访问一些没有和我们建交的国家,让非洲朋友知道中国人民与非洲人民站在一起的愿望,了解中国人民的友好与善良。周恩来出色的外交才能,成功访问了亚非拉14个国家,在道义与物质上给了这些国家极大的支持。其后,中国政府又提出了对非洲援助的八项原则。这些原则,最为集中地体现了毛泽东和中国人民对非洲人民人道主义的担当:根据平等互利的原则提供援助,绝不附带任何条件和要求任何特权,在需要时可减轻受援国的负担,帮助受援国逐步走上自力更生独立发展的道路,所援建的项目使受援国尽快增加收入,中国提供的设备和物资不合规定者保证退换,提供的技术保证受援国掌握,中国的专家不享受任何特殊待遇。当1964年美国侵略刚果(利),即现在的刚果(金),毛泽东在天安门广场举行70万人群众大会,庄严声明支持非洲人民的正义斗争,在全国范围内有11个城市800多万人举行了示威游行和群众集会。这就是毛泽东的人道主义担当,无私与真诚,信赖与平等,真心实意付诸行动。这种人道主义担当,正是超越国界的对人类的大爱。

毛泽东对第三世界人民的人道主义担当,使非洲国家成了中国的好兄弟。1971年,非洲兄弟把新中国抬进了联合国。

(三)孝爱亲友

孝爱亲友,是博爱的重要体现。六亲不认的清教徒,不是博爱。人,是父母给的生命,是父母养育长大,父母之恩应永世报答。一个人在社会上生存,无论是学习、工作、生活,都离不开他人的帮助,朋友之恩当涌泉相报。

我们来看一看毛泽东的孝与爱。

毛泽东对双亲之孝。1959年6月25日,毛泽东一早来到南竹沟小山岗的双亲墓前,默默站立,目光凝重,恭恭敬敬地献上一束松柏，深深鞠躬，这是他第四次凭吊父母。另外三次分别是1921年、1925年和1927年。凭吊完毕，毛泽东对随行的罗瑞卿大将强调了共产党人不忘"生我者父母"之恩德的道理。毛泽东十分看重传统的孝顺思想，他认为：对父母尽奉养之力是做儿子的本分。在十四五岁时，他就成为会干所有农活、对父母十分体贴的青年人。但毛泽东16岁即离开家独立生活，随后投入救国救民的革命运动，长日在外，对父母未能尽奉养之力，对此，他有着"欲报之德，昊天罔极"之痛。国事家事不能两全，但对父母的孝心，他铭刻心中。

父母之心，望子成龙。儿子忠诚国家，为国效力，报效人民，实合双亲心愿，此正为大孝。

毛泽东对亲情之爱。毛泽东举家为国，有六位亲人为国捐躯，妻子、儿子、弟弟、妹妹，都是最亲的人。这在一般人眼里，是家庭之不幸。是的，亲人团聚，健康长寿，固然是好，但人生一世，草木一秋，生命或长或短，意义何在呢？毛泽东把一家人动员出来奉献给国家和人民，尤其在新中国成立后还把最亲爱的儿子送上保家卫国的战场，使得他（她）们的名字和灵魂融合于中华民族，为万世敬仰，这不也是亲情之大爱吗？

毛泽东对岳家之敬。毛泽东的恩师杨昌济先生于1920年初逝世，杨开慧于1920年冬与毛泽东结婚，1930年杨开慧牺牲，杨开慧的母亲向振熙和杨开慧的哥哥、嫂嫂，历尽艰难险阻把毛泽东的儿子毛岸英、毛岸青送到上海。毛泽东1927年领导秋收起义部队上井冈山后，时隔22年得与杨开慧的哥哥杨开智、嫂嫂李崇德联系。1949年王稼祥的夫人朱仲丽回湖南省亲，毛泽东特托其给杨老夫人及杨开慧的哥嫂带去衣物。1950年5月，杨老夫人八十大寿，毛泽东特派毛岸英回湖南为外祖母祝寿。全国实行薪金之后，毛泽东一直给杨老夫人寄生活费，从未间断，有一次秘书漏寄，时隔半年，毛泽东知道了，又指示秘书补寄。1962年杨老夫人逝世，毛泽东十分哀痛，致电可与爱妻同穴，称两家是一家人，不分彼此。

毛泽东，世界上人口最多的国家的领袖，有着几千年封建历史大国的领袖，对其岳母的孝敬可谓深情、周细，堪称佳话。

贺子珍，毛泽东的第二位妻子，1909 年 9 月生，十几岁参加革命，18 岁与哥哥贺敏学、妹妹贺怡同时被选为永新县县委委员，1928 年秋与毛泽东结婚，1937 年冬去苏联治病学习。贺子珍的父母也都是参加了革命工作的，父亲病逝于江西赣州，是项英操办的后事。其后，组织上把贺子珍的母亲送到延安，不巧贺子珍去了苏联，老人的生活就由毛泽东照顾。后来，老人病逝于延安，毛泽东又料理其后事，还为她立了碑。胡宗南占领延安时，把老人的坟挖了。收复延安后，毛泽东又拿出 10 块银圆，请老乡重新造了墓。

夫妻一场，虽已分手，但毛泽东重情重义，对岳家之孝敬实心实意。毛泽东是伟大的革命领袖，中国劳动人民的孝道，在他的身上更是体现得凝重而浑厚。

毛泽东对朋友之义重。毛泽东对朋友的情深义重，尽人皆知，凡是与他接触过的新朋老友，无不为他的真诚、热情与人格魅力所折服。无论是政要还是平民，无论是年长的还是年轻的，无论是国内的还是国外的，他一律体现出浓厚的人情味，展现了中华民族的优秀传统道德。

毛泽东对党内同志的关怀自不必说，与民主党派、无党派人士的交往更是敬重有加、真诚友爱。例如与张澜、陈叔通、黄炎培、章士钊、陈嘉庚、张元济、齐白石、李苦禅、符定一、周谷城、李振翮等人的交往。资料显示，毛泽东与党内同志的交往，不拘礼节，除特殊情况外，不远迎不远送，但对国际友人、民主党派、无党派人士，都是恭迎远送、热情尊敬、体贴入微，使这些朋友大为感动、深为折服。

陈叔通，浙江杭州人，1876 年生，1966 年逝世，爱国民主人士。新中国成立后，曾任中央人民政府委员、全国人大常务委员会副委员长、政协全国委员会副主席、中华全国工商业联合会第一、二、三届主任委员。他是与毛泽东交往多年的老朋友，他每次拜访毛泽东时，毛泽东都在门口等候；临别时，毛泽东总是为他打开汽车门，照顾他上车，然后关上车门，待汽车走远了，还在挥手目送。陈叔通是清朝末期的翰林，经历过几个时代，他说：历代的最高统治者，都有一种不可一世的傲气，毛泽东和蔼可亲，在他面前感到同家里人一样，可以说是我国有史以来最受亿万人民爱戴的领袖。

（四）心慈过人

大人不计小人过，正是圣贤之德。毛泽东正是如此之贤者，他在对待犯过错误、有过失、反对过自己的人，一向是宽宏大量的，这从另一个侧面充分体现出他的大善精神。

"陈毅跟我吵过架，但一直合作得很好。"这是毛泽东1972年1月10日下午参加陈毅追悼会时说的话。陈毅，四川乐至县人，1923年参加中国共产党，1927年在南昌起义部队第十一军二十五师七十三团任政治指导员，后与朱德领导湘南起义，于1928年4月25日与朱德一起上井冈山，28日与朱德、王尔琢一起和毛泽东会师，1929年红四军第七次党的代表大会，陈毅"夺"了毛泽东的权，两人因工作多次吵过架。关键是，毛泽东一直是正确的，反毛泽东是反错了的，但毛泽东一直不记陈毅之过。1972年1月7日毛泽东得知陈毅去世，1月10日抱着多病之躯参加陈毅追悼会，与全体人员向陈毅遗体三鞠躬。更需要提及的是，毛泽东1970年患重病，1971年11月病情复发，经抢救脱离危险，因身体虚弱，他已几乎大门不出二门不迈。在这种情况下毅然抱病前往，既能看出毛泽东对陈毅的友情，也折射出毛泽东对待反对过他的人心慈仁厚。

在中共中央到达陕北之前，党内不少人给毛泽东制造过许多麻烦，有些人是极力反对过毛泽东的，例如陈独秀、王明、博古、李立三、项英、张国焘等等，但毛泽东从不计前嫌，而且采取的一贯态度是宽容、团结，在他的心里，只有那些极少数顽固不化与人民为敌的人才是必须反对的。

团结尽可能多的人，尤其是团结反对过自己的人一道工作，是毛泽东做人的信条，他为世人作出了楷模。

四、和善

和善，就是尊重人性。毛泽东就是这样的伟大，他对人性的尊重，是超越常人的。我们可以通过以下不同的故事去感悟这位伟人的和善。

（一）不用"命令"的军事统帅

我们知道，毛泽东是世界上最伟大的军事统帅，但他和一般的军事统帅在典型特质上是那样不同。军事统帅，最典型的特质是什么呢？是他不可置疑的命令特性，基本的口气是命令，命令下属这样、那样。因为他要指挥下级去行动、去拼杀、去战胜敌人，所以他要用不可抗拒的命令方式严令部属，而这在毛泽东那里是恰恰找不到的。

毛泽东指挥部队作战，基本采用的是商量的口气，绝不硬性地命令部队，说你们应该这样、应该那样。他通常是把行动事项说完，最后以请、望、斟酌、是否、如何之类的话结束指挥文书。例如，"以上意见请你们斟酌电复"，"如何？速告"，"以上是否适宜，请酌办""以上何者为宜，望酌复"，"以上各点，当作建议，究应如何办理最为妥当，请按实情决定"。这看起来的确不像军事统帅的命令，以至20世纪50年代，来华的苏联军事专家看了毛泽东给下级下达的那些命令、指示，禁不住说："这像命令吗？"

有人认为这是毛泽东的风格，而我倒觉得这风格之深处，恰恰折射的是毛泽东骨子里尊重人性的大善精神。

不是吗？有些部队领导，动不动就是你必须这样、必须那样命令部属，当然，指挥员命令部属是无可厚非的，而我们在这里说的是毛泽东尊重人性的侧面。毛泽东即使在成为不可撼动的、具有绝对权威的军事统帅后，仍是这样，这就不是风格可以说明的。

（二）半支烟的折服

毛泽东一生会见过无数人，凡是与毛泽东见过面的人，都深深为这位伟人的革命理论、渊博知识、人格魅力所折服，可以说，中国的外国的、政要和百姓、将军和士兵、教师和学生，等等，无一例外。但半支烟折服一位老教授的故事，却读来又另有滋味。

这位老教授这样回忆他在延安时期会见毛泽东的情景，他说："我去见主席，主席拿出纸烟来招待，可是不巧纸烟只剩下一支了。你想主席怎么办？他自己吸不请客人吸，当然不好，请客人吸自己不吸，客人肯定不同意。于是，毛主席将这支烟分成两半，给我半支，他自己半支。从这件小事可以看出毛主席待下级随和、诚恳、平等而又亲切，这使我很受感动，终生难忘。"这正是人性的自然显现。

在中国社会，哥儿们弟兄、亲朋好友、邻居伙伴，就是这样的一种无痕无隙的随性。而毛泽东那时是中国共产党的领袖，是中国共产党军队的统帅，这样随性待人，这只能用毛泽东的大善精神来解释，因为他不是作秀，完全是自然的流露，这正是毛泽东的天性。

（三）"突发事件"

1958年11月14日，毛泽东去湖北视察途经孝感，要求专列短暂停留，他要找当地干部群众座谈农业问题。下午，湖北省委、孝感地委、孝感县委以及群众代表陆续登上专列，代表之一晏桃香，当时正患感冒，再加上心情特别激动，见到毛泽东时话还没来得及说，就控制不住冲着毛泽东脸"阿嚏"一声——打了一个喷嚏。唾沫星子不上不下、不左不右正好喷了毛泽东满脸，顿时，所有的人都被这"突发事件"惊得目瞪口呆，脸部表情就像"定格"似的僵在那里。晏桃香更是尴尬万分，不知所措，羞愧得满脸涨红，恨不得遁入列车底下去，只好硬着头皮愣在那里等着毛泽东雷霆震怒。然而，毛泽东不但没有发火，还若无其事并风趣地说了句："雷声大，雨点小。"说完，只是用手帕轻轻擦了擦被唾沫打湿的脸，一笑了之。一场"突发事件"的尴尬场面，顿时在笑声中转化为和谐。

这又是一个极为典型的故事。这种"突发事件"即使换作平民，同事、朋友、亲人之间，也会有轻重不同的责怪，或是有不舒服的表现。平时你还会看到，即使打喷嚏不喷在人家脸上，不加掩饰地朝向人家，都要受到白眼，因为，这一声"雷"，不知杀出多少细菌啊！

打喷嚏是人的生理反应，也算是人的"天性"。

晏桃香的生理"天性"，展露了毛泽东的和善天性。

（四）你帮我半年忙

毛泽东与卫士李银桥的关系，也可谓是真正的人性关系。1947年8月，在毛泽东转战陕北期间，组织上决定派原来在周恩来身边工作的勤务员李银桥给毛泽东当卫士。但李银桥考虑到自己参加革命十年了，与自己同年参加革命的人有些已是营团级干部了，而自己一直当勤务员、警卫员和卫士，进步比较慢，想到部队去。他想自己在周恩来那里已经干了一段时间，以后提出走的要求也容易些。如果调到毛泽东这儿来，总不能刚来就提要求，过一段时间提出来也不一定行。因为他深知毛泽东很恋旧，骑过的老马，不轻易更换；穿过的衣服，用过的笔砚茶缸，感觉用着习惯，有了感情，再有多好的也不换。更何况卫士呢！如果毛泽东和我相处习惯了，有了感情，那还能走得了吗？所以，李银桥考虑再三，向组织上表示不愿去。

毛泽东听说后，非但没生气，相反表示不再考虑别人，就要他。

当李银桥来到毛泽东身边后，毛泽东详细了解了李银桥不愿做卫士的原因，然后恳切地征求李银桥的意见。

毛泽东最后说："你不想来，但我的工作需要你，得有个妥协。"

李银桥回答："那就只好我妥协了。"

毛泽东接着说："不能太委屈你了，我们双方都做一些妥协。""你到我这里来，我们只是分工不同，都是为人民服务，你为我服务也是间接为人民服务。可是三八式当我的卫士，地位是够高的，但职务太低。我给你要个长，做我的卫士组的组长。"说完，毛泽东略加沉思后，又做了个手势，说："来！我们订个君子协定。半年，你帮我半年忙，算是借用，你看行不行？"

李银桥就这样来到了毛泽东身边当了卫士，时间是 1947 年 8 月 19 日。

时间如梭。半年时间满了，出乎李银桥的意料，毛泽东不无挽留地对他说："今天是 2 月 19 日，你来了半年了，整整半年。你还想走吗？"

李银桥听了毛泽东的话，低下了头，心里也很矛盾，但最后还是讲了实话："想走。"当他看到毛泽东那怅然若失的神情时，又有些不安地说："如果主席……"毛泽东还没等李银桥说完，做了一个断然忍痛割爱的手势说："不！咱们有约在先。我不食言，你可以走了。"

但是，和毛泽东朝夕相处半年，李银桥实在难以做到说走就走。所以，他又不由自主地说："主席已经同意我走，那么，前面订的协约算是结束了。如果需要，我们还可以订约。"

毛泽东笑了："好，那好，我们重新订约。半年，你再帮我半年，看我打败胡宗南。"

1948 年 8 月，续约的时间又到了。毛泽东实在舍不得李银桥，只好又征询他的意见："银桥，又到日子了。我想再借用你半年，看我彻底打败蒋介石，好不好？"

李银桥在毛泽东身边一年的时间，日日夜夜感受毛泽东那超人的智慧、毅力和扭转乾坤的力量，目睹了毛泽东为革命、为人民的解放事业废寝忘食的伟大情怀，他已深深地为毛泽东所吸引、所征服，下定决心，甘心情愿地跟随毛泽东一辈子。

1962 年，李银桥跟随毛泽东已经整整 15 年了。这时，毛泽东考虑到李银桥的前途，下决心让他离开自己，派他去天津工作。

李银桥哭着对毛泽东说："当初我不愿来，你借我来。现在我不愿走，你又撵我走。你这不是难为我吗？"

毛泽东也流泪叹息说："我也舍不得你走啊，我和我的孩子一年见不上几次面，只有我们朝夕相处，你比我的孩子还亲。可是，我得为你的前途着想，我不能误你的前途。卫士长地位虽很高，可也只是团级干部，职务低了些……"

毛泽东把李银桥揽入怀里，紧抱着，一边哭，一边说："你走了，我这里就不要卫士长了。你在这里干的时间长是因为我们合得来。你走之后我这里再不会有卫士长了，你是我最后一名卫士长……以后我死了，你要每年到我的坟前来看看！"

毛泽东逝世后，每年的毛泽东诞辰、毛泽东忌辰，李银桥都到毛主席纪念堂瞻仰毛泽东遗容，直到逝世。

这无疑是人世间最为普通的交流，是这样的真挚、真诚、平等、友好。

然而，这却是毛泽东与李银桥，一个领袖与一个卫士，这种人性关系，可以肯定地说，前无古人后少来者。

毛泽东是世俗领袖，有着绝对的世俗权力，但他没有世俗领袖的世俗权力概念，极力推行平等，绝对尊重人性，这使毛泽东超越了所有世俗领袖而至高无上。

五、教化

菩萨慈悲，在于点化，点化世人脱离心田之苦。世间本无苦难，苦难皆因私欲贪心所致。

毛泽东大善，在于教化，教化人们做高尚的人、纯粹的人、有道德的人、脱离低级趣味的人、有益于人民的人。

致天下之治者在人才，成天下之才者在教化。毛泽东深知天道奥妙，所以，他终身致力于教化，因此，他也成为中国有史以来受众最多的教育家，成为世界上最成功的教育家，他的听众数以亿计，他的语录以 50 多种文字发行 50 多亿册，仅次于《圣经》。

（一）打天下，不坐天下

打天下，坐天下，是自古以来的惯例。打天下好理解，就是打江山。那什么是坐天下呢？坐天下，就是坐享其成。打天下时，流血拼命，付出了，所以，得天下了，就要坐享其成，享受荣华富贵。

毛泽东颠覆了这样的惯例，他领导中国共产党、中国人民解放军，为人民打江山，让人民坐天下，保人民坐天下。有作家评论："千百年来，即使有人一开始起事时借助人民的名义，一旦上位就会丢掉大众转而去追求自我利益。最伟大的思想家就是发出平等呼喊的那几个，而占据高位的领袖，除了毛泽东，我们找不到第二个把多数人的利益放在首位的统治者。"

毛泽东十分清楚，他为中国共产党制定了正确的路线，接下来的关键是各级干部，所以，他时刻警惕着他的团队出现偏差，他不断地为团队注入精神食粮，教育全体共产党人要全心全意为人民服务，不谋一党之私，不谋一人之利；他要求各级干部必须关心民生疾苦，注重解决民生问题，与百姓同呼吸共命运，为百姓谋福祉；他与他的团队身体力行，艰苦奋斗，清正廉洁，为民掌权、为民用权，追求人类理想，树社会清风正气，使新中国成为世界上的一片净土。他的模范与教化，使他的团队在取得政权后，自历其苦，成为百姓记忆中的道德楷模。有问题找组织，有困难找干部，成为货真价实的百姓依赖，也烙下了那个时代的特有记号，党组织、老革命、老干部，就是百姓心中公平正义、解救疾苦的菩萨。

（二）改造世界观

改造世界观，是毛泽东时代的社会行为，实际上就是全民的教化运动。

百年耻辱，国人心痛的记忆。 为什么会有百年的耻辱呢？落后了，落后就要挨打。那为什么落后了呢？"吾国人积弊甚深，思想太旧，道德太坏。"积弊甚深，是腐朽的旧文化统治着国人，这种旧文化正如台湾作家柏杨形容的，是个酱缸。这个酱缸，会不断发酵，产生有害细菌，致使国人心智堰塞，道德沦落。所以，毛泽东决心改造国人，改造国人的世界观。这种改造，包括树立国家信仰和为国家效力的信念。

恶魔指出了我国的软肋。 板垣征四郎，日本侵略中国的恶魔、甲级战犯，1948 年被绞死。他研究中国的结论是："从中国民众的心理上来说，安居乐业是其理想，至于政治和军事，只不过是统治阶级的一种职业。在政治和军事上与民众有联系的，只是租税和维持治安。……因此，它是一个同近代国家的情况大不相同的国家，归根到底，它不过是在这样一个拥有自治部落的地区上加上了国家这一名称而已。所以，从一般民众的真正的民族发展历史上来说，国家意识无疑是很淡薄的。无论谁掌握政权，谁掌握军权，负责维持治安，这都无碍大局。"

树立国家信仰。 "国家"这个概念，新中国成立前，在一般的民众心里并没有明晰的认识。说书唱戏，讲的是战国、三国、五代十国，私塾学的是《百家姓》、《三字经》、四书五经，中国到底是怎样的，没人说，更少有人关心。百姓，百姓，各姓各的姓，各家过各家的日子，无组织、无信仰、无精神。电视剧《红高粱》里朱豪三有句台词，"只知道有家，不知道有国"，这就是以前的百姓。这种思想、这种文化、这种道德，能不战败吗？中国的中山国，成为日本的冲绳县，清朝政府本有强大于日本的军力，但国性懦弱，丢了就丢了。外蒙古，苏、美、英三国说怎样就怎样，蒋介石政府只有承认的分儿。不仅如此，由于没有国家信仰，国贼、买办、汉奸充斥，帮洋人发国难财。抗日战争期间，中国共产党的军队毙伤、俘虏再加上反正的伪军就达到 118 万余人，到底全国有多少伪军，真是难以计数。

毛泽东告诉民众，中国是一个有着 56 个民族的大家庭，全国一盘棋，人人要关心国家大事，这就彻底改变了民质、民心，建立了国家信仰，国家主权神圣不可侵犯。可以说，通过毛泽东时代的教化，国家观念已深入民心。自此往后，再没有哪一个领袖在国家主权问题上不再不用心。丢了领土、在主权上让步，人民是坚决不答应的。

（三）化腐朽为神奇

毛泽东的教化，同志内部、阶级兄弟之间，是批评与自我批评。对于犯错误的、犯罪的、俘虏、投诚人员，惩前毖后，治病救人。总之，都要通过教育和自我教育，改造世界观，成为新中国的一员。这是一个伟大的社会实验，结果就是社会丑恶现象杜绝、监狱里的服刑人员减到了极少数。

根除吸毒。烟毒祸害，中国人民有切腹之痛。19 世纪中叶，西方殖民主义者出于侵略扩张的罪恶目的，向中国大肆倾销鸦片，发动鸦片战争，使中国沦为半殖民地半封建社会。此后，国内的军阀、官僚、地主、豪绅也加入进来，一起祸害国人，到国民党反动政府又借征收烟税来残酷剥削人民，致使鸦片烟毒肆意泛滥，至 1949 年，四万万中国人中就有 30 多万人专业制贩毒品，吸食毒品者达到 2000 万余人，新中国成立后经过强制教育，2000 万余吸毒者走上新生，国家彻底根除了毒瘤，成为世界上举世闻名的无毒国，百姓称此为一大德政。

禁绝娼妓。卖淫嫖娼，民国时期达到空前规模。据统计，新中国成立前，全国的妓院有近万家，还有遍布社会各个角落的游妓暗娼，患性病的人口达到 100 万人以上。新中国成立后，1949 年起查封妓院 8400 多所，经过 5 年的不懈努力，彻底摧毁了几千年的娼妓制度，卖淫嫖娼在祖国基本被消灭，教育挽救了一大批妇女，使她们过上了新的生活。百姓有称颂："旧社会把人变成鬼，新社会又把鬼变成人。"

改恶从善。毛泽东的教化，使封建王公贵族喜泣自己重获新生，感谢毛主席，感谢新中国。国民政府的领袖、重臣、勇将，悔过自新，掉转枪口为民除恶，积极投身革命斗争，在新中国的建设中发光发热。罪大恶极的女匪首，通过改造，不但走上新生之路，还在清匪反霸斗争中发挥出特殊作用。

张治中，这位曾经作为国民政府与中共谈判的首席代表说道：在您（毛泽东）的英明领导下，一切都有了办法，这如同黑暗中看到光明，在精神上得到解放。这话说得很到位，显然，对于张治中们来说，即使当了新中国的全国人大副委员长、国防委员会副主席，物质生活水准与其在国民政府时仍不能比，毛泽东的教化，使他们改过自新，成为有善德的新人。

第三章

平等精神

　　毛泽东的平等精神，指的是毛泽东追求平等、提倡平等、推行平等的精神。人类的最高精神追求是平等。毛泽东，作为思想家，他提倡平等；作为世俗领袖，他推行平等。他为世界注入国家平等，为国家注入民族平等，为社团注入政党平等，为国民注入官民平等，为军队注入官兵平等，为人类留下了最宝贵的平等精神。

一、国家平等

　　19世纪，帝国主义极力推行殖民主义，通过战争入侵和经济侵略，实行民族压迫，大国压制小国，强国欺凌弱国，富国欺负穷国，国与国之间极为不平等。

　　毛泽东主张的国家平等，核心的精神是世界各国平等，即国家不分大小一律平等，包括平等相处、互利合作、相互尊重领土主权完整。

　　早在 1949 年 3 月中共七届二次会议上，毛泽东就阐明了中国按照平等原则同一切国家建立外交关系的基本原则。中华人民共和国一成立，毛泽东进一步庄严宣布了我国的外交原则：平等、互利、互相尊重主权和领土完整。他一方面坚决顶住帝国主义的压力，反对任何企图干涉中国主权、制造两个中国的分裂活动；一方面坚持按照平等的原则与世界平等待我的国家建立友好外交关系。

（一）在中国主权问题上决不屈服

　　毛泽东在中国主权问题上是不可征服的，无论是强大的帝国主义国家，还是当时的社会主义同盟国家，谁要不平等待我、不尊重中国领土主权完整，任何企图休想达成。毛泽东说，只要它们（帝国主义国家）一天不改变敌视中国的态度，我们就一天不给帝国主义国家在中国的合法地位。

　　新中国成立后，以美国为首的一些帝国主义国家，对新中国实行政治上包围、经济上封锁、外交上孤立的政策，甚至还不惜发动挑衅战争。1950 年 6 月 25 日朝鲜战争爆发，27 日美国派遣舰队进驻台湾海峡，用武力阻止中国人民解放台湾；同时在我国的南、西南方向组织干涉中国的行动，企图扼杀百废待兴的新中国。毛泽东毫不屈服，顶住天大的压力，毅然组织中国人民志愿军赴朝作战，打败了美帝国主义，维护了中国的主权和领土完整。

　　在台湾的主权问题上，毛泽东与来自各个方面的分裂企图进行了坚持不懈的斗争。1972 年，毛泽东与尼克松握手，中美关系的大门被打开。在关于台湾问题的谈判中，毛泽东坚持中华人民共和国是中国唯一的政府，解放台湾是中国的内政，美国军队必须撤出台湾。与日本邦交正常化时，坚持了台湾是中华人民共和国领土不可分割的一部分。在与其他国家建立外交关系时，在台湾问题上都坚决捍卫国家主权的立场，从而制止了一切企图分裂台湾的图谋，捍卫了中国领土主权。

20 世纪 50 年代，苏联民族利己主义和大国沙文主义严重，总想将中国置于它的控制之下，损害中华民族的利益，毛泽东坚决进行了抵制。1950 年 2 月，毛泽东与苏联签订了《中苏友好同盟互助条约》，废止了 1945 年苏联与国民政府签订的不平等条约，签订了《中华人民共和国苏维埃社会主义共和国联盟关于中国长春铁路、旅顺口及大连的协定》，收复了中国的主权利益。这一条约和协定，也成为中国 100 多年来与外国签订的第一个平等条约。1958 年 4 月，苏联提出在中国建立长波电台，归苏联控制，后又趁中国希望苏联提供原子潜艇时要求在中国建立联合舰队；1959 年又要求中国给印度一片领土。毛泽东的态度十分鲜明，坚决回绝一切损害中国主权、牺牲中华民族利益的任何要求，就是单个指头也不行。

（二）以和平共处的原则处理国际事务

早在新中国成立前夕，毛泽东就向全世界郑重宣布，中国与世界各国在尊重各自领土主权的基础上，和平共处、共同发展。毛泽东的这一平等处理国际事务的思想，得到了周恩来的发挥。1953 年底，周恩来在毛泽东思想的基础上提出：互相尊重领土主权、互不侵犯、互不干涉内政、平等互利、和平共处五项原则。毛泽东的主权国家一律平等的思想，反映了世界各国人民的利益和愿望，成为国际关系和解决国际争端的公认的基本准则。同时，毛泽东在国际关系中，还一直提倡民主的思想。1944 年 6 月，毛泽东在同中外记者西北参观团成员谈话中，提出各国应以民主的态度实施交往，各国之间应建立民主的关系，不受任何国家干涉，也不去干涉任何国家，只有这样世界才能和平。

毛泽东关于国家平等的精神，还包括毛泽东倡导的各国之间求同存异的思想。只有平等，才能求同存异。

毛泽东关于国家平等的精神，缔造了国际关系的准则，根植于世界国际事务中，成为基本的遵循。这一精神，还将在以后的国际关系中不断扩大影响，为世界带来福音。

二、民族平等

民族平等，是毛泽东平等精神的重要组成部分。毛泽东时代，全国 56 个民族团结在中国共产党的领导下，为了中华民族和国家的未来，自我牺牲，共同奋斗，开创了中华民族空前的大聚合时代。

（一）代表汉族赔过去的不是

中国是以汉族为主体的国家，在毛泽东之前的封建王朝，少数民族多数时候是受汉族欺负的。所以，新中国刚成立，毛泽东就及时作出决定，派出中央访问团到西南少数民族地区访问。1950 年 5 月，毛泽东接见访问团的全体成员，亲笔题写了"中华人民共和国各民族团结起来"的条幅，作为民族平等的宣示。

代表团出发前，毛泽东规定：对过去汉族统治者包括国民党反动派所干的那些对不起少数民族的事要主动赔不是。按常理说，新官不理旧事。所以，对于毛泽东主动赔不是的规定，访问团的成员很不理解：过去压迫少数民族是反动统治阶级干的，怎么由新中国访问团赔不是呢？周恩来代表毛泽东做解释，接受整个国家这个"家业"，也就接受他们欠下的"债务"。

代表团带着毛泽东的思想，每到一处，便主动地向少数民族赔过去的不是，使千百年来遗留下来的民族隔阂，顿时消融在新中国民族平等的相互谅解和相互尊重中。各民族处处传颂着"毛主席派亲人来看望我们"的喜讯，村村寨寨回荡着"感谢毛主席"的欢呼声。各少数民族群众翻山越岭，跑几十里上百里路，甚至上千里路，前来参加盛况空前的庆祝活动，敲锣打鼓，载歌载舞，分享民族平等的阳光与喜悦。

（二）充分尊重本民族的意愿

充分尊重本民族的意愿，是毛泽东民族平等精神的重要方面。毛泽东在处理民族关系时，坚持民族内部的事情由本民族自己商量解决的原则，尤其是在少数民族习俗问题上，充分尊重本民族的意愿，真正使民族平等的思想落在实处。

民族习俗，是一个民族长期形成的心理情感、生活方式，包括理念、规矩、习惯、喜好、禁忌等，是本民族的历史传统和特征。因此，民族平等，在很大程度上就是尊重少数民族的风俗习惯。但少数民族的有些风俗习惯，是极其落后和残忍的，是必须革除的。毛泽东在处理这类问题时，坚持以平等的思想、平等的地位、平等的态度，化解了千年的痼疾顽症，推行了民族平等，维护了民族团结。

20世纪50年代，云南省西盟佤族还残留着杀人祭田的旧习俗。一次，毛泽东在与西盟佤族的岩坎大头人交谈时，了解这一真实情况后，用商量的口气提出采用代替的方式避免杀人，而岩坎大头人当即表示不行，说这是佤族阿公、阿祖传下来的老规矩。在岩坎大头人一时还接受不了的情况下，毛泽东又提出了由佤族群众自己商量解决的建议。岩坎大头人回去后，发动佤族群众开展了一场广泛的讨论和协商，终于自觉自愿地彻底废除了这一落后的旧习俗。

西藏民族是一个有着悠久历史和灿烂文化的民族。由于自然地理环境的限制，加之帝国主义的侵略和挑衅，使得西藏社会发展步履艰难，藏族同胞饱受苦难。毛泽东亲自制定西藏工作方针，对涉及民族、宗教的政策和策略，精心考量，及时布置指导，《中央人民政府和西藏地方政府关于和平解放西藏办法的协议》不但亲自审阅，还于1951年5月24日在中南海正式接见了西藏地方政府首席全权谈判代表团，说明共产党的民族平等政策和和平解放西藏的方针，对西藏地方政府的上层人物进行耐心的说服教育工作，采用适宜西藏民族实际情况的方法进行民主改革，让西藏民族的代表人物参加国家最高机构。1954年9月，达赖喇嘛刚满19岁当选全国人大常委会副委员长，班禅额尔德尼16岁当选全国政协副主席，毛泽东在中南海勤政殿热情真诚地接见他们的随员，促膝谈心，肝胆相照。1955年3月，达赖喇嘛准备从北京返藏的时候，毛泽东赶往他下榻的宾馆为他送行，达赖喇嘛激动地说好像在做梦。毛泽东又去班禅额尔德尼在北京的住处看望了他，进行了推心置腹的交谈。

毛泽东平等待人、平易近人的长者风范，给达赖喇嘛和班禅额尔德尼留下了深刻印象。达赖喇嘛曾赋诗颂扬毛泽东："啊！毛主席！您的光辉和业绩像创世主大梵天和众敬王一样，只有从无数的善行中才能诞生这样一位领袖，他像太阳普照大地。您的著作像珍珠一样宝贵，像海洋一样汹涌澎拜，远及天涯。"

毛泽东对藏族同胞的深情厚爱，使西藏从封建农奴制一步迈入到了现代文明的社会。藏族儿女由衷地表达心声："北京的金山上光芒照四方，毛主席就像那金色的太阳，多么温暖，多么慈祥，把翻身农奴的心儿照亮，我们迈步走在社会主义幸福的大道上……"

毛泽东把平等的大爱洒向每个民族，每个民族用不同的语言表达着对毛泽东的赞扬。新疆流传着这样的歌谣："让天下的森林都变成笔，让天下的海洋都变成墨，让天下的人都变成诗人，也写不完毛主席、共产党的恩情。"赛福鼎说："毛主席每时每刻都在关

心着新疆各族人民，他将一颗伟大的爱心无私地奉献给了新疆各族
人民。"

（三）中国的民族平等是世界最好的

新中国成立后，党中央贯彻毛泽东的民族平等思想，采取一系
列措施推行民族平等，对少数民族实行了民族自治，彻底根除了旧
社会汉族歧视少数民族的问题，给予少数民族极为优越的多方面待
遇，例如生育、上学、经济发展等等，在党的代表和全国人大、政
协委员的人员名额分配上，给予政治上的重视和关心，使少数民族
真正受到了尊重，有了尊严，可以说中国成为世界上民族平等的最
好国家。

民族平等，既是个国家问题，也是个全球问题，同时也是个老
话题。起草美国《独立宣言》的杰斐逊曾写道：人人生而平等，这
是不可否认的神圣的真理。但他的人人生而平等，最开始时是不包
括黑人和其他有色人种的，更不要说印第安人。民族平等，说时容
易做时难。至今，在世界范围内仍存在着民族歧视问题，民族冲突
时有发生。在中国，任何国家的任何民族，都会受到尊重，这是中
国人应引以为豪的。

三、政党平等

毛泽东平等精神是立体多维的，其中政党平等是重要的方面。
中国共产党是在共产国际的帮助下成立的，毛泽东在为中国共产
党获得平等的斗争中付出过沉重的代价，有着铭心刻骨的记忆。
获得最高权力后，他十分理解和尊重各党派的自主权，给予各个
党派平等的尊重，因此，在中国有了"一党执政、多党合作"的
世界首创，这为中华民族伟大复兴提供了一如既往的政治稳定和

政治智慧。

（一）受控于他党的代价

中国共产党是在共产国际代表维经斯基来华后筹建的，共产国际代表马林参加了中国共产党的第一次全国代表大会，这说明中国共产党从筹建到成立，都是在共产国际的指导下进行的。

中国共产党成立时，全国只有50多名党员，是一个要人没人、要钱没钱的党，党员基本是知识分子。最初，他们一边工作，一边革命，依靠收入作为革命经费。但当专事革命后，经费没了来源，就主要依赖于共产国际。陈独秀统计，建党初期党的经费约94%来自共产国际。资料表明，1927年1月至7月，党员缴纳的党费不足3000元，占实际支出的不足千分之三。比较起来，虽然共产国际给予共产党的经费支持远不如给予国民党的多，但能清楚地看出，这些支援对于早期的共产党来说是非常重要的。正因为如此，1930年，当李立三设想中国共产党独立自主行动时，共产国际以停发中共中央的活动经费实施制裁，李立三便只有下台。

正因为如此，共产国际和苏联共产党的指示，也就成了中国共产党的尚方宝剑，中国共产党的领导人和中国革命的各种问题，都由共产国际说了算。1923年至1927年，苏联共产党中央政治局召开有122次会议，关于中国大革命的路线、方针、政策作出过738个决定。1922年7月至1923年5月，共产国际作出一系列命令、决议和指示，要求中共中央与共产国际代表马林密切配合进行党的一切工作。米夫起草的六届四中全会决议案，指出中国共产党要"对共产国际路线百分之百地忠诚"，加上王明要求中国共产党，成为百分之百的布尔什维克、百分之百地忠诚于国际路线。

这"两个百分之百"，使中央苏区和红军几乎损失了百分之百。

（二）平等的争取与策略

平等的前提是独立。只有独立，才能平等。中国共产党在毛泽东掌舵后，运用毛泽东平等思想，经过了艰辛、智慧的努力才逐步取得了独立和平等。黄克诚 1980 年 11 月在中央纪委第三次座谈会上的讲话中，多次强调在中国共产党领导中国革命生死攸关的关键时刻，都是毛泽东挽救了中国共产党，挽救了中国革命，这其中主要说的就是毛泽东为捍卫中国共产党独立作出的伟大贡献。

历史告诉我们，这个道理就是这样简单，没有毛泽东就没有中国共产党，没有中国共产党当然就没有中国革命的胜利。黄克诚的高尚与伟大，就在于他面对社会上一些否定毛泽东的思潮，以宁可丢掉"乌纱帽"的勇气，用事实告诉那些开历史玩笑的人是何等荒唐。

或许奴性也是原因。长期以来，苏联共产党以"老子党"的身份自居，对中国共产党实施指挥控制，原因何在呢？研究认为，除了中国共产党是苏联共产党帮助筹建、给予经费援助外，共产党内领导人的奴性也是原因之一。如果仅仅是苏联帮助和援助，他们不会愚笨到是非不分、颠倒黑白的地步。毛泽东建立井冈山根据地，解决了共产党和红军的立足之地，发展了党和红军的队伍，又为中央提供经费保障，可毛泽东的话谁也不去听，打了胜仗也有罪。他们整毛泽东有一套套的办法，变着法使招，聪明得很，可毛泽东的高明和成功，中央竟视而不见，这不符合他们的智商，所以唯一的解释就是他们的奴性作祟。他们唯苏联共产党、斯大林马首是瞻，巴不得把自己、把国家给了苏联。可见，骨气也是一个政党应具备的非常重要的素质。

国人的奴性，从 1840 年后积淀了百余年，外国的月亮比中国圆，洋人比中国人高明，外国人拿中国人不当回事，中国人拿中国人也不当回事，这就是真实的状态！

毛泽东为中国共产党争取独立平等，要同时面对党内和苏联的双重压力和复杂局面，他只有举起马列主义大旗，这就是智慧和策略，不如此会寸步难行。细想想你就会明白，哪些事是马列主义解决的呢？建立农村革命根据地？建立红色政权？给地主富农出路？依靠农民？农村包围城市？农业合作社？联合政府？等等，都不是，马列主义的"本本"是解决不了任何问题的。同时又都是，马列主义放之四海而皆准，关键是有没有符合本国实际的科学理论体系。中国共产党有幸有了毛泽东思想。要解决问题，毛泽东既要以科学的理论耐心教育说服党内同志，又要以顽强的意志抗住来自共产国际和苏联共产党的压力，用智慧化解风险，稍有偏颇，中国革命的这盘大棋就有颠覆的危险。

王明路线清算了十年。在今天的人看来，王明不过是中国共产党历史上一个犯过错误的领导人而已，没有任何影响力，可当初的王明，能量大到一言九鼎的程度。"两个百分之百"让中央苏区和红军几乎损失百分之百，但这并没有让除了毛泽东之外的中共领导人清醒。因为王明有着很好的"本本"功底和苏联背景，擅长演讲和鼓动，他的报告曾使苏联共产党为之鼓掌欢呼。他1937年11月底回国，12月9日即系统地提出了右倾机会主义主张，要共产党"一切经过统一战线，一切服从统一战线"，实际上是一切经过国民党、一切服从国民党，背后则是苏联共产党、斯大林为了苏联的国家利益，让中国共产党的军队牵制日本，防止日本进攻苏联。毛泽东不屈服斯大林的压力，在敌、伪、顽夹击和遭受全面封锁的极端困难的情况下，制定了统一战线中独立自主抗日的原则，确保中国共产党不被吃掉。对于王明路线，"从遵义会议开始纠，直到七大才清算完毕。整整经过了十年，才在党内完全搞清楚"。

这就是有人说的，遵义会议确立了毛泽东在党内的实际领导地位，才改变了中国共产党的命运和前途。

公开决裂才真正有了平等。长期以来，毛泽东就是面对这样一种艰难的情况：西方大国敌视中国，对中国既没有和平也没有平等；而苏联想"奴化"中国，对中国可能有和平却没有平等。毛泽东权衡处置，最后以"九评"与苏联共产党公开决裂，才使中国共产党真正获得了平等。

珍贵的平等，换得了新中国独立建设的尊严。

在整个抗日战争期间，苏联把大量物质和道义上的支持给予了国民政府。中国抗日战争即将胜利,中国共产党确立了在中国的地位,苏联却与国民政府签订了《中苏友好同盟条约》。1945 年 7 月，斯大林又提出中国共产党解散自己的军队，去国民政府"做官"。1949年初,"三大战役"结束,中国共产党的胜利和国民党的失败已成定局,苏联考虑到长江以南是英、美在中国利益的集中地，怕人民解放军打过长江美国会出兵，又提出中国共产党的军队不要过江，划江而治，形成"两个中国政府"，并专派米高扬来中国找毛泽东说教。国民政府南迁广州，苏联的驻华大使罗申仍随迁广州。这就是苏联共产党和斯大林，他们根本不相信中国共产党，对于中国共产党和中国革命的利益任意摆布，在他们心中，中国共产党一切应围着苏联共产党的指挥棒转。

毛泽东不信邪，没有被美军吓住，没有被苏联阻止住，以不可动摇的意志和高超的领导艺术，确保了共产党的地位，打败了蒋家王朝，避免了斯大林让中国共产党交枪做官断送中国革命的悲剧，避免了"中国南北朝"的出现。后来，斯大林在毛泽东面前承认了错误。

看到这里，我相信读者已经体会到了中国共产党争取独立与平等是何等不容易。设想，如果中国共产党的领袖不是毛泽东，王明"两个一切"的右倾路线得不到清算，还会有中国共产党吗？还会有统一的中国吗？不堪设想。

毛泽东对中国共产党内亲苏、恐苏的情况很清楚，对苏联共产党和斯大林对于中国发展成败的作用更清楚，所以，他十分谨慎地处理与苏联共产党及斯大林的关系，即使在对高岗的处理上，他也一直保持着克制，时机不成熟不摊牌。但毛泽东内心深处一直对苏联共产党和斯大林保持着高度警觉，唯恐伤害中国共产党和中国的利益。

斯大林逝世后，赫鲁晓夫上台了。1956 年 2 月 24 日深夜，赫鲁晓夫做"秘密报告"，彻底否定了斯大林，但苏联共产党的"老子党"作风和大国沙文主义没有变，控制中国共产党的用心没有变。毛泽东决定公开与苏联共产党决裂，亲自披挂上阵，捉刀组织"九评"，反击苏联共产党组织的反华大合唱，反击苏联共产党的"老子党"作风和修正主义、大国沙文主义。毛泽东的激扬文字，赫鲁晓夫吃不消，要求休战。至此，中国共产党真正获得独立平等，成为世界第一大政党，与世界各国党派发展了平等的交往关系。

理解了这一点，也才能知道了毛泽东的绝对出色。

（三）平等的"十六字"方针

"长期共存，互相监督，肝胆相照，荣辱与共"是中国共产党同各民主党派民主协商的方针。通过这"十六字"方针，我们可以十分清楚地看到中国共产党与各民主党派同心同德的平等关系。

实现这一方针的基本形式，是中国人民政治协商会议。中国人民政治协商会议作为两会中的一会，已经成为国人每年关注的重大政治活动，各民主党派通过这一基本形式，为中国共产党执政贡献了政治智慧，为中华民族的繁荣富强尽了心、出了力。

这一基本形式来源于毛泽东宇宙般的胸怀和模式设计。中国的各民主党派大都是在抗日战争时期和反对国民党反动派的独裁统治的斗争中形成的。在以无数共产党人的巨大牺牲换来新生的人民政权之后，毛泽东在国家机构中留出一半的空额，邀请民主党派担任高级职务，宋庆龄、李济深、张澜担任了中央人民政府副主席，56位中央人民政府委员，共产党和民主党派各占一半，给予民主党派极高尊重。

在毛泽东看来，职务是为人民服务的，中国社会的各界名流，中国社会的各个阶层，政见不同不重要，只要愿意为国效力，就是国家大家庭中的一员，一律平等，齐心协力，共同奋斗。

四、官民平等

新中国，也叫人民中国，西方还有一种描述，叫平民社会，这实际上讲的是新中国的人民当家作主。有的著作讲，毛泽东把旧中国翻了个底朝天，建立了最彻底的平民社会，中国大地成了世界上最干净的乐土。

新中国确实是世界上最平等的社会。一是领袖、干部、群众都是革命的同志，工作只有分工不同，没有高低贵贱之别，都是为人民服务。二是在物质上平等，没有搞特殊的，领袖、高级领导干部与一般工作人员一样，都是以工资养家糊口，"没有像当年旧中国的统治家族那样拥有副业的银行或生意，没有利用公共积金进行私人的投机生意，或操纵市场"。三是在人格上平等，官民、男女，在真理面前人人平等，互相关心、互相爱护、互相帮助。四是在工作作风上平等，不管什么人，只要说得对，说的办法对人民有好处，就照办。这种社会平等，在1956年完成生产资料所有制改造后，达到了一个新的高度，人人都成了中华人民共和国各个组织系统的一员，以共同劳动、共同享受为哲学基础，按照分工为国家工作，领导、群众都有兄弟般的情谊，人人休戚与共，团结一致，为国家做贡献，为人民谋福利。这是世界上其他任何国家都没有做到过的。

中国尊孔 2000 年，讲究君君臣臣，所以，旧中国的历朝历代是个不平等的封建社会。人类社会精神追求的最高目标是平等，因此，有人说孔子算不上是世界伟人，只能算是中国的文化名人。社会的不平等，最集中的体现是官民不平等。只许州官放火，不许百姓点灯。

新中国的平等社会，根本来源于毛泽东思想和率先垂范。在井冈山时期，毛泽东领导建立了工农民主政权，探索平等社会。在延安时期，毛泽东与老百姓一样，穿普通人的衣服，吃普通人的饭菜，迎来送往，平起平坐。新中国成立后，毛泽东一直保持着普通人的生活方式，克勤克俭，从不搞特殊，在子女、亲属、身边人员安排工作等方面，要求更加严格。《平民毛泽东》用大量鲜活的实例记录了毛泽东的平等思想、平等生活、平等待人的故事，展现了他时刻注意与下级、与人民打成一片，有苦同当，有"福"同享，患难与共，同甘共苦的精神境界。英国首相爱德华·希思在《不停顿的革命者》中写道："我们之所以提他（毛泽东）的生活方式，是因为毫无疑问，亿万中国人民感到，他同他们过着同样的日常生活。他的生活绝对简朴，正如他的教导那样，亿万中国人民对他的忠诚和拥戴，在很大程度上来说，正是由此产生的。"

毛泽东一生追求平等、憎恶特权。他曾提出，"将来坐汽车不要分等级，不一定要有专车，对老年人、体弱的，可以照顾一下。其余的就不要分等级了，否则脱离群众"。

喊破嗓子，不如做出样子。毛泽东的典范效应，周恩来、朱德等老一辈无产阶级革命家以及那个时期的各级领导干部，都成为与民平等的楷模。这就是新中国官民平等的社会，一个难以复制的令人向往的社会。

五、官兵平等

毛泽东践行平等，是从建军开始的。因为，1935 年以前，他并没有成为党的最高领袖。正如任志刚先生讲的，如果说作为建党者，他是众多参与者之一，但作为建军者，他的地位截然不同，他是当仁不让的建军者，从工农红军到中国人民解放军，构建这支军队的一切要素都来自毛泽东，其他的同志无论贡献多大，都是参与者。

毛泽东 1927 年 9 月组织领导秋收起义，在江西省永新县的三湾村对部队进行了著名的"三湾改编"，核心内容有两点：一是支部建在连上，党指挥枪。二就是官兵平等。这就是毛泽东的政治建军，为军队这个几千年的国家机器，注入新的思想和灵魂，成为真正不可战胜的人民子弟兵。

有的评论说，"中国从此有了世界上独一无二的军队，它的参与者不再是拿命换钱的雇佣军，而是为了政治理想而战的强力团体"。正是，不发饷，没军衔，打败了所有面对的强大敌人。

美国作家斯诺描述红军的平等时说，红军完全是自愿参军的，以巨大的政治觉悟为基础，以官兵之间兄弟般的平等为建军原则。

细品"三湾改编"的两条基本原则，我们是否可以这样看：官兵平等为本，党指挥枪为法。军队各级建立共产党的组织，主要是作为组织手段，作为实现官兵平等的组织保证，即保证为军队注入平等思想，保证军队官兵平等的实现。从红军、八路军、解放军的发展历程看，也可以说明这一点，党组织负责教育宣传，负责处理部队出现的侵占士兵利益、军阀作风、损害百姓利益等问题。

如果说人类最高的精神追求是平等的话，那么，只要军队存在，官兵平等就是军人最高的精神追求。

世界上有不少研究军队建设的著作，观点是每增加多少待遇就增加多少参军的积极性、军队的稳定性和战斗力。这揭示的是雇佣军的一般规律，就是拿命换钱，给的钱多，就去作战，否则，一概免谈。这可以说是利益原则，这样的军队，战斗力是有限的。伊拉克军队的指挥员弃战而散，正是美军使用美元完成了交换。

毛泽东就是这样不可思议，"不发军饷而建军，这是毛泽东划时代的杰作，这个几乎不成立的命题被毛泽东证明完全可行"。那么，是什么因素证明了这个不成立的命题的可行性呢？就是平等。有人说，这支军队为自己打天下，这话有一定的道理，但想一想，即使如此，如果军官作威作福、花天酒地，士兵忍饥挨饿，冲锋陷阵，那肯定是行不通的。

黄克诚说："我到井冈山后，毛主席提出军队不能发饷了，要搞供给制。我当时想，这个办法能行吗？对于有觉悟的共产党员来说，这样做不成问题，但很多战士不发饷怎么行呢？当兵的发饷、当官的发薪是一切旧军队的惯例。北伐时的国民革命军也是这样，当个少校每月就有一百几十块大洋。现在一下子变过来，队伍能带下去吗？我有些怀疑。可是后来，事实上这个办法行通了，只要干部带头，官兵一致，就行得通。"官兵一致，就是官兵平等。黄克诚说，这样做，结果部队不仅没有散掉，反而越打越强，成为一支新型的人民军队。

1955 年，中国人民解放军实行了军衔制。授予元帅、将军的情况分别是：10 位元帅，10 位大将，57 位上将，177 位中将，1359 位少将。

"1965 年，中国周边环境出现了日趋严重的局势，战争似乎一触即发。"1965 年 2 月，美国开始大规模轰炸与中国接壤的越南北方，3 月 8 日，美军登陆越南岘港，短短数月增兵至 22 万人（1966 年达到 38 万人，1967 年达到 42 万人，1968 年达到 52 万人）。同月中，苏联召开了苏共三月会议，中苏关系进一步恶化了。中印边境地区也出现了一些不稳定的迹象。

面对此种形势，毛泽东认为："战争仍有发生和不发生两种可能性，但我们必须做到有备无患。世界上的事情总是那样，你准备不好，敌人就来了；准备好了，敌人反而不敢来。"所以，他4月12日审阅通过了《中共中央关于加强备战工作的指示》4月14日下发）。可就在这样严峻形势之下，毛泽东又作出了取消军衔制的决定。中国人民解放军于1965年6月1日，正式取消了实行了10年之久的军衔制。军队在着装上官兵一致的作风又回来了，又像井冈山那样，军队领导干部只是在"军事指挥上有话语权"，没有其他特权，官兵一致。

官兵平等，在毛泽东这位世界伟人的心中是何等重要啊！蒋介石指挥军队作战，用加衔赏金激励将士，可加了衔赏了钱的部队，却败给了没有衔没有钱的红军、解放军。个中蕴藏的道理耐人寻味。

中国有句老话，上梁不正下梁歪。当兵的看当官的，小官看大官，大官看高官。这是中国的文化传统，不知外国是否这样，没有研究过。

毛泽东是共产党军队的缔造者，生活上同普通士兵一样。老革命家郭森回忆1937年第一次见到毛泽东时的印象："高个、清瘦而又精神矍铄，一身灰布军装已经洗得发白，到处是补丁，肘部、袖口和膝盖上更是补丁叠补丁，头顶上的八角帽帽檐耷拉下来，绑腿上烤火时烧出的洞眼还依稀可见。这副装扮与一个普通士兵的穿戴毫无分别。"

毛泽东这样做，其他人能有什么话说，所以朱老总曾被误以为是伙夫。1955年实行军衔制，都建议给毛泽东授予大元帅军衔，毛泽东执意不受。

毛泽东这位世界上最伟大的军队统帅，指挥过的战役战斗最多，统率军队规模最大，统率军队的时间最长，可以说是战无不胜，可他只穿没有军衔的军装。

从现有资料看，在中国人民解放军实行军衔制的 10 年中，不管解放军的服装和佩戴的徽章怎样改变或更换，毛泽东从来没有穿过军装，都是穿着便装视察部队。而取消军衔制后，1966 年 8 月 18 日，他又穿上没有军衔的军装上了天安门，走进天安门广场几十万的人群中。

这一现象向世人传递了什么信息呢？仅仅是说明毛泽东谦虚吗？这是否表明他内心深处蕴藏着的追求平等的夙愿呢！

第四章

报国精神

　　毛泽东的报国精神，指的是毛泽东舍家为国、救国救民、立志"改造中国与世界"的精神。这一精神是毛泽东的动力本原，也由此构成了他一生不曾改变的一条主线。他立志、奋斗、探索，履艰不衰，愈挫愈坚，终身不辍。这是研究毛泽东必须把握的基准轴线。

一、立志

　　人的志向，决定着人的不同发展方向，这是人生成长中至为关键的因素。社会现实中常会看到这样一种现象，某人很聪明，但终其一生碌碌无为，分析其原因，可能会有很多因素，但关键的因素还是没有志向或是没有一个明确的志向。

　　立志，是理性的抉择，是精神的外化，而不是一般的冲动表态。立志必须是理性思考的结果。从一般阶段上分析，对自己有理性的分析，大约要到高中、大学时期，或是进入社会的最初时期。

从一般生理上分析，是在 16—25 岁。这两点是重合的，如果正常 6 岁上学，六年小学、三年初中、三年高中、四年大学，正是这样的年龄段。当然，这是就一般性讲的，提前或推后也都是有的。毛泽东的立志，大体也是如此。萧三在《毛泽东的青少年时代》一书中说，毛泽东是十四五岁时，看了《论中国有被列强瓜分之危险》的小册子后，开始决定自己的志愿，思考解放中国民族和中国人民问题。如果以文字表述为准的话，应该是 1910 年农历七月毛泽东在湘乡入东山高等小学堂入学考试的《言志》诗中阐明了自己求学救国的志愿，老师们都赞不绝口。1918 年 4 月，毛泽东组织成立新民学会，把"改造中国与世界"作为学会宗旨。

一般人立志，无论是常立志也好，还是被动立志也好，聚焦点基本是自我。而毛泽东则大不同，从资料分析，他的志向从最初萌芽直到有正式的文字表述，都是一以贯之的，都体现了强烈的报国精神。这就是毛泽东的"志"，他认为，真正的立志，首先是寻找到真理，依据真理立志，而不是张嘴就来。这真是非同一般的立志。

从懵懂到熟思，一以贯之的志向都是要救国救民、"改造中国与世界"，这是殊有的，只有毛泽东。1913 年春季，年满 20 岁的毛泽东以第一名的成绩考入了湖南省立第四师范学校预科，1914 年春，第四师范合并于第一师范（简称"一师"）。从此，毛泽东在一师学习生活 5 年多。当时在一师任教的名师、大儒杨昌济，曾询问他的学生们的志向，有的学生说想当老师，有的说想当官，林林总总，而毛泽东却没有回答。有的专家分析认为，这时毛泽东的志向尚无法表述，还在寻找志与向的统一。由毛泽东对立志的认识分析，毛泽东没有回答杨大师的提问，是他还在寻找真理，寻找他内心中的大本大源，寻找救国救民的路径。这种寻找，其实质就是他报国精神的厘清过程。当然，可以想象，他一个纯粹的农家子弟，如果此时谈立志"改造中国与世界"，可能怕受到讥讽等，但这肯定不是毛泽东的性格。

殊有，还在于毛泽东的这种报国精神与其生长的环境是极不相称的，这也是不可思议的。毛泽东的家乡韶山冲，位于湘潭、湘乡、宁乡三县的交界处，东北距省会长沙90千米，东南距湘潭县城45千米，是被高山环抱的狭长谷地，交通不便，信息闭塞。韶山冲，聚族而居，人多务农。毛泽东的祖上也都是地道的农民。爷爷毛恩普老实厚道，不善理财，导致家境窘迫，不得不典当田产维持生计。父亲毛贻昌，为偿还家中的债务曾被迫到湘军当兵，靠着积累的一些银钱和聪明的头脑，克勤克俭，赎回典当出去的土地，以后又购进了一些地，并做起转贩生意，逐渐使家中富裕起来，但仍是农民。毛泽东的母亲文七妹，是湘乡四都幺唐家坨人，13岁到毛家做童养媳，其家也是世代务农。总之，毛泽东的父母及其上辈，都是极为普通的农民。而且资料显示，毛泽东爷爷时家境贫寒，导致他的父亲一心想致富，这也可以说是毛泽东父亲的志向。

发家致富，是中国农民朴实的梦想，尤其在黑暗落后的旧中国，农民普遍饥寒交迫、目不识丁、整日挣扎于田地里。所以，发家致富也就成为他们唯一的向往。不过，这种理想，在毛泽东父亲那里来得就更加切实，这也可能与他少年当家有直接的关联。不当家不知柴米贵！由贫寒到殷实，毛泽东的父亲尝尽了苦涩辛酸，所以，他同旧时代的传统农民一样，严格按照自己的生活理想塑造毛泽东，一心想把毛泽东培养成发家致富的能人。毛泽东的第一位私塾老师邹春培先生与毛泽东的父亲有过一段对话。邹先生对毛泽东的父亲说："令郎有朝一日，定会名登高科，光宗耀祖。"而毛泽东的父亲却忙说："种田人家的子弟，不稀罕功名利禄，只要算得几笔数，记得几笔账，写得几句来往信札，就要得了。"从这段对话中，你可以深刻感受到毛泽东的父亲——这位毛老爹培养孩子的理想。他哪里想得到，他的这位"令郎"，却是位世界级的伟大人物。

毛泽东这位农家子弟在父亲的严格管教下，6岁开始参加劳动，先是在家里帮着扫地、放牛、打柴、种菜、拔草、挑水、喂猪、拾粪、推谷、舂米等。到13岁至15岁时，因为家里缺少劳动力，他便不再上学，整天与成人一样干起沉重的农活，犁田、插秧、收谷等。对此毛泽东记忆深刻，曾回忆他的父亲说，"他是一个严格的监工，看不得我闲着"。

按照环境决定论，这样的地域环境，这样的家庭环境，是如何也不会产生伟大志愿的，但毛泽东就是这样奇异和不可思议。1910年秋天，16岁的毛泽东要去湘乡东山高等小学堂读书，这是他第一次离开韶山冲。临行前，他改写了一首"剥皮诗"，夹在父亲每天必看的账本里：

孩儿立志出乡关，学不成名誓不还。

埋骨何须桑梓地，人生无处不青山。

这首诗，很鲜明地表明了毛泽东此时的心迹。显然，在毛泽东年幼的心灵里，埋藏的是报国志、一种报国精神。联系前后发生的事件，也可以论证这一观点。去东山高等小学之前，毛泽东是在家干农活的，他一边干活一边借书自学。当他读了郑观应的《盛世危言》、冯桂芬的《校邠庐抗议》、顾炎武的《日知录》和《论中国有被列强瓜分之危险》这些书，强烈的报国意识已积蓄于胸，有了"天下兴亡，匹夫有责"的呐喊。

紧接着，他要到东山高等小学赶考，由于翻山越岭、涉溪过河，在掌灯时分才赶到学校，可是已过了入学考试的时间，经毛泽东再三恳请，校方才同意他补考。就是这恳请来的补考，也就给予了东山高等小学永存历史的荣誉，"中国人民心中的红太阳"是这个学校的学生。补考，在门房端灯之间，毛泽东做完了试题，一时间惊呆了门房，直叹："奇才、奇才！"试卷送给校长李元圃，李元圃更是大为赞赏，直说："我们学堂里取了一名建国之才！"那么，毛泽东写了什么呢？就是在《言志》一诗中一气呵成阐明了自己求学救国的志愿。

不难想象，书写这种久蓄在胸的报国精神，酣畅淋漓，似黄河之水，一泻千里。入学后，毛泽东的救国救民意识愈加强烈，他的《救国图存论》《宋襄公论》，都进一步阐述了他的宏大志向。

一个山冲的农家子弟，竟清晰地心存救国之宏志，真是奇中之奇。想想，我们也都在那个年龄段走过来，也看过毛泽东读的书，可怎么也想不起有过报国的志愿。这只能说，毛泽东"这一伟人是我中华民族数千年列祖列宗之魂魄与中国大地日月山川之精华相交而孕育出的精灵。我们的民族是伟大的民族，所以才会产生这样的伟人"。萧三说，毛泽东是土生土长道地纯粹的中国人，是最富于民族本色、民族气魄、民族作风的中国人。毛泽东的出现，实乃中华民族之大幸。

二、奋斗

救国救民，毛泽东一生奋斗不止，这是他伟大的报国精神的践行。这里从几个侧面举例论述，以帮助我们理解毛泽东报国精神的伟大。

不留后路。毛泽东救国救民的奋斗，从一开始就是作为自己的事业而进行的。正如他坦诚的那样："天下者我们的天下，国家者我们的国家，社会者我们的社会。我们不说，谁说？我们不干，谁干？"正因为他把救国救民当作自己的事业，所以，从一开始他就毅然决然地把家人、亲友、同学、老师拉入了为国为民奋斗的队伍，一心一意、全力以赴。正像任志刚先生认为的，"毛泽东将自己的亲人和所有的社会关系都加入了共产党，而其他的党的建立者多是个人参与，可以随时随地轻松进出的。在这一点上毛泽东没有给自己留后路"。这也是当时湖南的党组织建立与活动最好的原因之一。

实际上，做任何事情，首先解决的就是团队问题。毛泽东要解决革命团队的力量，就当时的艰险环境下，也只有发动自己的家人、亲属、社会关系和湖南同乡。所不同的是，毛泽东是为了国家、为了人民而不留后路，这是其他任何人不能比拟的。新中国成立后，中国共产党、国家、军队的领导干部中，湖南人所占比例大于其他省份，这是由于毛泽东的矢志报国精神，带动影响了湖南人。湖南人，为建立新中国立下了不朽功勋。

不留后路，最无可置疑的就是毛泽东的举家为国。1921年的正月初七，毛泽东回到韶山过春节。初八，是毛泽东母亲的寿旦。当晚，毛泽东动员弟弟、妹妹，当着亲戚的面，决然抛弃家业，迈出了举家为国的第一步。毛泽东对弟弟、妹妹说："为了建立美好的家，让千千万万的人有一个好家，我们只得离开这个家，舍小家为大家，为国家吗！"从此，毛家的房子住进了当地最穷的农民彭桂宇，田交给了穷人，父母的衣被给了穷人，家具也让人搬走了，家产家业全没了，断了为自己家族的凡心私欲。有的人也革命，但家族中是要留下根的，要有个退路。那时的残酷环境，革命就意味着献身、意味着死亡。毛泽东家先后有6位亲人为国捐躯：杨开慧、毛泽民、毛泽覃、毛泽建、毛岸英、毛楚雄，可谓满门英烈。

最应该说的是毛泽东送爱子上战场。毛泽东有两个儿子，毛岸英和毛岸青。毛岸青由于受到战争年代的摧残，身体极其不好。按照中国人的传统，毛岸英就是毛家的真正希望。况且，在毛泽东的奋斗下，新中国已成立，人民已翻身解放，毛泽东也算是对国家和人民有了交代，即使不送爱子上战场，谁又能说什么呢？可为了新中国的安宁与富强，毛泽东又一次为了国家和人民的利益，将儿子送到朝鲜，儿子牺牲了，这是何等无私！常常听到有的人，由于在那个全民勒紧腰带为国家奋斗的年代，自己的私欲没得到满足而咒骂毛泽东，我说你没有这个资格，因为你没有一丝良心！还有一些高官嘴上高谈爱国，实际上早早地把自己的孩子送到了国外，贪腐、敛财，还评价毛泽东的不是，我说你不配，因为你不是一个量级。毛泽东为国家和人民贡献了一切，而你对国家和人民是有罪的。

"屁股"问题。在中国共产党领导中国革命的进程中，很多次都是由于毛泽东的个人奋斗，挽救了党，挽救了中国革命，尤其是在毛泽东掌权之前。毛泽东的个人奋斗，是毛泽东顶着中央和共产国际的多重压力干的。可以说，没有毛泽东的个人奋斗，就没有后来的党和革命事业。要知道，以毛泽东的资历、影响和才能，党中央是要他留到中央工作的，是他自己强烈要求到基层去的，到基层去，实质就是探讨他实现救国救民的奋斗路径。他知道，待在上海租界的中央是没有希望的。假如，毛泽东不到基层，待在上海租界的中央机关里，可真不知道是否会有以后的中国革命旗帜。但历史又是那样的真实，毛泽东一次次给党和中国革命生机，他却一次次遭受不公正待遇与打击。

建立井冈山革命根据地，是毛泽东顶着中央的压力进行的，遭受过党内和共产国际的严厉指责，而正是毛泽东这一决绝的奋斗，给了中国革命出路，为无路可走的上海党中央提供了生存的空间。这实际上是毛泽东为中国共产党建立的第一个家。

毛泽东说，人不能老走着，老站着，也得有坐下来的时候，坐下来就靠"屁股"，根据地就是人民军队的"屁股"。没有根据地就是流寇。毛泽东领导秋收起义，没有按照中央的指示带领队伍攻打长沙，而是上了井冈山，在罗霄山脉扎根立足，建立农村革命根据地。为此，国际代表罗明纳兹提议、瞿秋白同意，免去了毛泽东中央政治局候补委员，消息传成了开除毛泽东党籍，使毛泽东这位中国共产党的建立者，连党的组织生活都不能参加。建立井冈山革命根据地，公开打起了工农武装割据红旗，这是一个非常了不起的伟大战略决策，为中国共产党领导的革命找到了出路，也为世界无产阶级革命开创了"毛泽东道路"。

黄克诚在 1980 年 11 月 27 日中央纪委召开的第三次贯彻《关于党内政治生活的若干准则》座谈会上说："井冈山的红旗不倒，代表了中国革命的方向和希望，关系极重大。大家看到还有一支武装力量能够站住脚，这使许多共产党员在大革命失败后的极端险恶的情况下，受到了很大鼓舞，增强了革命的信心。那些把武器埋起来的地方又把武器取出来再干。"

"屁股"的问题解决了，就有了希望。黄克诚讲："参加南昌暴动的有三万多人，后来在汤坑、三河坝等地打了败仗，队伍几乎打光了。朱德同志和陈毅同志收集了余下的官兵八九百人，改编为一个团。以后又搞了湘南暴动，扩大了武装，比毛主席领导的兵力多，但是如果没有毛主席的这面红旗在井冈山，没有毛主席正确的政治路线、军事路线，朱德、陈毅同志所领导的队伍要坚持下来也是很困难的。"这就是著名的朱老总、陈毅带领队伍上井冈山与毛泽东会师。事实就是这样，不断证明着"屁股"的重要性。朱德、陈毅按照湖南省委和中央的命令向湘南发展，导致史称的"八月失败"，结果队伍多数自行解散回家，由毛泽东再次接应返归井冈山。

有了家，就可以遮风避雨、休养生息，就可以发展壮大。有了井冈山这个基点，在毛泽东的正确领导下，中央苏区发展很快，全国的革命根据地建设也有了较大发展。

所以，陕北革命根据地在中国革命史上有着举足轻重的地位。没有陕北革命根据地，就没有新中国的建立。

陕北革命根据地收留了党中央，党中央给了陕北革命根据地永驻的圣誉。因为党中央的领导换成了毛泽东，毛泽东是不会忘恩负义的。

拒绝妥协。有研究认为，如果不认可毛泽东作领袖，他的性格是叫许多人不喜欢的，他的个性就像锋利的刀刃，叫人绝对不愉快的，甚至是叫人难以忍受的。在一些影视剧中，你也会看到这种状况，他的态度叫人不舒服，难以接受，在《寻路》电视剧中，还有陈毅批评毛泽东个性的画面。细想想看，这是毛泽东的性格使然吗？我们认为，这绝对不是！

毛泽东从一大开始，到遵义会议毛泽东重新回到领导岗位，先后在党内受过大大小小的各类处分 20 多次。这 20 多次，也足以让人形成性格有问题的印象。但事实是，由于毛泽东坚持真理不妥协，才让党内那些"左倾"右倾的领导人无法忍受。就像一个大人和一个孩子，大人告诉孩子这样做才对，而孩子听不懂，又不想听大人的，他就觉得这个大人不好玩。

有研究称，毛泽东在路线问题上就没错过。是的，毛泽东通过个人的奋斗，探明了中国革命的方向和道路，所以他看得很透、很准，而中共其他领导人又一时弄不明白，这就出现了毛泽东越坚持，其他人就越反感，以致他不断受处分、不断丢权。就连李德、顾作霖这样的年轻人，也要和毛泽东算账。李德小毛泽东 6 岁，顾作霖与毛泽东差 15 岁，且不论资历、水平、影响力、贡献他们与毛泽东不是一个档次，就论岁数来说，他们也应该尊重这个老大哥，给点面子。可见，毛泽东当时的孤立境遇。

性格问题，是个人的问题。凭毛泽东的超凡聪慧，他决不会因个人性格经常与领导较劲、惹领导不高兴。问题是，这非个人的性格问题。实际上毛泽东是与什么人都可以打交道的人，中国的、外国的，老的、少的，工人、农民、学生、知识分子、士兵、商人、政要，等等。他是为国、为民、为真理而与他人较劲。

正是毛泽东的不妥协，才有了中国革命战争的一次次胜利，才有了中国共产党的最终胜利。1929年，红军在闽西发展，毛泽东的见解都是在我党生死攸关的问题上作出的英明决策。

中共中央特委负责人顾顺章叛变，在上海的中共中央无法生存，周恩来于1931年12月上旬到达中央苏区根据地，毛泽东的中共苏区中央局书记被周恩来顶替，周恩来按照中央指令指挥攻打赣州，毛泽东坚持不打，得不到支持，于是彭德怀为前敌总指挥，王稼祥等中央领导赴前线督战，顾作霖声称打下赣州后与毛泽东算账，结果红军腹背受敌，红三军团伤亡3000多人，红十一师400多人被俘，急请毛泽东赴前线，才扭转战局。朱德对毛泽东说，按照你的意见，立竿见影，红三军团脱险了。

拒绝妥协，构成了毛泽东为国为民奋斗的主旋律。

正是有了毛泽东的不妥协，才有了中国共产党的成熟，才有了红军的北上抗日，才有了解放军打过长江去解放全中国。

服从多数吧。毛泽东有着十分宽广的胸怀，为了党的革命事业，为了国家和民族的利益，在个人职务、名誉问题上从不计较，即使再大的委屈也能忍受。

毛泽东是中国共产党的缔造者，是人民军队的缔造者，他最早打出了革命的旗帜，给共产党打下了第一个家（井冈山根据地，后发展为中央苏区根据地），他指挥了革命战争的一次次胜利，化解了党和红军的一次次危机，解决了建立革命政权、土地革命、武装工农革命成功的方式和途径，可以说从党的早期起，论功绩、论水平，就没有哪一个人能与他相比，但是比他资历浅的、功绩比他小的，多人当过他的上级，包括他的学生，但从未有资料显示因为职务问题，毛泽东与谁过意不去；相反，他非常尊重组织及其领导，也从不居功自傲。毛泽东打下了中央苏区地盘，接纳了中央一批一批领导人，毛泽东从没说什么。再看看张国焘，红一、红四方面军会师，张国焘发现自己实力强，即以实力要挟中央。两相对照，高低自明。

　　研究表明，只要不危及党和革命事业，毛泽东是什么委屈也能忍受的。历史上，毛泽东受过太多太多的委屈，有些委屈令后人读来仍感诧异，但毛泽东以其坚韧的意志、豁达的胸襟，对党忠心耿耿、顾全大局、忍辱负重、服从组织。苏区中央局指挥打赣州，部队损失惨重，要毛泽东出手挽救。紧接着，毛泽东指挥打漳州，大获全胜，歼灭蒋介石的部队一个师，俘虏 5000 多人，缴获长短枪 4000 余支，直接援助了张国焘、徐向前和贺龙的两个苏区。可接下来的中央苏区中央局扩大会议（1932 年 10 月的宁都会议）展开了对毛泽东的批判，甚至这种批判到了无赖的程度，项英、顾作霖说打赣州败了也对，打漳州胜了也错，会上毛泽东的正确主张得不到支持，被撤销了红军总政委和前委书记的职务，剥夺了他对党和军队的指挥权，被迫离开了军队。可毛泽东会后对王稼祥说：算了吧，我们是少数，还是服从多数吧！

　　毛泽东顶着莫大的委屈，一边养病，一边全身心地投入了根据地的经济建设工作。他骑着一匹马，走遍了根据地的山山水水，进行社会调查，发现和解决了许多实际问题，写了大量的经济论著，创立了一套经济工作的领导方式和工作方法，推动了根据地经济建设的发展，为革命战争和军队提供了物质基础和后勤保障。毛泽东也成了公认的经济专家和理财能手。

　　毛泽东就像一块金子，即使被丢弃在黑暗的角落里，也会默默地闪闪发光。

　　越位指挥。1931 年，毛泽东采取诱敌深入的方针，粉碎了蒋介石的第一次"围剿"，其后，上海的中央派项英、王稼祥等到了苏区，组成了中央局，下面设立了军事委员会，项英当中央局的书记兼军事委员会主席，毛泽东当军委副主席兼政治部主任，朱德也当军委副主席。紧接着，蒋介石的第二次"围剿"就来了，项英主张跑，离开苏区，把红军带走。开始，就毛泽东一个人反对项英的逃跑主义，争论了大约一个月，也没有什么结论。可是敌人来了，情况非常紧急，毛泽东就以政治部主任的名义果断下命令，粉碎了敌人第二次"围剿"。黄克诚后来说，别人没办法嘛！如果实行项英的办法，那就糟了，红军就要离开中央苏区，根据地就会丢掉。在这个关键的时刻，毛主席的决策比任何人都要高明，这是明摆着的铁的历史事实。

这就是毛泽东，当他看到党和革命事业处于生死攸关的危机时刻，他绝不再保持沉默，即使自己被剥夺了权力，也会赤诚地尽报国之责。

第五次反"围剿"，博古、李德等人采取进攻中的冒险主义和防御中的保守主义，导致红军连战连败，损兵失地，最后被迫长征。实际上在1933年10月至1934年9月的反"围剿"战争中，毛泽东忍受被罢职罢权的巨大屈辱，为了党和革命事业有过三次赤诚进谏，如果按照毛泽东的建议，打破第五次"围剿"是必成功的。因为，第五次反"围剿"，从敌我兵力对比看，并不是最悬殊的。这五次反"围剿"国民党军和红军兵力对比分别是：第一次，10万比4万；第二次，20万比4万；第三次，30万比3万；第四次，40万比8万；第五次，50万比10万。对比看，最悬殊的是第三次。而且，第五次还有三次机会，所以，第五次的形势不是最糟的。第五次反"围剿"中三次良机，均为毛泽东捕捉并进谏。只可惜，博古、李德等人一再排斥毛泽东及其正确建议。

第一次上谏。国民党第九路军发动"福建事变"，成立"福建人民政府"，要求与红军联合反蒋，蒋介石调兵镇压，江浙一带顿时空虚，"围剿"计划被打乱。毛泽东抓住良机，建议红军主力突进到江浙为中心的苏浙皖赣地区，变战略防御为战略进攻，威胁敌之根本重地，粉碎敌人向江西根据地的进攻，并援助"福建人民政府"。这一招击中敌人要害，后据知情人透露，蒋介石为此坐卧不安。

第二次上谏。1934年春夏之际，在反"围剿"战争的紧要时刻，他建议粤赣省委、军区及红二十二师利用蒋介石与陈济棠之间的矛盾，采取游击战和带游击性的运动战方式，牵着敌人走并予以打击，这一正确主张受到中央"左倾"机会主义领导的严厉批评。

第三次上谏。1934年9月，反"围剿"战争进行了一年，形势越来越恶化，敌人已进逼到根据地中心区，情况非常紧急，毛泽东再次赤诚上谏。建议红军主力向敌人薄弱、未建立堡垒封锁线的湖南中部前进，迫使蒋介石调江西之敌回援湖南，趁此寻找战机在运动中消灭敌人，以扭转战局。这一正确主张再次遭到拒绝。"此计又不用，打破敌第五次'围剿'的希望就最后断绝，剩下长征一条路了。"

奋斗，为救国救民苦忍奋斗，这正是毛泽东的最大历史自觉性。

三、探索

研究毛泽东，你会发现毛泽东的一生有许多谜。

有一本书《毛泽东之谜》，专门研究破解这些神秘的谜。不过你会发现，不读还好，越读谜反而越谜。要我说，那么多谜发生在一个人身上，这本身就是谜。

本书的研究，还发现毛泽东有另外三个基本均等的年限数字，也具有神秘的巧合性。这三个基本均等的年限数字，就是28。

按照旧历纪年，毛泽东享年84岁。这84年，正好平分了毛泽东三个鲜明的奋斗阶段，每个阶段均为28年：

1893—1921的28年，是毛泽东救国的探索；

1921—1949的28年，是毛泽东建国的探索；

1949—1976的28年，是毛泽东治国的探索。

（一）第一个28年，寻找"大本大原"

立志救国救民，是毛泽东一生的主线，但同时他清楚地知道，仅仅有宏大的志向还不够，还必须找寻到实现崇高志向的"大本大原"。找寻的结果，是毛泽东逐步放弃了无政府主义、改良主义、资产阶级民主主义、自由主义和空想社会主义，而最终选择了马克思主义，建立中国共产党，进行彻底的无产阶级革命。

自鸦片战争以来，各帝国主义列强恶魔般侵略中国，吞噬瓜分中国。他们与中国反动势力勾结起来，使中国变成了半殖民地半封建社会，国家山河破碎，民不聊生，中华民族面临生死存亡关头。正像毛泽东讲的："到了近代，强权者、贵族、资本家的联合到了极点，因之国家也坏到了极点，人类也苦到了极点，社会也黑暗到了极点。"所以，必须进行革命，反对封建主义，反对帝国主义，把中国从帝国主义的奴役下解放出来。这是近代以来很多志士仁人都为之奋斗的，因此，到19世纪末20世纪初，革命在中国就成为一个非常时髦的词。

什么事就怕时髦，一旦时髦，随之而来的就是乱相。

革命，使皇朝变成了共和，但中国并未由此获得新生和进步，相反，陷入了大混乱：外有强盗欺侮，内有袁世凯、张勋复辟闹剧，最后是各路军阀割据混战，中国变成了野心家、黑社会、魔头的黄道乐土，国家陷入了空前的大灾难。这就是毛泽东求学时期的中国社会，也是他探索救国救民途径的时代背景。

毛泽东8岁读书，先后读过六所私塾。1907年至1909年秋两年多停学在家务农，16岁复读，17岁考入湘乡县立东山高等小学堂，在这里他接触到了康有为的书和梁启超的《新民说》，对他们产生了崇拜，进而赞成君主立宪制，希望康、梁这样的维新派对国家进行改革。1911年春天，毛泽东结束了东山高等小学堂半年的学习，进入湘乡驻省中学堂。18岁的他在这里第一次看到报纸——《民立报》，知道了孙中山、黄兴领导的起义和同盟会，心情激动，写文章要孙中山当总统，康有为当总理，梁启超当外交部长。1911年10月，辛亥革命爆发，月底，毛泽东决定为革命去新军当了兵。1912

年 4 月 5 日，中华民国临时政府迁往北京，南北统一，南京政府解散，毛泽东以为革命已经结束，又决定回学校继续学业。先是进了一所公立高级商业学校，又以第一名的成绩考入了省立第一中学——湖南高等中学。1912 年 6 月，毛泽东写了《商鞅徙木立信论》，这是毛泽东留下的最早的第一篇完整的文章，文章提出开发民智、依法治国，受到高度评价，被认为是伟大之器。在校 6 个月，后觉得学校课程有限，随之退学去省立图书馆自学。自学半年后，于 1913 年 3 月又以第一名的成绩考入湖南省立第四师范学校，该校 1914 年 2 月和第一师范学校合并，毛泽东在这两所师范学校里共完成了五年半的学业，于 1918 年 6 月从湖南第一师范毕业。

在第一师范学校，毛泽东"身无半文，心忧天下"，提出"为人之学""为国人之学""为世界人之学"，要"谋人类全体的幸福"，这种为中国和世界人民服务的大志一直激荡着毛泽东的胸怀，尤其是不断受到胡适、陈独秀等进步文章的影响，他的报国志愿与热情与日俱增，在接近探明"大本大原"的同时，他开始更加注重付诸实践。1915 年 5 月 7 日，日本向袁世凯政府提出的"二十一条"最后 48 小时通牒，消息在报纸披露后，毛泽东无比愤怒，疾书：

五月七日，民国奇耻。

何以报仇，在我学子。

1915 年，毛泽东以"二十八画生"的化名征友，召唤有志于报国的青年。1917 年 4 月 1 日，毛泽东第一次公开发表文章《体育之研究》，阐明了体育与国力的联系，倡导"文明其精神，野蛮其体魄"。1917 年暑假（7 月中旬至 8 月 16 日），毛泽东与萧瑜不带分文，行程 900 余里，考察了 5 个县不少乡镇，了解社会。1917 年下学期，毛泽东开始任第一师范校友会总干事，组织演讲辩论和学术研究，推广进步杂志。1917 年 11 月，毛泽东创办了工人夜校，尝试用教育启发民智。同月，毛泽东组织学生志愿军，联络警察所，发动农民和工人夜校学员，缴了北洋军队一支 3000 多人溃退部队的枪，使长沙避免了一场兵灾。1918 年春天，毛泽东与蔡和森用半个多月时间，再次了解社会，商谈组织新民学会问题。该年 4 月 14 日，新民学会正式成立，后学会宗旨最终确定为"改造中国与世界"。

毛泽东在第一师范的这些活动，是他报国精神的具体演化，是他救国救民志向的践行，是他救国救民情怀的实际探索。

1918 年 8 月 19 日，毛泽东组织湖南学生赴法国勤工俭学第一次到了北京。他放弃了报考北大预科的机会，由恩师杨昌济介绍，李大钊安排他在北大图书馆当了图书助理员。在此期间，他接触到了马克思主义，拜访了新文化运动的知名人物陈独秀、胡适、蔡元培等人，还结识了一些北大进步学生，他的思想认识"迅速朝着马克思主义的方向发展"。1919 年 4 月，毛泽东回到长沙。在得知五四事件消息后，他立即和长沙市的学生一起参加了支持北京五四学生运动的活动。1919 年 12 月 18 日至 1920 年 4 月 11 日，毛泽东第二次来到北京，在与李大钊的频繁接触中，毛泽东逐步树立了对马克思主义的信仰。

这 28 年，除去上学前的 7 年，毛泽东以其聪慧、勤奋、刻苦的品行，阅读了大量书籍，也广历了常人难以践行的"无字之书"，一心报国的精神，激励着他不断思索着、比较着，接触了若干的思想、主义、学说，最终他找到了拯救中国的"大本大原"——马克思主义。

1936 年，美国记者埃德加·斯诺从北平到陕北革命根据地，与毛泽东有过长时间的谈话。毛泽东曾对斯诺讲："我一旦接受了马克思主义是对历史的正确解释以后，我对马克思主义的信仰就没有动摇过。"

直到晚年，毛泽东还要求全党干部要认认真真学习马克思主义。

可见，他对马克思主义的信仰始终是坚定的。

（二）第二个 28 年，下定决心走自己的路

毛泽东立志救国救民、改造中国与世界，他苦苦探寻救国救民、改造中国与世界的"大本大原"，终于廓清了当时杂乱的学说主义，坚定了救国救民、改造中国与世界的真理——马克思主义。但毛泽东对马克思主义的信仰，是用以解释中国革命的规律，指导确立中国革命的方向、道路、策略等基本问题。这是毛泽东超越党内其他领袖的伟大之处，是中国共产党和中国人民之幸。

在 1921 年建党至 1935 年遵义会议毛泽东实际掌权的 14 年间，中国共产党内存在着严重的"两化"倾向，即把马克思主义教条化，把共产国际和苏联经验神圣化。正是这种"两化"倾向，使中国革命危难不断、灾难叠生，多次几乎断送了中国革命。结束这一劫难的正是毛泽东，他坚决地、毫不妥协地抵制"两化"倾向，才使中国共产党及其领导的中国革命化险为夷、绝处逢生。

毛泽东深知，"中国革命斗争的胜利要靠中国同志了解中国情况"。学习马克思主义的"本本"，必须同中国的实际情况相结合。共产国际的也好，莫斯科的也好，符合中国实际的就欢迎、借鉴，不符合的就抵制、斗争，不低头、不盲从、不调和、不动摇，宁可丢权、受委屈，也要打定主意走自己的路。所以，"毛泽东始终代表了党的正确前进方向，掌握着中国革命的真理"。

民主革命 28 年的探索，似乎在毛泽东身上体现了一种天命的力量，"有了毛泽东就有了胜利"，离开了毛泽东就要失败，毛泽东身系中国革命之命运，他的个人境遇与中国革命的发展紧密相连，这近乎成为"魔咒"。

毛泽东近乎"魔咒"的天命力量是什么呢？是中国革命的规律，是符合中国国情的道路，是为中国人民谋福祉的意志。中国革命只

能走毛泽东的路。

无法打破的"三环链"。为中国老百姓夺权，就要推翻帝国主义、封建主义、官僚资本主义三座大山，要推翻三座大山，就要有枪、有人、有地盘，这就是基本条件，是任何理论也代替不了的。

"四一二"反革命政变，蒋介石杀了几十万共产党人和爱国进步人士，残酷的现实，逼迫共产党人拿起了枪，毛泽东第一个建立了人民的军队，公开打起红旗造反。要造反，就得有人，有地盘。可反动派掌握着全国政权，有几百万正规军队，还有遍布全国的警察和特务组织。所以，毛泽东上了山，到了敌人统治薄弱的农村，依靠农民，建立了农村革命根据地。

这是毛泽东的创造。因为马克思主义的理论是靠工人，靠无产阶级。而苏联走的是城市道路，是中心城市。毛泽东天才地发现，虽然是老师的东西，可这一切在中国是走不通的。

中国有四万万人，80%以上是农民，其中有两万万是赤贫的农民，他们才是中国革命的主力军。可共产国际这个老师和当时的中央谁都认识不到。黄克诚说，在陈独秀右倾机会主义时期，湖南农民起来革命。当时几乎整个党中央的领导人和整个社会舆论都反对湖南农民运动，认为农民运动过火了。"只有毛主席经过实地调查写了一个《湖南农民运动考察报告》，把这个问题提到原则的高度，驳斥了各种非议，热情地赞扬了湖南农民运动。这就使革命的共产党员在思想上武装起来了。"

农民是革命的主力军，让农民起来参加军队搞革命，就首先要解决农民的切实利益，这就是土地问题。所以，毛泽东把建立人民军队、实行土地革命、建立农村根据地绑在了一起。

毛泽东指出，人民军队既是一个战斗队，又是一个工作队，还是一个生产队。战斗队，就是消灭敌人；工作队，就是发动群众；生产队，就是保障供给。这就是著名的人民军队的"三大任务"。

这样就形成了武装斗争、土地革命、根据地建设的"三环链"，以武装斗争为主要形式，以土地革命为主要内容，以根据地建设为基本依托，从而解决了革命力量的生存和发展问题。

这是一个确保革命胜利的"三环链"，它的基础是三万万多农民。它也只属于毛泽东，因为毛泽东属于人民。十几年后，老百姓叫毛泽东人民大救星，他们喊毛主席万岁！毛主席也喊人民万岁！

建立人民当家作主的政权。1949 年 10 月 1 日，中华人民共和国诞生，但对于人民政权的探索，毛泽东是早在 22 年前就开始的。

1927 年 10 月，李宗仁与唐生智之间的军阀战争爆发，井冈山周边各县敌人兵力空虚，毛泽东利用有利时机，组织工农革命军攻打茶陵县城，得手后，立刻建立了茶陵县工农兵政府，工人出身的谭震林任政府主席，并组织了县赤卫队。这就是毛泽东建立的第一个人民政权。

我们研究新中国成立前毛泽东领导的一系列战争，很清楚地看到，毛泽东的指挥可以概括为：上山不为山，攻城不为城，略地不为地，核心的目标是夺取全国政权。这一革命的基本任务，是我们理解毛泽东大智慧作战的出发点和落脚点，因此，他不计较一城一地的得失，可以主动放弃延安，以换取全国胜利。

茶陵县工农兵政府，无疑是毛泽东建立全国人民政权的实验。我们说，当他的实力还很弱小的时候，就已经为最终建立全国政权做了铺垫，这是个了不起的大筹划，是他救国救民、改造中国与世界革命路线图完整设计的一部分。

这个实验作用非常大，前无古人，它就是范式，因此它可以孵化、可以发酵。"彭德怀同志很英勇地领导了平江暴动，暴动以后奉命留下黄公略和几个同志带着少数武装坚持平浏斗争，他带着主要的部队也上了井冈山。他把毛主席建立革命政权、搞根据地、建党等等一套东西学到后，又回到平浏一带，扩大发展了湘鄂赣根据地。"

有了毛泽东的井冈山根据地，有了毛泽东建立的人民政权，才有了以后其他地方的若干革命根据地政权。

茶陵县工农兵政府——中央苏区苏维埃共和国——陕甘宁边区政府——中华人民共和国，这就是毛泽东建国的路线图。

实验平等社会。毛泽东的救国救民宏大志愿，包括了改建政体、变化民质、改良社会，最终实现了中国再造，成为平等社会。这包括两个基本的方面。

一方面，毛泽东要彻底推翻反动统治阶级，解救被压迫被剥削的劳动人民。1909年，湖南各地天灾不断，饿殍遍野，广大人民流离街头、无以为生，而那些地主、豪绅、奸商却勾相互结，囤积居奇，牟取暴利。于是1920年春，长沙街头出现了数万饥民的"抢米"暴动，遭到军警残酷镇压，死伤近百人。毛泽东看到这些衣不蔽体、食不果腹的饥民的凄惨遭遇，心灵被极大地震撼了，以至于他终生不忘。所以，无论他个人遭遇什么样的挫折，个人可以获得什么样的地位，他救国救民的意志始终不变。我们知道，毛泽东很早就在国民政府里获得了部长的高官，那时他的地位要远高于蒋介石，如果是为个人小家，那早就进入上层社会了。

另一方面，毛泽东要彻底打碎旧秩序，革新文化，砥砺品行，改良风俗。1919年11月4日，长沙市女学生赵玉贞不满包办婚姻，因多次反抗无效，出嫁的当天，在轿里割颈自杀了。这件事使毛泽东义愤填膺，在短短的13天里，他连续在长沙《大公报》《女界钟》上发表了10篇文章：一方面痛斥旧社会的婚姻制度和风俗；一方面讨论社会的人格问题。毛泽东认为，只有获得自由意志，可以主宰自己的命运的人，才算有人格的人。而当时的社会，"吾国人积弊甚深，思想太旧，道德太坏"，所以，必须与妨碍社会发展、压抑个性意志自由的不合理的旧秩序、旧制度、旧势力做坚决的斗争。

在当时，像赵玉贞这样的事不乏其例，一般的人，也就是议论议论算啦,而毛泽东却是如此不可抑制,以至于13天发表10篇文章,而且带头参加和支持反抗的斗争。

何以如此呢?这深层次的原因又是什么呢?只有一种解释,就是旧制度与毛泽东立志所建立的新社会新秩序格格不入,是他要彻底打碎的东西。这样解释,还可以在延安时期的黄克功事件中得到佐证。

黄克功,少年时参加红军,是井冈山时期的红军老战士,参加了二万五千里长征,带领部队参加过多次战斗,立过不少战功,是延安时期抗日军政大学第六大队队长,在一般人眼里,是位资格老、功劳大的人物。他向当时陕北公学的刘茜求爱,当遭到拒绝后,开枪打死了刘茜。抗日军政大学副校长罗瑞卿虽然很器重黄克功,但没有徇私情,而是把案情原原本本向毛泽东作了汇报。

黄克功被捕后,陕甘宁边区高等法院院长、审判长雷经天考虑到黄克功有战功,眼下正值抗战用人之际,不少战友讲情,几经踌躇,下不了决心,所以写信给毛泽东,请求党中央批准。

黄克功也给毛泽东写信,承认自己犯了罪,要求重上前线,死在抗日战场上以赎罪。

毛泽东同时收到了这两封信。毛泽东心情十分沉重,对黄克功的犯罪,既感到惋惜,又十分气愤。但毛泽东并未留情,而且给雷经天写信,请他在公审大会上宣读他的信。

毛泽东不主张杀人,即使对敌人也主张教育改造,但黄克功则是他杀的极少数人中的一个。究其原因,还是他心中要建立的新社会的新秩序。

这种新社会秩序,在陕甘宁边区和新中国都得以呈现。1940年5月31日,著名的爱国华侨领袖陈嘉庚到达延安,用8天时间实地考察了延安城市和农村的方方面面,他感觉边区政府与人民一体,领袖与老百姓一样,民生安定,工作勤奋,风化淳朴,教育振兴,男女有序,精神高尚,无苛捐杂税,无失业乞丐,实为平等之理想社会。离开延安时，他把毛泽东看作中国的救星。

有评论说，新中国时期，"他（毛泽东）推行平等，使得中国从落伍的畸形社会变成世界上最平等的国度"。使平等"在世界人口最多的中国大地上得以实践、推广并大范围实现，这是人类历史上从来没有过的伟业"。

（三）第三个 28 年，跳出历史周期律

第三个 28 年，是毛泽东探索治国的 28 年。从政治的角度考察，毛泽东所做的核心的努力，是解决跳出周期律的问题。

这是一篇关乎共产党国家政权长治久安的历史宏卷，毛泽东以其无私的巨大勇气和违反世俗常理的一系列举措进行了绝决探索。

习近平总书记指出，改革开放前的社会主义实践探索，是党和人民在历史新时期把握现实、改造未来的出发阵地，没有它提供的正反两方面的历史经验，没有它积累的思想成果、物质成果、制度成果，改革开放也难以顺利推进。这是一个科学的论断，为我们研究探索历史问题提供了遵循。

1976 年 9 月，毛泽东在逝世前夕曾有过一段评论自己的话，大体意思是：人生 70 岁古来稀，我 80 多岁了。中国有句古语，叫盖棺定论，我虽未盖棺，也快了，总可以定论了吧！我一生干了两件事，一是和蒋介石斗了那么几十年，把他赶到那么几个海岛上去了。抗战 8 年，把日本人请回老家去了。对这些事持异议的人不多，只有那么几个人在我耳边叽叽喳喳。无非是让我及早收回那几个海岛罢了。二是发动了"文化大革命"。这事拥护的人不多，反对的人不少。

毛泽东领导中国共产党，把一个千疮百孔、百废待兴、社会涣散、积贫积弱的国家乱摊子，治理成为具有世界重要影响的主权大国，其伟大实践、伟大功绩是无与伦比的。正如前清耆宿冒广生讲的："共产党能把这样大的国家治理得如此好，国势的强

大是历史上从未有过的。"

我们知道，毛泽东读书以海量计（据党史专家不完全统计，毛泽东一生读书在 9 万册以上），对中国的前途命运有着极为深远的思考。

这种思考，笔者认为，就是贯穿毛泽东灵魂深处的，他要领导中国共产党跳出政权兴亡的周期律。

从这个角度观察，你会发现，从 1945 年延安的"窑洞对"，到 1949 年的进京赶考，再到新中国成立后的"三反""五反""反右"，一直到"文化大革命"，清晰地构成了毛泽东探索跳出这周期律的一条主线。

1945 年 7 月，黄炎培与毛泽东的"窑洞对"。黄炎培说，我生 60 年，耳闻和所见的，真所谓"其兴也勃焉""其亡也忽焉"。一人、一家、一团体、一地方乃至一国，不少都没有跳出这周期律的支配。开始时聚神卖力，继而环境渐渐好转了，精神也就渐渐放下了。到干部人才渐见竭蹶，艰于应付的时候，环境倒愈加复杂起来了，控制力不免趋于薄弱了。一部历史，"政怠宦成"的也有，"人亡政息"的也有，"求荣取辱"的也有，总之没有跳出这周期律的。毛泽东回答："**我们已经找到新路，我们能跳出这周期率的。这条新路，就是民主。只有让人民来监督政府，政府才不敢松懈。只有人人起来负责，才不会人亡政息。**"

让人民来监督，人人起来负责，这就是毛泽东破解周期律的民主方程式。新中国成立后，毛泽东进行的一系列运动，都是发动群众，包括"文化大革命"这种全国的广泛运动，你能说这不是毛泽东的民主方程式的运用吗？

1949 年 3 月 23 日，周恩来与毛泽东的"赶考对"。党中央即将出发进北平，周恩来前来看望毛泽东，问道："没有休息好吧？应该多休息一会儿才好，长途行军坐车是很累的。"毛泽东笑道："今天是进京的日子，不睡觉也高兴。今天是进京赶考嘛，进京赶考去，精神不好怎么行呀？"周恩来笑着说道："我们应当都能考试及格，不要退回来。"毛泽东郑重地说道："退回来就失败了。我们决不当李自成，我们都希望考个好成绩。"

这之前的中共七届二中全会，毛泽东已经提出"两个务必"，讲到进京赶考问题。但从周、毛的"赶考对"中，你会明显觉出思考的程度不同。周恩来要求"考试及格"，毛泽东则要"考个好成绩"。毛泽东打破周期律的决心可见一斑。

毛泽东在坚持信仰的斗争中维护党的队伍的纯洁。毛泽东是大善之人、大爱之人，他极力反对杀人，他说，杀头不像割韭菜，割了还会长出来。即使是对敌人，他也极力主张教化改造。但还是对犯罪的有功之臣，开了"杀戒"。

刘青山，1948年8月任天津地委书记；张子善，1949年8月任天津地委副书记。二人都是20世纪30年代初入党，经历过土地革命、抗日战争和解放战争严峻考验的老党员、老干部，他们曾经为革命坚贞不屈、出生入死，为新中国的诞生作出过自己的贡献。但进城后，在资产阶级思想和生活方式的腐蚀下，开始腐化堕落，贪图享受，贪污、盗窃、挥霍国家和人民财产171亿元（当时的1万元相当于现在的1元，171亿元相当于现在的171万元），经毛泽东批准，于1952年2月10日依法处以死刑。毛泽东说：对于腐败现象，"如果不加以彻底肃清，它们就要腐蚀我们的党，腐蚀我们的政府，腐蚀我们的军队，腐蚀一切财政经济机构和一切革命的群众组织，使我们的许多干部人员身败名裂，给我们的国家造成极大的灾害，一句话，这就有亡党、亡国、亡身的危险"，"非杀不可"。

毛泽东开"杀戒"，都是在关键时期进行的，着眼点都是纯洁党的队伍。他比党的其他领袖站得更高、想得更远，他清楚地知道，只有首先把党建设好了，才能取得革命胜利，才能保证人民的政权。

杀刘青山、张子善，可以看作毛泽东组织的决不当李自成的战役，他用"非杀不可"的决心，打赢了这场战役。

研究历史的人认为，毛泽东杀刘、张，保证了党和国家 30 多年的廉洁。

其实，道理就是这样明白：不镇压犯罪，就是对人民的犯罪；原则软化，政纲就会泡汤。改革开放后，一些领导干部无视党纪国法，拿原则做交易，奉行的是"原则之内的事情坚决办，原则之外的事情变通办"，致使贪风盛行，呈疯狂、泛滥之势，"老虎、苍蝇"遍地皆是，其贪腐程度令人咋舌。

这也使得人们更加敬仰毛泽东及周恩来、朱德等老一辈国家领导人，他们以彻底的自我牺牲精神，至廉自律，扭转了中国社会堕落的轨迹。

时间到了 1964 年 7 月，毛泽东思考的问题是：苏联会变修，中国难道不会吗？苏联存在一个资产阶级特权阶层，资产阶级特权阶层同人民的矛盾是苏联的主要矛盾，是不可调和的对抗性的阶级矛盾，此种情况如果发生在中国怎么办？

毛泽东认为，在中国只有动员全民起来反修才能防修，防修才不会变修。

1965 年 5 月，毛泽东重上井冈山，不无忧虑地说："我这次重上井冈山，真是弹指一挥间。千百万革命先烈用鲜血换来的人民江山，会不会因为我们队伍里滋长特权思想而改变颜色呢？我一想到建立红色政权牺牲了那么多的好青年、好同志，我就担心今天的政权。"

可见，毛泽东对人亡政息的忧虑是萦绕心头的。

1965 年 8 月，毛泽东接见法国总统戴高乐特使马尔罗时表示，中国共产党已经将防止国内出"修正主义"的问题提到了更加重要的位置上来，那就是反对修正主义，没有别的目标。他说："我们反对贪污、盗窃、投机商人，反对修正主义的一切基础。

不只是党外，党内也有。"他认为，资产阶级在党内还有一定的市场，还有大批干部世界观没有改造好，这就是资产阶级在党内的市场，弄得不好中国的颜色就会改变，这是比什么都更重要而紧迫的问题。

所以，毛泽东要发动群众，自下向上揭露党的黑暗面，打倒那些走资本主义道路、变修蜕化的变质分子，触及灵魂，让党保持永不变色。

依靠什么力量来实现这种疾风暴雨式的政治运动呢？毛泽东把主要的希望寄托于青年学生，他认为青年学生最具有革命精神。同时，毛泽东还有更深层次的考量，那就是防止和平演变。

杜勒斯是美国对中国进行和平演变战略的设计者，这个和平演变战略美国至今未曾改变。

毛泽东曾对他的护士长吴旭君说："文革中这些群众主要是年轻人、学生，正是杜勒斯们寄托和平演变希望的最年轻的一代。让他们亲身体验斗争的严重性，让他们把自己取得的经验和认识再告诉他们将来的子孙后代，一代一代传下去，才可能使杜勒斯的预言在中国难以实现。"

读到这里，你肯定会深深感觉到毛泽东跨越历史时代的深远思考，是多么无可比拟的宏大。

中共中央总书记习近平同志，2013年7月，重温毛泽东进京赶考前定下的规矩，郑重宣称要使红色江山永不变色。

2013年毛泽东诞辰120周年之际，中央常委集体瞻仰毛泽东遗容，习近平总书记指出：全党要牢记毛泽东同志提出的我们决不当李自成的深刻警示，极大地鼓舞了全党和全国人民。

"李自成南征北战打了18年，进了北京只坐了18天！"

毛泽东开创的伟大事业，今天以习近平总书记为首的党中央继往开来，扬帆远航。

第五章

民本精神

　　毛泽东的民本精神，指的是毛泽东以人民为本，尊重人民，敬畏人民，依靠人民，为人民打天下、为人民谋幸福的精神。在毛泽东心里，人民至高。他认为，人民是推动历史发展的动力，人民，只有人民，才能创造一切；中国共产党是为人民打天下、为人民谋幸福的，共产党不应有自己的私利，所做的一切，就是全心全意为人民服务，人民的利益就是党的利益。所以，毛泽东领导建立的新中国，一切都打上了人民的烙印，人民最有尊严、最神圣。

一、民本史观

　　民本史观，是毛泽东民本精神的内核。什么是民本史观呢？就是人民是推动历史发展的原动力。用毛泽东的话说就是："人民，只有人民，才是创造世界历史的动力。"

是奴隶创造历史，还是英雄创造历史，构成不同的历史观。民本史观认为，社会的财富、文化、发明都是人民创造的。

中国几千年的封建社会，农民在封建制度的束缚下，没有人身自由，地主对农民有随意打骂甚至处死之权，农民是没有任何政治权利的。地主阶级这样残酷地剥削和压迫所造成的农民极端穷苦和落后，是中国几千年经济和社会生活停滞不前的基本原因。在封建社会，是农民的阶级斗争、农民的起义和农民的战争，推动了中国封建社会的发展。"因为每一次较大的农民起义和农民战争的结果，都打击了当时的封建统治，因而也就推动了社会生产力的发展。"

毛泽东说："在中国封建社会里，只有这种农民的阶级斗争、农民的起义和农民的战争，才是历史发展的真正动力。"

史观不同，对待人民的根本态度就不同。

毛泽东认为人民是历史的创造者，人民有着无比的巨大能量，人民是水，政党、军队是鱼，没有人民这个水，鱼就要死掉。因此，他把人民看作上帝。1945年6月11日，毛泽东在中国共产党第七次全国代表大会的闭幕词中再次讲了"愚公移山"的故事。他说中国共产党早就下了决心，要挖掉帝国主义、封建主义两座大山，我们一定要坚持下去，一定要不断工作，我们是会感动上帝的。"这个上帝不是别人，就是全中国的人民大众。全国人民大众一齐起来和我们一道挖这两座山，有什么挖不平呢？"

毛泽东正是在全国人民大众齐心协力的努力下，挖掉了帝国主义这座大山，洗清了中国100多年来的屈辱，挖掉了封建主义这座大山，摧毁了3000多年来专制制度的经济基础。

与毛泽东不同，蒋介石认为，民众无异于愚蠢、落后、自私的代名词，他看不起民众、信不着民众、更不会依靠民众。

毛泽东认为，社会的大部分发明创造，占百分之七十以上，都是那些贫人、贱人，被人们看不起的人、地位低的人干的，应当承认世界主要是他们创造的。所以，他认为，卑贱者最聪明，高贵者最愚蠢。

在毛泽东看来，人的认识来源于社会实践。人民大众在社会生产斗争的第一线，他们有丰富的实践经验，最富智慧和创造性，社会的物质财富、精神财富都来源于社会实践，他们推动社会文明的进步。"历史反复证明，人民群众是历史发展和社会进步的主体力量。"所以，要真心实意地向人民大众学习。

毛岸英，毛泽东的大儿子，一位了不起的青年人。在苏联成长，曾在苏联大学读书。当苏联受到侵略时，他向斯大林申请上前线，参加苏联军队反抗德国法西斯的作战，被授予中尉军衔，由于作战英勇，受到斯大林接见，斯大林奖赏一支手枪。毛泽东为他的这位大儿子自豪。1946年1月，毛岸英回国到达延安，在父子短暂的相聚后，毛泽东让毛岸英到农村拜农民为师，上劳动大学。

毛泽东请了陕甘宁边区的特级劳动模范吴满友作为毛岸英的老师，他对毛岸英说吴满友种庄稼的学问很深，要好好地跟他学习，学习农业生产技术，学习农民艰苦奋斗的精神，了解熟悉农村、农民的情况。显而易见，农民、农业生产在毛泽东内心是占有极重要的地位的，他已经把它置于取得革命胜利、建设新中国之本的高度。

毛泽东很爱他的孩子，尤其是大儿子毛岸英，可他把自己日想夜盼的儿子盼回国后立即送到农村学习，这不能不说是他的民本史观使然。毛泽东在当时的中央高层领导中，是唯一真正种过庄稼的人，他深知人们赖以生存的一切均来自农民、农业，所以，他爱他的儿子，也就自然要把儿子首先送到农村去，了解农民，学习农业。这也可能是新中国成立后他提出以农业为基础的原因吧！

领袖把儿子送到农村向农民学习，是毛泽东的独创，也是毛泽东超越其他大人物的伟大之处。

民本史观使他把最爱的儿子送到农村。毛泽东说："农村是一个广阔的天地，在那里是可以大有作为的。""知识青年到农村去，接受贫下中农的再教育，很有必要。"

毛泽东把爱给了青年人，他像爱自己的孩子那样爱祖国的青年人，因为青年人是"早晨八九点钟的太阳"，寄托着祖国的未来，寄托着毛泽东那份未尽的伟大的事业。

几十年过去了，当党的十八大后，习近平任党的总书记，李克强任国务院总理，我们惊喜地发现，他们是那样的成熟、智慧、干练，他们让世界看到了新中国新生代大国领导人的光辉形象。

习近平、李克强等领导人何以如此才俊？不能否认他们有这样的经历：上山下乡。他们在中国大地上出过力、流过汗，与农民一起劳动、生活，熟悉农村、熟悉农业、熟悉农民，接地气，所以受到了人民的爱戴。

二、人民制胜

近代中国，自洪秀全以降，中国革命运动皆归于失败。无数仁人志士，为此苦苦求索，终而不得其解。

然而，当中国有了毛泽东，这一切的失败就此终结。

他一介书生，被逼造反，要人没人，要枪没枪，要钱没钱，要地没地，起初的几百人，经过短短 22 年，打败了几百万装备精良的反动军队，推翻了中外反动势力的统治，建立了新中国。毛泽东的法宝是什么？

是他的民本精神。这一精神，使得他能够看到人民的力量、能够运用人民的力量。这只有毛泽东能做到，别的什么人都不行。毛泽东说过，他的这一套，蒋介石、反动派是学不会的。是呀！只有毛泽东才把人民看成上帝。

人民军队。毛泽东的军队，是人民的军队。前面已经说到，毛泽东一开始就与其他人不一样，他创造性地打出了工农武装的旗子，建立了与历史上一切军队完全不同的新型人民军队。这支军队来源于人民又服务于人民，全心全意为人民服务；这支军队为拯救自己而作战，有敌人就打敌人，没敌人就建设政权，发展生产；这支军队和百姓是一家人，鱼水相依，亲如兄弟，绝不侵占百姓利益；这支军队，在共产党的绝对领导下，实行人民军队的建军原则。因而，这支军队就变成了拖不垮、打不散的军队。

人民战争。毛泽东认为，"兵民是胜利之本"，"战争的伟力之最深厚的根源，存在于民众之中"。依据这样的理念，他创建了伟大的人民战争理论，组织实施了世界上最辉煌的人民战争实践，因此，他也成为世界上无与伦比的人民战争大师。

"革命战争是群众的战争，只有动员群众才能进行战争，只有依靠群众才能进行战争。"充分发动人民群众，将人民群众武装起来成立民兵、赤卫队、游击队，配合人民军队作战，组织他们积极支援前线，以有利的地形、时机，集中优势兵力，灵活机动地打击敌人，这就是毛泽东的人民战争。

在人民战争中，人民群众是人民军队的靠山，是战争赖以进行的坚实基础。"人民军队离开了人民群众的支持，一天也活不下去。"人民群众是真正的铜墙铁壁。

在井冈山时期，毛泽东的队伍不过万把人，后来发展到数万人，面对蒋介石十几万、几十万人的正规军队，力量之悬殊是战争史上没有的。但毛泽东依靠人民群众，组成铜墙铁壁，给红军传递信息，武装起来打击敌人，一次次打破蒋介石的"围剿"，不断取得胜利。作战中经常有这样的情景，老百姓宁可自己挨饿，也要把省下来的粮食送给红军，宁可被敌人打死，也不暴露红军的目标。最终的结论就成了：毛泽东依靠人民组成了"铜铁壁垒"，蒋介石依靠军队组成了"砖石堡垒"，所以，毛泽东打破"围剿"，战胜了蒋介石。

在抗日战争时期，毛泽东动员千千万万民众参军参战，成立游击队、武工队，扒据点、烧炮楼，惩治汉奸，在敌后开辟抗日根据地，动员人民群众实行坚壁清野，粉碎敌人的"扫荡"，开展多种形式的对敌斗争，使日本侵略者像一头野牛冲入人民战争的火阵。

在解放战争时期，毛泽东依靠人民群众，解放军开赴到哪里，人民群众就支援到哪里。组成担架队，帮助运送伤员；组成小车队，帮助运送物资；组成工程队，帮助修公路、架桥梁，保障解放军畅通无阻。蒋介石的几百万军队，脱离人民群众，到后来竟弄到没粮吃、没衣穿，淹没在人民战争的汪洋大海中。

人民战略。游击战，在一般的军事家眼里，只是一种战术、一种战斗的手段。但在毛泽东眼里，它却是一种战略，一种人民战争的战略，是大战略。毛泽东的这种人民战略，是他独具慧眼的创造，也是他民本精神的具体体现。

这种战略，在井冈山斗争时期，是"敌进我退，敌驻我扰，敌疲我打，敌退我追"。这种战略，是以整个战争区域的人力、物力、天时、地利、人和为基础的，是依托人民群众的对抗，不然，怎能退、扰、打、追呢，这难道还不是大战略吗？这种战略，使毛泽东保卫、巩固、发展了革命根据地，壮大了人民军队。

这种战略，在抗日战争时期，八路军、新四军与游击队、民兵、老百姓一体，与日本鬼子打"麻雀战"，时聚时散，与日本鬼子打"水上游击战"，时隐时现，与日本侵略者打"地道战"，神出鬼没，与日本侵略者打"地雷战"，步步设阻，使不可一世的日寇掉进了游击战争的天罗地网里。这种战略，是以全国的大联合为基础的，是以民族利益为前提的，八路军、新四军作战不需要自己的后方，物质上、信息上、精神上的保障都是人民大众，这是其他任何战略都做不到的。

这种战略，使中国人民彻底战胜了日寇的侵略。

这种战略，在解放战争时期，全国人民群众用"小车"推出了辽沈、淮海、平津三大战役，支援前线的民工 539 万人，挑子 4.24 万副，担架 10.77 万副，小车 43.09 万辆，大车 38.98 万辆，牲畜 103.63 万头，粮食 95000 万斤，保障中国人民解放军仅用四个半月就歼灭国民党军队 150 多万人，创造了世界战争史上的唯一。

诗人柳亚子对毛泽东、共产党的全面胜利，惊讶不解地问毛泽东："毛主席，您使用了什么妙计？"毛泽东不假思索地回答说："打仗没有什么妙计。如果说有什么妙计的话，那就是人民的拥护和支持。"

根本是人民，人民制胜。

三、人民主宰

在毛泽东那里，人民被赋予最高的权利，成为社会一切活动的主宰。土地革命年代，一切权利归农会。新中国，机构设置，政策设计，观念思维，都赋予人民当家作主的权利。

毛泽东与人民有着天然的联系，对人民利益的理解也最深刻。第一次国内革命战争时期，对于农民运动，诘难声一片，恶毒攻击农民运动是"痞子运动""惰农运动"，糟得很，只有毛泽东支持农民运动，为击退陈独秀等党内外的这股逆流，他用 32 天的时间，徒步行程 700 多千米，先后考察了湘潭、湘乡、衡山、醴陵、长沙 5 个县的农民运动，著为《湖南农民运动考察报告》热情洋溢地讴歌了农民运动，严正警告反对者被中国农民葬入坟墓的可能。

这表面的反对与赞扬，实质上反映的是如何对待人民主体地位的问题。有些人，表面上赞成、支持农民，但他们内心看不得农民主导，说白了，在他们心里，农民说说可以，说了算不行。而毛泽东从内心接受农民，支持农民建立自己的政权。

所以，他建立的新中国，叫人民中国，人民当家作主。由此，新中国的一切也就都打上了人民的烙印。

国家，叫中华人民共和国。政府，叫中央人民政府。全国人民代表大会行使国家的最高权力。首都定在北京，依托的基础是人民。毛泽东说："蒋介石的国都定在南京，他的基础是江浙资本家。我们要把国都定在北平，我们也要在北平找到我们的基础，这就是工人阶级和广大的劳动群众。"

国旗，代表着中国人民的大团结。

国徽，表达着工农联盟。

货币，叫人民币，由中国人民银行管理。第一批人民币刚刚印出，董必武就亲自送到毛泽东的住处。毛泽东兴奋地说："人民有了自己的武装，有了自己的政权，现在又有了自己的银行和货币，这才真正是人民当家作主。"

毛泽东为人民夺取政权，他更忘不了为人民打江山的英雄，所以，他决定修建人民英雄纪念碑，并亲自撰写碑文："人民英雄永垂不朽！""三年以来，在人民解放战争和人民革命中牺牲的人民英雄们永垂不朽！三十年以来，在人民解放战争和人民革命中牺牲的人民英雄们永垂不朽！由此上溯到一千八百四十年，从那时起，为了反对内外敌人，争取民族独立和人民自由幸福，在历次斗争中牺牲的人民英雄们永垂不朽！"

人民铁路、人民医院、人民邮电、人民教师等，人民主宰就是毛泽东那个时代最显著的特征。

历史是人民创造的，国家理应由人民主宰，这正是毛泽东民本精神的基准维面。

四、从民到民

从民到民，就是群众路线。毛泽东把它简要地归纳为："从群众中来，到群众中去。"群众路线，本质上体现的是民本精神。正如习近平总书记在《在纪念毛泽东同志诞辰 120 周年座谈会上的讲话》中说："群众路线本质上体现的是马克思主义关于人民群众是历史的创造者这一基本原理。"

"从群众中来"，就是把群众积累的经验、提出的需求、切身的愿望、内心的呼声和情感，集中起来，经过分析研究，形成符合实际情况的路线、方针、政策、计划、办法。

1936 年，陕甘宁革命根据地延安县南区的人民群众自己创办了一个合作社。这个合作社，收购老百姓的土货，供给老百姓日用必需品，替老百姓交公粮、运公盐，贷款给老百姓发展生产。例如，每到春耕时，事先从韩城运来铁铧，以比市价低的价格卖给农民。同时，还组织了 800 多名妇女纺纱织布，每月可纺纱 1400 斤，增收 7 万多元。合作社的经营方针完全是为人民服务的，受到了老百姓的赞扬和拥护。

毛泽东了解到南区合作社的情况后，立即把它的经验整理出来加以推广，使绥德、安定、安塞、甘泉等县都办起了合作社，改善了群众的生活，促进了生产的发展。在 1942 年陕甘宁边区开展的劳动英雄运动中，南区合作社的创建者刘建章被评为劳动英雄、延安的模范人物，毛泽东在赠给刘建章的奖旗上亲笔题词。

1942 年 8 月的一天，延安突降暴雨，延川县县长不幸触雷身亡。老百姓议论纷纷，有人说，雷公为什么没有劈死毛泽东。有关部门要抓这个人，但这件事反映到毛泽东那里，他非但没有迁怒老百姓，反而通过老百姓的不满情绪，了解了征收公粮过重导致农民负担过重的问题，立即指示公粮任务从 20 万担减少到 16 万担，并发表了《组织起来》的报告，号召全边区军民开展大生产运动。

毛泽东要求全边区的党政人员，要以 90% 的精力帮助农民发展生产，以 10% 的精力从农民那里取得税收。他尖锐地指出，凡不注意生产，不用主要精力帮助农民解决"救民私粮"，只顾向农民要"救国公粮"，就是沾染了国民党的作风，沾染了官僚主义的灰尘，就不是好的领导者。

"到群众中去"，就是把从群众中集中起来的、经过加工形成的党的方针政策再贯彻到群众中去，这是一个从点到面的过程，体现了更广大人民群众的利益。这个集中加工，必须是真正为人民说话，满足人民的需要，维护人民的利益，体现人民的意志。

1941 年，中国人民的抗日战争面临严重的局面，如何团结广大民众，振奋精神，同心协力，战胜困难，争取胜利，成为摆在中国共产党面前的根本任务。在陕甘宁边区第二届参议会上，参议会议员李鼎铭提出了"精兵简政"案，毛泽东深夜在油灯下把议案反复看了几遍，充分肯定了这个议案。中共中央于 12 月发出精兵简政的指示，1942 年 9 月 7 日，毛泽东还亲自为《解放日报》写了社论《一个极其重要的政策》，进一步阐发了精兵简政的重大意义。由于毛泽东的重视，陕甘宁边区先后进行了三次精简，各抗日根据地也进行了精简，大大减轻了人民群众的负担，调动了人民群众的抗日积极性，增强了部队的战斗力，提高了机关工作的效率，对度过抗日战争最艰苦的阶段起了很大的作用。

新中国成立后，全国人民代表大会、全国政治协商会议，成为中国共产党集中人民意见，反映人民需求，再通过中央政策为全国人民谋福祉的法定渠道。

任何一项政策，只有人民说好才是真正的好。

毛泽东的群众路线，是中国共产党的无价之宝。中国共产党坚持这一条路线，就会深深受到全国人民的拥护和爱戴，就会永远立于不败之地。

这一路线真正体现了毛泽东爱人民、靠人民、为人民的人民领袖情怀。

五、人民万岁

1949年10月1日6时，毛泽东疲倦地走出办公室，又是一夜未眠。周恩来几次来电话，让警卫员负责催促毛泽东休息，因为他已经连续几天开会，非常紧张、疲劳，下午还要举行开国大典。毛泽东听了周恩来的话，在警卫员再三催促下，回去休息，嘱咐警卫人员下午1时叫醒他。

下午1时，毛泽东揉揉眼睛，起床洗漱、吃饭，穿上了黄色美国将校呢布料做成的中山制服；2时步行到勤政殿，与已到的朱德、刘少奇、任弼时、张澜、李济深、宋庆龄等国家领导人见面；接着主持召开了中央人民政府委员会第一次会议，一致决定接受《中国人民政治协商会议共同纲领》为政府施政方针。

会议选举林伯渠为中央人民政府委员会秘书长，任命周恩来为中央人民政务院总理兼外交部长，毛泽东为中央人民政府人民革命军事委员会主席，朱德为中国人民解放军总司令，沈钧儒为最高人民法院院长，罗荣桓为最高人民检察署检察长。

委员们随即宣示就职，并宣布中央人民政府于1949年10月1日成立。

会议结束以后，毛泽东、朱德、刘少奇、周恩来等领导人离开勤政殿，到天安门参加开国大典。

下午2时30分，领导人分别乘车，经中南海的东门，从故宫西华门往南拐弯，在中山公园后门进了故宫阙右门，5分钟后便到了天安门城楼的后边。

毛泽东等党和国家领导人下了汽车，从西头登了100个台阶上了天安门城楼。

天安门城楼粉饰一新，焕发出夺目的光彩。大十字的广场上，群众身着节日盛装，翻卷的红旗犹如红色的海洋，洋溢着庄严而隆重的节日气氛。

下午 3 时整，当毛泽东登上最后一个台阶的时候，广播员激动不已，大声说："毛主席来了！毛主席健步登上了天安门城楼！"顿时，天安门广场掌声雷动、经久不息。不大一会儿，林伯渠秘书长宣布典礼开始，毛泽东走到麦克风跟前，庄严地向全世界宣布：中华人民共和国中央人民政府已于本日正式成立了！

刹那间，整个广场欢声雷动、呼声如潮，接着，毛泽东按动电钮，中华人民共和国第一面五星红旗徐徐升起。随着国旗的升起，54 门礼炮（代表当时确认的全国 54 个民族）同时射出 28 响（象征中国共产党从 1921 年到 1949 年的 28 年奋斗历程）。礼炮响过，毛泽东宣读了中央人民政府第一号公告，明确中华人民共和国中央人民政府是代表中华人民共和国全国人民的唯一合法政府。

阅兵式开始了，朱德担任检阅司令员，聂荣臻任总指挥。阅兵式持续 3 个小时，直到黄昏，天安门广场忽然一下子灯火齐明，花炮竞响，欢呼的人群开始游行。游行队伍经过天安门时，人们都高兴得手舞足蹈，一阵高过一阵地喊着：毛主席万岁！中华人民共和国万岁！声响震云霄。

毛泽东的心情无比激动，他深深知道人民呼声的内涵，他更理解人民的情感，情不自禁地挥动着右臂高声地喊着："同志们万岁！""人民万岁！"

从午后 3 时到晚上 10 时，近 7 个小时，毛泽东右手举累了就换左手，左手举累了就换右手，不时地高呼着"人民万岁！""同志们万岁！"听到毛泽东的声音，楼下的万岁声越呼越响，越呼越烈，毛泽东激动地探身栏杆外，后又走下主席台，沿着城楼上的烟道从西走到东，又从东走到西，向人民致意。

大典结束，毛泽东回到菊香书屋，激动地说："人民喊我万岁，我也喊人民万岁，这才对得起人民呀。"

这一历史时刻，太需要我们后人感悟这一伟大时刻：这一刻，结束了中华民族百余年的耻辱！这一刻，一个人民的中国站起来了！

这一历史时刻，对于认识毛泽东的民本精神，具有重要的表述意义。这一刻，毛泽东与人民，一呼一应，一应一呼，领袖与人民水乳交融的深情厚谊展露得淋漓尽致，这在人类历史上前所未有。

"人民万岁"，这个划时代的一呼，把人民这一概念升腾到了无限。

"人民万岁"，把历史颠倒了过来，让被压迫的"上帝"站了起来。

中国的封建社会历史久远，皇帝是真龙天子，是至高无上的君主，统治着国家和人民，所以，万岁，是皇帝的专用专享。

毛泽东把万岁还给了人民，因为，在他的心中，人民才是真正的"上帝"。

"人民万岁"，正是毛泽东内在民本精神的独白。

在毛泽东的灵魂深处，存在一位终生崇敬的"上帝"。"这位'上帝'就是生存于中国大地上真心实意地拥护革命和建设的亿万中国人民。这是真正创造人类文明、推动历史前进的唯一存在的人间'上帝'。"

毛泽东没有喊过皇帝万岁。他出生时，皇帝还在，小孩子用不着喊万岁；上学时，社会正努力推翻皇帝，到他为人民打江山时，他致力于推翻"三座大山"，"惜秦皇汉武，略输文采；唐宗宋祖，稍逊风骚。一代天骄，成吉思汗，只识弯弓射大雕"。他敬重的是人民。

外国好像也有万岁一类的词。比如，在前苏联叫"乌拉"。苏联革命时，人民把"乌拉"呼给了列宁，但没有资料表明列宁也呼了人民"乌拉"。

马克思是精神领袖，他把理论研究到了极致，但他没有机会接受无产阶级的一呼，也没有机会一呼无产阶级。

只有毛泽东。

毛泽东是那样的不同，他不信神，人民把他封为神；他不信宗教，人民把他宗教般地拥戴。

人民喊我万岁，我也喊人民万岁，这才对得起人民。这就是毛泽东的真实心理。

人类社会就是这样，你把人民看得至重，人民把你看得至高。

六、敬畏人民

毛泽东是位世界级的理论大师，有人把他与马克思并列，他著有许多永垂不朽的理论经典。

毛泽东还是位少有的文章巨匠，有人把他称为中国第一作手，他著有大量佳作名篇。他的许许多多语录名句，已经成为社会的基本语言。但有一句话却让作者更为深思揣摩不放，这句话就是"人民会说话的"。

"人民会说话的"，表明了毛泽东对人民的敬畏之心。

这句话是毛泽东对他的亲戚讲的。毛泽东有6位亲人为中国革命献出了宝贵的生命，还有不少亲戚为中国革命作出了贡献。新中国成立后，有一些亲戚找毛泽东帮忙安排工作，毛泽东讲，共产党人不能像蒋介石那样搞裙带关系，一个人当了官，沾亲带故的人都可以升官发财。那样，"人民会说话的"，就会脱离群众，早晚会垮台。

毛泽东堪为中外国家领导人清正廉洁的典范，他从未为子女亲属开过后门，不仅如此，他对子女亲属以及身边工作人员要求得更加严格。

毛泽东平时不爱流泪，但就是听不得穷苦老百姓的哭声，看到他们受苦，忍不住要掉泪，所以他对人民群众心慈乐善，又怕人民说话，就对子女管教严格得近乎苛刻。延安时期，毛泽东的女儿李讷，7 岁就自己拿着小瓷缸，排在战士们中间，轮到自己时打一小瓷缸盐水煮黑豆吃。新中国成立后，李讷在北京大学读书住学校集体宿舍，每个星期六一个人骑自行车回家，从不让公车接送。三年自然灾害时期，李讷有一次星期六回家，非常难得地和父母一起吃一顿饭。毛泽东有规定，子女和阿姨吃，不允许他们享受公家给予自己的待遇。李讷狼吞虎咽，毛泽东和江青便不吃自己的一份，一并让给李讷吃。因为当时毛泽东和全国人民一样，吃饭也是定量的。李讷打扫完所有的饭菜，连刷盘子的开水都喝了。这情景令卫士们都留下了眼泪，而毛泽东却以井冈山时期调查一天才能吃上一顿饭来安慰。

从农民是中国革命的第一力量，人民群众是历史的创造者，到让人民当家作主，再到终生不懈地为人民服务，一直到临终还放不下人民群众，都透彻地表明了毛泽东敬畏人民的心态。

毛泽东缘何有此种心态呢？这似与他年轻时多次游学有关。毛泽东曾谈及，他们以乞丐的方式游学，穷苦农民对他们更加同情，给他们吃的、喝的，而富人则不然。穷苦老百姓心地善良，具有像菩萨那样的普爱。这深深触发了毛泽东那天性善良的特质。所以，"毛泽东在一生的革命实践中，表现出了深厚的、浓烈的、稳定的、持久的热爱群众的感情"。"他在建国后的 20 多年时间中，热爱群众之心经久不衰，热爱群众之言连绵不断，热爱群众之情足为典范。"

敬畏人民，值得为官者万世效仿。

新中国，人民的领袖，人民的政府，激励着天下名流、贤达为人民做事。

黄炎培因与毛泽东的"窑洞对"在中国大名鼎鼎。新中国成立后，黄炎培担任了中央人民政府委员、政务院副总理兼轻工业部部长。

黄炎培不做旧社会的官。早年，北洋政府曾两次任命他为教育总长，他都坚辞不就。当他要出任新中国的"官"时，他的大儿子黄大能问他："怎地年过70而做起官来了？"他说："人民政府，是人民的政府，是自家的政府。自家的事，需要人做时，自家不应该不做，是做事，不是做官。"

这正是：弘扬民本精神，为人民做事，不做人民的官。

第六章

斗争精神

　　毛泽东的斗争精神，指的是毛泽东对抗敌人、灾难、艰险、痛苦的精神。毛泽东的斗争精神最为世人所熟悉，他一生不曾向任何敌人低头，不曾向任何灾难、困苦示弱，斗争艺术纯青，斗争实践多彩，斗争功绩辉煌。

　　毛泽东的斗争精神，也招来了他的敌人和对手的憎恨，因为他们的图谋没有得逞，他们的耻辱被历史所记载，不过，毛泽东的斗争精神，实为中华民族的至大瑰宝。没有毛泽东的斗争精神，可能就没有中华民族今天的辉煌。

一、斗争实践多彩

　　毛泽东具有超奇的斗争实践，在常人眼里绝不可能的事，发生在毛泽东身上，就变为事实，成就了中华民族的斗争史诗。

　　他的斗争实践无所不包，从青年到暮年，构成一幕幕宏伟画卷。

（一）一师初试手

毛泽东在第一师范读书五年半，有两件事可以记入他的斗争实践。

一是驱逐校长。张干，是毛泽东在第一师范读书时的校长。从当前看到的资料，张是一个有才干、有魄力的年轻校长，由于多收学费问题，与学生顶了牛，学生们认为张干媚上，私德不淑。毛泽东认为攻击张干私德不淑没有抓住要害，自己出手拟就《驱张宣言》，组织"学潮"，驱逐张干校长。恼怒至极的张干，要挂牌开除以毛泽东为首的 17 名学生，支持学生的老师们以罢教的形式逼张干收回成命。最终，张干郁闷地离开了第一师范。

毛泽东的斗争初露锋芒，就是这样的奇迹，学生"开除"了校长。

二是缴械溃军。辛亥革命后，军阀连年混战，老百姓深受兵荒马乱之苦。第一师范 1916 年成立了一个营的学生志愿军，担任护校任务。1917 年下学期，毛泽东被选为学友会的总务（相当于后来的学生会主席），负责领导全校的学生志愿军警卫巡逻。是年 11 月 18 日，护法战争中失败的北洋军第八师王汝贤的部队溃退长沙，一路烧杀抢掠，无恶不作。第一师范地处长沙南门，一部北洋军约 3000 人，溃退到猴子石地方，在河边徘徊。猴子石离第一师范 20 来里路，学校里颇为紧张。毛泽东力主学生不离校，并把学生志愿军和同学中的体育运动员组织起来保卫学校。胆小的同学和某些教员躲在后面寝室的天井里，不敢动一动。全学校的人员都听毛泽东指挥。

毛泽东认为，溃军徘徊是不明城里情况，可以设法将这些溃兵赶走。于是，毛泽东联络附近的警察分所的警察，利用他们仅有的几支枪，以少数人扼守校后妙高峰，迅速组织学生志愿军中胆子大的一部分人分成三队，绕到猴子石附近的几个山头上，对溃军形成居高临下的包围之势。黄昏时候，等溃军距离不远时，毛泽东命令警察放枪,拿木枪的放爆竹,加上大声呼喊,震慑了溃军,经交涉,3000 余名溃军最后缴了枪。毛泽东命令溃军放下武器,后退几十步,由学生收拾枪支,后由商人每人发四元遣散费遣散。

后有同学不无担忧地问毛泽东:万一败军开枪还击,岂不甚危。毛泽东回答:"败军若有意劫城,当夜必将发动,否则,必是疲惫胆虚,不敢通过长沙城关北归,只得闭守于此,故知一呼必从,情势然也。"

毛泽东的军事行动,初试手,竟是如此不可思议,学生拿木枪缴了正规军的械,而且如此老到,判读精准,计谋缜密,以劣胜强。

(二)工人运动第一旗

工人运动,是被列宁证明了的正确道路。中国共产党建立后,学习苏联开展工人运动。资料显示,毛泽东应是中共领导人中践行工人运动的第一人,领导组织了安源路矿工人大罢工、长沙泥木工人大罢工、长沙铅印活版工人大罢工等,其组织领导的规模、创造性的理论与组织形式,都堪为中共工人运动史上的第一旗,更是得出了与列宁相反的结论:工人运动在中国革命中走不通。

下面只简述毛泽东组织领导安源路矿工人罢工的斗争实践。

第一次到安源。1921 年 9 月,毛泽东第一次来到安源煤矿,领导工人开展运动。党的第一次全国代表大会结束后毛泽东 9 月就到了安源煤矿,期间仅有 30 天的间隔,从这个时间推算,毛泽东无疑是中共开展工人运动的第一人。

毛泽东这次在安源住了一个星期,考察、访问了洗煤台、修理处、翻砂房、工人餐宿处等几十个地方,宣讲理论,和工人交朋友。

第二次到安源。1921 年 11 月中旬,毛泽东第二次来到安源煤矿,白天访贫问苦,晚上接待一批又一批来访的工人群众,夜以继日地宣传发动工人群众。

第三次到安源。1922年1月，毛泽东派刘少奇、李立三、蒋先云等到安源开展工作，以平民教育的合法形式办起了工人夜校，通过"十人团""百人团"等形式组织工人，建立了工人党支部，成立了安源路矿俱乐部，到9月俱乐部发展到了7000多人，还建立了工人纠察队。在此基础上，毛泽东于9月上旬第三次来到安源煤矿，策划组织大罢工。17000多人的路矿大罢工9月14日凌晨开始，最终迫使路矿当局接受了工人的条件，罢工斗争取得了伟大胜利。

第四次到安源。为了巩固大罢工斗争的胜利，毛泽东1922年冬第四次来到安源了解情况，总结经验，指示吸收罢工斗争中的优秀工人入党。在毛泽东的指导下，安源建立了13个党支部、26个团支部，扩大了工人俱乐部、工人夜校、工人纠察队，俱乐部成员发展到13000多人，还办起了工人消费俱乐部，毛泽东亲任消费合作社经理，形成了坚强的领导核心。

第五次到安源。1923年京汉铁路工人"二七"大罢工失败后，全国工人运动处于低潮，大多数工会组织被关闭，而安源工人运动却仍持续发展，成为全国工人运动的一面旗帜。这可以清晰地看出毛泽东组织力的不同凡响。毛泽东根据"二七"大罢工失败的惨痛教训，认识到工人运动的孤军难鸣，主张工人运动与农民运动的联合。1923年4月，毛泽东第五次来到安源，号召工农大联合，把革命推向广大农村，指示安源的工人党员干部到乡村去，实际形成了工农运动的紧密结合。

毛泽东创造了属于他自己的"工运与农运联合"的方式，也为下一步革命积蓄了力量。

第六次到安源。在毛泽东的领导下，安源工人有的留矿继续斗争，有的参加北伐，有的参加毛泽东的农民运动讲习所，然后分赴各地区任农民运动特派员，大部分人深入到湘赣边区农村，成为农民运动的骨干。1927年蒋介石实行"四一二"大屠杀，中共召开八七会议，毛泽东提出"枪杆子里面出政权"的伟大思想，决定举行秋收起义，这样，安源的工人和萍乡、醴陵的农民就成为毛泽东秋收起义的主要力量。1930年9月，毛泽东和朱德率领红军到安源，2000多工人参加了红军。

安源工人，从秋收起义到1930年，先后4000多人参加了红军。红军的第一个工兵连就是由200多名安源工人组成的。

安源工人为毛泽东贡献了力量，为中国革命作出了巨大贡献。

毛泽东为组织发动安源工人运动，先后6次到安源，加之同时期的长沙工人运动的组织发动，可以看得出，这一时期，毛泽东用主要精力进行了工人运动斗争。有著作分析，很难准确计算出毛泽东到底搞了多少次工人运动，光是大罢工他就搞了10次，他先后组建了2个大的工人俱乐部、6个行业工会，可谓工人运动第一旗。

工人运动斗争实践，使他天才地发现：在中国仅仅依靠工人运动取得革命胜利是不现实的，中国革命的第一力量是农民。因为中国80%以上是农民，工人基数小，又在城市，形不成势力。

这样，他就否定了当时的中央路线、否定了苏联的革命斗争模式，开创了中国式的革命斗争道路。

（三）武装斗争

作战，是斗争的最高形式，这也是毛泽东最为拿手的、最让后人叹为观止的功力之一。

毛泽东实际上在组织领导工人运动斗争中，通过工人运动血的教训，就已十分清楚地关注枪杆子这个撬动反动统治的世俗巨力，所以，八七会议上，他告诫全党："要非常注意军事，须知政权是由枪杆子中取得的。"

毛泽东关注枪杆子，一出手就非同寻常。他首擎共产党造反的大旗，从创建人民军队开始奠基，把建军、建党、建政捆绑在一起整体推进，形成了一个可以抵御任何狂风恶浪的三维柱体。

道理正是这样：单一建军，几百号人，没武器，又没经费，毫无战斗力。把建党捆绑进来，班有党小组，连有党支部，营以上有党委，用共产党的先进理论为军人注入灵魂，就增强了军队的战斗力。如果仅是建军、建党而不建立政权，军队就没有后方，兵员、给养就没有来源，家眷就没法安置，这支军队就永远长不大，就永远是山大王。建军、建党、建政一体，就会不断滚动发展。当然，这招只有像毛泽东这样的全能天才才能使得。

毛泽东是一个天生具有统帅特质的大师，他知道如何锻造他的力量，他告诉他的这支人民的军队，要全心全意为人民服务，在人民这个汪洋大海中不断滋养能量，最终，他的军队成为不可战胜的军队。22年，几百人的农民军，不曾有任何像样的武器，打败了得到世界最发达国家军事援助的几百万正规军队，取得了建立全国政权的伟大胜利。

（四）非一战不足以图存

抗日战争，是中国亡国亡种的决死战争。这场战争，毛泽东早在23岁读师范的时候就准确地预言过。

1916年7月25日，毛泽东在给同学萧子升的信中说：日本是中国的劲敌，20年内必有一战，中国非一战不足以图存。他为此以改造中国与世界的绝大志向，"磨砺以待日本"。

20年后，1937年7月，这场战争不幸被毛泽东言中。

世上的很多事情是很奇特的，一切好像有只无形的手在安排着。好像人的命运，阴差阳错地往那里碰，躲都躲不掉的。

毛泽东准确预测到了这场战争，领导中国共产党和中国人民进行伟大的抗日战争，并最终取得了这场战争的伟大胜利。

有人说蒋介石无能，他既没有正确的抗战战略思考，又没有有效打击日本侵略者的战术方法，再加上武器不如日本人，是必败无疑的。我同意这样的看法，但还需要补充认识。

蒋介石不敢与日本人斗，也不愿与日本人斗。

中国有幸、中华民族有幸，好在有毛泽东。毛泽东"要打到鸭绿江边！要收复一切失地！"

1935年华北事变，毛泽东就敏锐地指出日本帝国主义要变中国为它的殖民地，中国的一切阶级和一切政治派别，必须建立广泛的统一战线，坚决反抗日本帝国主义的侵略。

这就是毛泽东，在他自身还面临被国民党消灭的艰难环境中，就已旗帜鲜明地把斗争对象指向了中华民族的敌人，为此，他领导中共发表《抗日救国宣言》，停止阶级战争、组织抗日联军，广泛动员组织民众，指明反对日本帝国主义的策略。

1937年7月7日深夜，日本侵略军突然向驻守卢沟桥附近的中国军队发动进攻，这就是被载入史册的卢沟桥事变。

由于此前日本曾多次制造武装挑衅事件，在许多人还看不清局势的情形下，毛泽东立刻判断：中华民族已处于生死存亡的关键时刻，只有全民族团结抗战，才是中国生存和发展的唯一出路。

7月8日，也就是卢沟桥事变的第二天，毛泽东和中共中央率先向全国疾呼：平津危急！华北危急！中华民族危急！要实行全民族的抗战。号召"全中国同胞，政府与军队，团结起来，筑成民族统一战线的坚固长城，抵抗日寇的侵掠"。

这一号召，成为全国人民一致抗日的行动目标，实质上形成了对抗日战争的政治领导。

国家已是危亡时刻，而国民政府还幻想对日媾和，希望把卢沟桥事变限制在"地方事件"的范围内。说白了，限制在"地方事件"，就是继续对日退让、与日妥协。

面对国际国内复杂的局势，毛泽东以特有的沉着冷静，进行抗日斗争总揽全局的考虑和部署，一方面筹划统一战线，调动一切手段促蒋介石抗日，一方面领导共产党和军队真正地实行抗日的方针。

这时，毛泽东已经成为中华民族抗日斗争的主角。

在保安的斯诺发现，毛泽东"是一个颇有天才的军事和政治战略家"。

许多日本人发现，毛泽东是"中国现有的最有才干的战略家"。

统一战线促成了，共产党的武装力量，北方的编为八路军，南方的编为新四军。

平型关大捷，中国军队自抗战以来的第一次胜利，是经毛泽东同意，林彪的第一一五师打的。这一仗，打破了日本鬼子不可战胜的神话，提振了中国人的士气。

忻口战役，阎锡山晋军的 10 个团拨归朱德、彭德怀统一指挥，毛泽东周密部署，国共密切配合，将南下的日军主力迟滞 21 天，取得了抗战初期的较好战果。

1937 年 11 月太原失守，华北战局发生根本性变化：以国民党为主体的正规战争已经退居次要地位，以共产党为主体的敌后游击战争开始处于主导地位。

毛泽东敏锐地看清了这种战局的变化，立刻对八路军的下步战略行动作出新的正确部署。放手发动民众，使广大农村变为游击根据地，实现全面抗战之新局面。

毛泽东指示八路军的第一一五师、第一二〇师、第一二九师开辟新的抗日根据地，对日军已占领的华北主要交通线和中心城市形成包围或侧面威胁之势。

毛泽东指导八路军成功取得反日军围攻的胜利，指导聂荣臻晋察冀根据地斗争，部署成立游击兵团，及时把山区游击战推广到平原游击战，指挥新四军开赴华中建立根据地，使共产党领导的敌后抗日游击战争成为抗日战争的亮点，蒋介石要求共产党派人为国民党开班培养游击战人才。

抗日战争进行了 10 个月，北平、天津、上海、南京、徐州等重要城市、要点城市相继沦陷，中国人民饱受日寇侵略战争之苦尤甚。

器不如人、战必败的"亡国论"，在国民政府内、在百姓中充斥；以待外援，正规军决胜的"速胜论"也有市场。

中国的抗战能不能取得胜利？怎样取得胜利？战争的过程是怎样的？国人迷惘。细想一想，这时的中国抗战，已不是军队和武器的问题，即使再多几十万军队充其量就是那么回事，需要的是卓越的智慧和战略。

这只有毛泽东办得到。

毛泽东发表了《抗日游击战争的战略问题》，诚献了雄文圣卷《论持久战》。中国会亡吗？不会亡，最后胜利是中国的。中国能够速胜吗？不能速胜，抗日战争是持久的。抗日战争将经过三个阶段："第一个阶段，是敌之战略进攻、我之战略防御的时期；第二个阶段，是敌之战略保守、我之准备反攻的时期；第三个阶段，是我之战略反攻、敌之战略退却的时期。"

毛泽东告诉国人，第二个阶段是极为痛苦的时期，要熬得过这段艰难的路程。

毛泽东给出了斗法，总体是游击战，战略总方针是：第一和第二阶段，执行主动、灵活、有计划的防御战中的进攻战，持久战中的速决战，内线作战中的外线作战；第三阶段，是战略的反攻战。

《论持久战》震动了国内外。国民党的军事家小诸葛白崇禧说，这是克敌制胜的最高战略设计。现代研究认为，这是中国有史以来，三大著名战略设计中最英明的战略设计。

白崇禧向蒋介石推荐《论持久战》，蒋介石也十分赞成，在蒋介石的支持下，白崇禧归纳《论持久战》的精神为"积小胜为大胜，以空间换时间"，由军事委员会通令全国，作为抗日战争中的指导思想。

梁漱溟访问延安后作了比较：毛泽东对于抗战必胜，以至于如何抗日，怎样发展，讲得头头是道、入情入理，使我信服。"蒋介石的讲话、文告，我听过、看过多次，个别交谈也有若干次了，却没有像这一次毛泽东那样有这么大的吸引力和说服力。"

蒋介石一直不对日宣战。德、意、日签订三国军事同盟，英、美签订军事协定，两大集团的斗争更加激烈，都欲拉蒋介石入盟，蒋介石待价而沽，一方面准备加入英、美同盟，一方面也准备加入德、意、日同盟。毛泽东与共产党，一方面想尽办法拉住蒋介石不降日，一方面动员组织一切力量抗日。

1941年12月8日，日本偷袭珍珠港，太平洋战争爆发，英美对日、德、意宣战，蒋介石此时才对日宣战。宣战是宣战，但蒋介石没能力领导抗战，国军抗战不力，顶不住日军进攻，处处溃退。1944年，日军实行"一号作战"计划，国民党军队望风而逃，豫湘桂大片国土沦丧于日军手中。毛泽东则"蒋介石丢到哪里，我们就到哪里"，在敌后向日寇展开大规模反攻，夺回被日军侵占的国土。

抗日战争这个大盘，必须有灵魂聚控，没有灵魂，抗战是万不能取胜的。这个灵魂，是毛泽东的，而不是蒋介石的。

抗日战争这个大盘，必须有法宝实现，没有法宝，抗战也是不能取胜的。这个法宝，是毛泽东的，也不是蒋介石的。

所以说，中国人民抗日战争的胜利，决定者是毛泽东，是在毛泽东的光辉思想武装下取得的。

（五）农夫与蛇

1949年1月1日，新华社发表了毛泽东《将革命进行到底》

的新年献词，其中用农夫与蛇的故事告诫中国人民和中国共产党要记住这个劳动者的遗嘱，在敌人面前不要怀有好心肠，革命不能半途而废，要坚决不动摇地打倒帝国主义，打倒封建主义，打倒官僚资本主义，在全国范围内推翻国民党的反动统治。

这是一篇战斗的檄文！那么，毛泽东为什么要在中国革命即将胜利的前夕写这样的新年献词呢？

原因不是别的，正是针对苏联和斯大林。这也可以说是毛泽东与斯大林、与苏联共产党斗争公之于众的檄文。实际上，在毛泽东的一生中，与苏联的斗争是最漫长的了。历史也告诉我们，假如没有毛泽东与苏联的斗争，这包括毛泽东与第三国际、与斯大林、与苏共的不同侧面的斗争，就可能不会有中国革命的胜利和中华人民共和国的成立。

当然，这样说并不是完全否定苏联给予中国共产党和中国革命的支援。

我们知道，中国共产党的成立有苏联共产党的指导，毛泽东在中国共产党的领导得到过第三国际的肯定。苏联是第一个承认中华人民共和国的国家，并给予了新中国一定的支持。

但是，苏联给予的伤害和带来的灾难也是巨大的，正是毛泽东以大无畏的斗争精神和高超的斗争技巧，高擎中国革命和中华民族的大旗，战胜了来自苏联的巨大压力和干扰，给中国和中华民族带来了独立和光明。

第一次国内革命战争、第二次国内革命战争中，毛泽东与党内的错误主张和错误路线进行了坚决斗争，因此，自身遭受到极大冤屈、打击和不公正的待遇，这基本上与苏联直接相关。

遵义会议，在没有苏联干预的情况下，选举毛泽东重新回到指挥岗位。在抗日战争中，毛泽东与受苏联共产党指派回国的王明进行了坚决的斗争，顶住了苏联让中国共产党"交权、交枪"的巨大压力，坚持了在统一战线下的独立自主的游击战争，与全国人民一道，彻底把日本侵略者赶出了中国。

日寇投降，蒋介石策划全面消灭共产党。1946年6月，蒋介石不顾全国人民的反对，撕毁《双十协定》和政协决议，悍然发动全面内战，扬言三至六个月消灭共产党及其军队。毛泽东以决绝的斗争意志，充分发挥人民战争的威力，粉碎了国民党军队的全面进攻、重点进攻，不失时机地将自卫战争转入伟大的人民解放战争。

就是在这时，苏联从自身的利益出发，要求毛泽东将军队"停止于长江一线"，认为长江以南广大地区是英、美在中国利益的集中地，如果共产党打过长江去，美国可能出兵干涉，由此可能引起第三次世界大战从而危及苏联。

毛泽东不信邪，也从没有怕过谁，于是就有了《将革命进行到底》的进军号角，也就有了人民解放军百万雄师过长江，迎来了新中国的诞生。

新中国成立后，毛泽东赴苏，顶住斯大林的压力，坚持在国家主权问题上绝不让步，废止了苏联与国民政府签订的不平等的《中苏友好同盟条约》，重新签订了完全国家主权平等意义上的新的《中苏友好同盟互助条约》，签订了《中华人民共和国苏维埃社会主义共和国联盟关于中国长春铁路、旅顺口及大连的协定》，明确"苏联政府将共同管理中国长春铁路的一切权利以及属于该路全部财产无偿地移交中华人民共和国政府"。

斯大林逝世，赫鲁晓夫上台，苏联大国沙文主义毫无改变，仍企图控制中国。1958年，苏联要在中国领土和领海建立中苏共管的长波电台和联合舰队。毛泽东指着赫鲁晓夫鼻子质问，并严词拒绝了苏联这种伤害中国主权的要求。其后，苏联频频向中国施压，1959年，公然偏袒印度对中国边防部队的进攻。1960年，苏联又联合其他国家掀起反华高潮，鼓动东欧一些国家的领导人围攻参加会议的中国代表团，唯恐中国不乱。面对围攻，毛泽东独有豪情，亲自组织舆论反击战，一连"九评"使苏联招架不住，提出休战，中国在国际上赢得了思想理论上的尊重。

1960年7月，苏联变本加厉，撤走在华全部专家，废除两国经济技术合作协议，逼迫中国偿还债务，使本来遭受严重自然灾害的中国雪上加霜。毛泽东以无与伦比的斗争勇气，顶住国际国内的巨大压力，捍卫了国家主权和民族利益不受侵犯。

毛泽东是真正的民族英雄，具有战胜一切敌人的英雄气概，愈压愈坚，愈挫愈勇，不可战胜。1962年12月26日，毛泽东69岁的生日，他在这一天写下了充满斗志的诗篇《七律·冬云》：

雪压冬云白絮飞，万花纷谢一时稀。
高天滚滚寒流急，大地微微暖气吹。
独有英雄驱虎豹，更无豪杰怕熊罴。
梅花欢喜漫天雪，冻死苍蝇未足奇。

不到半个月，毛泽东又以他那独有的豪气，饱含斗争激情，写作了大气磅礴的长调词——《满江红·和郭沫若同志》：

小小寰球，
有几个苍蝇碰壁。
嗡嗡叫，
几声凄厉，
几声抽泣。
蚂蚁缘槐夸大国，
蚍蜉撼树谈何易。

正西风落叶下长安，

飞鸣镝。

多少事，

从来急；

天地转，

光阴迫。

一万年太久，

只争朝夕。

四海翻腾云水怒，

五洲震荡风雷激。

要扫除一切害人虫，

全无敌。

"要扫除一切害人虫，全无敌"正是毛泽东斗争精神的精准写照。

是的，历史告诉我们，一个完全独立于世界民族之林的新中国，是毛泽东、共产党领导下，在国际国内各种复杂的斗争中成长起来的。

这就是历史。了解历史，才能理解毛泽东、共产党对于中国作出的伟大贡献。

（六）"美国人不整是不行的"

"美国人不整是不行的。"这话是毛泽东说的。世界近代史上，还没有其他哪个国家的领导人敢说这样的话，只有毛泽东。

毛泽东有资格这样说。有人研究得出结论，世界上美国第一厉害，因为只有它打击别人，而自己却没有受到过大的伤害。这是较为客观的，所以美国人至今还在充当世界警察的角色。但我们可以自豪地说，美国在与新中国两次大的斗争中，都输给了中国。而领导中国人民战胜美国的，正是毛泽东。更精确地说，没有毛泽东，也不可能有两次对美斗争的胜利。这就是毛泽东的资格，也是世界上再没有第二的资格。

毛泽东说，美帝国主义是纸老虎，"全世界人民团结起来，打倒美帝国主义"。这是毛泽东领导中国人民与美国斗争的真实写照，也是毛泽东斗争精神的真实折射。

第一次与美国斗争，就是抗美援朝战争。抗美援朝战争，是美国逼得中国非打不可的战争。

1950 年 6 月 25 日，美国发动朝鲜战争，6 月 27 日，美国派第七舰队入侵台湾海峡。非常明显，美国侵略朝鲜的最终目的，是要打击刚刚成立的新中国，把新中国扼杀在摇篮里。

毛泽东说："当时我已经看出，美帝国主义已经用三把尖刀插在我们中国的身上，从朝鲜方向来，它用一把尖刀插在我们的头上；从台湾方向来，它用一把尖刀插在我们的腰上；从越南方向来，它用一把尖刀插在我们的脚上。美帝国主义当时就是想要从这三个方向来向我们年轻的中国进攻。我们当时搞抗美援朝的目的，就是不允许美帝国主义打的那个如意算盘得逞。"

当时，美国进攻的矛头，实际上已经直指中国的东北，朝鲜只是它进攻中国的跳板。退一步讲，即使美国不进攻中国，把朝鲜搞垮了，中国的东北也要在美国的威胁中过日子，那样中国的和平建设是绝不可能的。

毛泽东说："如果我们真的置之不理，那我们就正中了它（美国）的下怀，它就会得寸进尺，它就会要走日本帝国主义侵略我国的老路，甚至要比日本搞得更厉害。"所以，毛泽东下决心要和美国打这一仗，而且毛泽东还有更深远的考量和判断，叫做"打得一拳开，免得百拳来"。

可真要与美国人打仗，那确实是一个非同小可的问题。一方面，新中国刚刚成立，到处是一片废墟，穷得叮当响，人民政权还没有完全巩固，财政经济状况很困难，人民解放军的武器装备还相当落后，海军、空军正处于初创阶段。另一方面，美国则是世界上的头号强国，拥有最先进的武器装备，尤其是唯一拥有和使用过原子弹的国家。虽然苏联于1949年8月29日成功进行了原子弹爆炸实验，但没法与美国相比，而且1945年美国在日本扔原子弹的惨烈情形给人们留下的恐惧阴影，还萦绕着世人心头。所以，中国领导层许多人都不主张打，老百姓也担心打不赢。

毛泽东下定了打的决心，就一个人一个人地做工作，最后才终于统一了认识。

毛泽东就是那样不可思议，他不但具有常人没有的英雄胆魄，而且更具有常人不及的高超谋略和智慧。

毛泽东对于和美国打这场战争，可以说是"先胜而后战"。他分析美国的军队有一长三短：一长是武器装备强；三短是兵员不足、补给困难、非正义性。而中国军队为保家卫国而战，士气高昂，兵员充足，利于持久战，不断消灭美国的有生力量，所以，毛泽东得出结论：无论仗怎么打，美国一定要彻底失败。

那什么是"胜"和"赢"呢？是个什么标准呢？毛泽东说："当时我心中的标准是，只要打到美帝国主义愿意坐下来跟我们谈判，我们就是胜利了，我们就打赢了。""我们就可以宣告结束这场战争。"

历史正是按照毛泽东的设计画上了句号。

1953年7月27日，美国陆军上将马克·克拉克获得了一个不值得美国人羡慕的名声：美国"历史上第一个在没有胜利的停战协定上签字的美军司令官"。

美国败了，美国按照毛泽东的预想在谈判桌上签下了第一个失败的协定。

中国赢了，中国人民志愿军打出了军威，打出了国威，新中国在世界上令所有的国家刮目相看。

八国联军侵华战争，那是八个国家的联军，也有美国人参加，结果是清政府惨败至极、丧权辱国，使中国沦为半殖民地。朝鲜战争，中国人民志愿军与16个国家组成的联合国军作战，美国人还在其内，结果是联合国军失败。8∶16，一败一胜。

这是一个有意义的对比，它使我们有充分的理由为毛泽东和中国共产党而骄傲。

有研究认为："在美国人派军舰横在台湾海峡之后，毛泽东做出出兵朝鲜的决策，这是最艰难的也是最了不起的决策。"这场战争，"是中国人进行的最伟大而又辉煌的战争，也是世界战争史上的奇迹，可以让中国人世世代代引以为荣"。

第二次与美国斗争，就是炮击金门。这是一场特殊的战争，兵力不多，也没有刀兵相见，只是示形于炮击，但它却又是一场高智慧较量的战争。这场战争，是一场复杂严重的国际斗争，是包括军事、政治、外交、经济、宣传上的错综复杂的斗争。在这场战争中，毛泽东高屋建瓴，大局把控与细微拿捏浑然一体，武力、宣传、外交，打、停、打，赶跑与绞索，欲纵欲收，一切都在设计中，一切都在掌握中，可谓驾轻就熟、一览众山小，在古今中外的战争史上极为罕见。

1958年8月23日下午5时30分，猛烈的炮火覆盖了金门全岛，世界的目光一起投向台湾海峡，金门炮击战开始了。

炮击金门，是毛泽东决策并亲自指挥的，最终的结果仍是按照毛泽东的预期收场，中国达到了炮击金门作战的目的，挫败了美国制造"一中一台"或"两个中国"的阴谋。

为什么要打这场仗呢？主要是针对美国干扰中国和平解放台湾问题而展开的。中国要和平解放台湾，遭到了美国的极力阻挠。

1957 年 12 月起，美国先是中断中美大使级会谈，继而纵容蒋介石集团对大陆沿海骚扰破坏，使台湾海峡再次出现紧张局势。正是在这样的情况下，毛泽东抓住时机决定发动炮击金门的斗争。

1954 年日内瓦会议前后，美国进一步插手台湾事务，12 月 2 日美台签订《共同防御条约》，暴露出美国预长期霸占台湾的企图。

中国力促中美大使级会谈，但美避谈包括台湾在内的实质性问题，后又采取讨价还价、借故拖延和中断会谈的办法，企图把"一中一台"或"两个中国"固定化、合法化。

1955 年 3 月 3 日美台《共同防御条约》生效后，美国派出协防台湾司令，扩大美国驻台军事顾问团达到 2600 人，派遣空军第十三特种航空队进驻台湾，并部署可携带核弹头的斗牛士导弹和电导导弹。美国国务卿杜勒斯传递扩大金门、马祖等岛屿防御的信息，声言要中国政府消逝。

由此，从 1957 年开始，台海局势紧张起来。台湾国民党军的飞机不断侵入大陆，空投特务、散发传单、轰炸福建沿海，在金门、马祖一线增加兵力达到 10 万人。

毛泽东决定针锋相对，要打。何时打、如何打呢？以文对文，以武对武，先礼后兵。

中国先是两次催促美国恢复大使级会谈，美国不予理睬，接着中国发表"最后通牒"，美国仍是出尔反尔。

毛泽东遂作出空军入闽、组建福州军区空军司令部的指示。

1958 年 7 月 17 日，想趁火打劫的蒋介石，宣布国民党军进入特别戒备状态，摆出了反攻大陆的姿态。紧接着美国向外宣布对华采取"战争边缘"政策，派出 6 艘航母到台海，共集结各类飞机 430 多架，舰艇 60 多艘，企图威慑新中国。

毛泽东不惧任何恐吓，抓住时机，果断决策炮击金门作战。就在此时，苏联要在中国沿海建立长波电台和共同核潜艇舰队事件，毛泽东先是摆平了赫鲁晓夫，又斟酌了联合国要通过美国扩军的决议会期，酌定为 8 月 23 日开始炮击。

在此期间，中国一系列的宣传和外交争取国际的支持，取得了舆论主动，炮击做到了有礼有节。

如何打，毛泽东的作战方针是：直接对蒋，间接对美。在具体处理上，不惊动英国人，不打美国人。

第一波次的炮击作战，基本封锁了金门，使美国慌了手脚。毛泽东用几万发炮弹，成功地进行了火力侦察，侦察了美国人的决心，考验了美国人的决心。

紧接着，毛泽东又作出一系列指示，炮击必须有节奏地进行，打打看看，看看打打；海军、空军不进入公海；蒋机不轰炸大陆，我不轰炸金、马；蒋军轰炸大陆，我轰炸金、马，但不轰炸台湾；我军不主动攻击美军，美军如果侵入我领海、领空，坚决打击。

封锁金门后，蒋军供应困难，美国军舰护航。毛泽东又下令"只准打蒋舰，不准打美舰"。

时任前线总指挥的叶飞后来回忆说，"我们的炮声一响，美舰不但没有还击，反而掉转头就跑"。"事后我才明白，毛主席这个动作很高明。主席的意图是要摸美国人的底"，到底敢不敢和我们打。

毛泽东先是摸清了美台《共同防御条约》的底，所以炮击金门要把美军从台湾赶出去，让蒋军从金、马撤退，给大陆让出厦门、福州的港口。因为，金门岛把厦门变成了一个死港，马祖岛塞住了福州的闽江海口。

但当美军由"战争边缘"政策调整为"脱身"政策后，毛泽东又作出了"绞索政策"：美军舰护航，我就打炮，今天打一炮，明天打一炮，使美蒋不得安宁，这就把美国套牢了，使得美国以金、马换台、澎，搞"两个中国"的图谋搁浅。

炮击加宣传加外交，使得美国由硬变软了，要坐下来与中国会谈了，毛泽东又实行了双日不打单日打和实行预告炮击，告诉金门军民，什么时间打炮，什么时间不打炮，什么时间你们可以充分自由地补给供应。

这就告诉了台湾同胞，我们是一家人，不关美国人的事。美国人要插手，我们就打，美国人不插手，你们可以安全补给。你们也看到了，炮一打，美国人就跑，它们是靠不住的朋友。

同时，根据美国人要陈诚当总统替代蒋介石的安排，毛泽东放出消息支持蒋介石，又给了蒋介石继续任总统的资本，使台湾控制在蒋氏手上，避免美国阴谋得逞。

炮击金门作战沉重打击了蒋介石反攻大陆的嚣张气焰，粉碎了美国控制台湾海峡、制造"一中一台"或"两个中国"的图谋，确保了中国主权和国家安全。

美国是当今独一霸的超级大国，从历史上看，新中国成立至今，美国一直在背后鼓捣中国，如何与美国打交道，毛泽东炮击金门作战与美国斗争的精神值得研究和品味。

炮击金门作战期间，毛泽东还提出了和平解决台湾问题的基本方针，这就是被周恩来归纳的对台"一纲四目"，也就是后来"九二共识"的基本精神。

（七）一战图安

学习研究毛泽东，使人深刻地感受到，毛泽东既是世界上最英明的军事统帅，又是世界上最真诚热爱和平的军事统帅。他为生存被逼拿枪上山，即使是在他拥有完全胜利把握的情况下也真诚希望与蒋介石和平解决问题，对日、对美、对苏都是如此，1962年的对印自卫反击战争，毛泽东的这种特质就表露得更加清楚。

1962年10月20日，印度军队集中1个军部、1个师部、4个旅、21个步兵营共22000余人的兵力，在中印边境东段、西段向中国发动了侵略战争。

中国边防部队奋起反击，迅速击退印军的进攻，并随即在东西两线向印度侵略军实施了坚决勇猛的自卫反击作战。

这是中国军队克制忍让了 10 年的第一次反击作战。

为什么要一忍 10 年呢？这就不能不说到毛泽东对印度和平解决边界争端的方针。那么，毛泽东的方针是什么呢？就是无论如何不要打，克制忍让，力争避免流血，要通过和平谈判解决边界问题。

1951 年，印度乘中国抗美援朝之际，非法向"麦克马洪线"以南推进，侵占了中国 9 万平方千米的领土；1954 年至 1957 年，又侵占了中印边界中段巨哇、曲惹、香扎、波林三多、拉不底和西段的巴里加斯共 2000 多平方千米的领土。毛泽东考虑到中印边界是复杂的历史问题，又考虑到发展中国家睦邻关系以及复杂的国际斗争问题，所以对印度的扩张行径，主张晓之大义，以谈判解决。

1959 年中国西藏进行平叛后，印度公开向中国提出领土要求，毛泽东继续坚持和平解决的方针。1959 年 8 月和 10 月，印度军队挑起朗久和空喀山口事件后，毛泽东提出中印双方在边界实际控制线各自后撤 20 千米的主张，在遭到印度无理拒绝后，中国单方面履行，巡逻改在后撤 20 千米的内侧，并在 30 千米内不打靶、不平叛、不演习、不打猎等，对印度做到了仁至义尽。

1961 年，中国人民解放军胜利实施西藏平叛，粉碎了印度策划西藏独立的阴谋。印度又制定了侵占中国领土的"前进政策"，开始了向中国领土的不断蚕食和推进。进入 1962 年，印度更是有恃无恐，不断向中国边境增兵，步步向前推进，致使中国边防部队不能正常巡逻、执勤，边防哨所安全受到严重威胁。

是年 7 月，周恩来向毛泽东汇报：边防部队被印度欺负得不得了，部队指战员要求自卫反击，我和罗瑞卿、邓小平、刘少奇也主张打击一下印度的嚣张气焰。

即使如此，毛泽东仍坚持说："就让他欺负，无论如何不要打。"

这就是毛泽东一个军事统帅对和平的真诚，他知道一旦打仗是要死人的，所以，他以极大的克制尽量避免发生战争。这就是毛泽东，他一生都在努力地追求和推动世界和平。

扫了他！毛泽东有着无比的斗争豪气和斗争意志，他追求和平，但别人破坏和平，非与他兵戎相见不可时，他会压倒一切，战无不胜。扫了他，就是毛泽东发出的对印自卫反击作战的命令。

毛泽东明确地告诉世界："中国决不屈服于美苏和印度的压力，就是他们一起动手，陆、海、空一起来，也休想侵占我们一寸领土。"

毛泽东提出，对印"不打则已，要打就要能起码保证边界一带几十年的安定"。毛泽东说到做到，真就是一战保安50多年。

中国人民解放军，毛泽东缔造的军队，就是那样给力，毛泽东说扫了他，中国边防部队就扫了他。当然，这是在毛泽东亲自指挥下。对印自卫还击作战的打、停、进、撤，都是毛泽东亲自决断的。

东线，在张国华将军指挥下，风卷残云，印度第7旅溃不成军，准将旅长连同准备逃跑的飞机一同成了中国人民解放军的战利品。坐飞机逃跑都来不及，这是什么样的进攻速度。

西线，在何家产指挥下，只经1小时战斗，即全歼了守敌，接着迅速拔除了印军31个侵略据点。

要说印度真是太不自量！你不想一想，世界第一的美军，在朝鲜战场被中国人民志愿军打得老老实实坐下来谈判，你比美国还强？

其实，印度是看准了时机的。20世纪50年代末60年代初，中国四面受敌。中美对峙，美国在中国南面、东面进行严重的军事威胁；中苏关系破裂，苏联对中国施行高压政策；蒋介石在美国支持下要反攻大陆；美苏在国际上掀起了一股反华浪潮，支持印度在西南牵制中国；中国国内又正处于三年自然灾害的困难时期。所以，中国的克制忍让，被印度误判为软弱、害怕，故而印度总理尼赫鲁要对中国"可以自由地发动有限战争"，国防部长梅农"要同中国打到最后一个人，最后一支枪"。

打好好和。毛泽东在决定教训印度时，对东西线部队指挥员说，要打就要打狠，打是为了和，不打不好和，打不好也不好和，他还要搞到拉萨来。

毛泽东教训印度，目的还是要印度回到和平解决上来，这是毛泽东一以贯之的立场。所以中国边防部队教训了印军后，毛泽东即发表声明，提出停止冲突、重开谈判、和平解决边界问题的建议。

毛泽东和中国政府的这种和平善意，遭到了印度拒绝。印度宣布全国处于紧急状态，成立了"应付紧急情况内阁"，重新调兵遣将，又集结了 30000 余人的兵力向中国边防部队发起了更加猛烈的进攻。

这说明还没打狠。中国西藏边防部队进行第二阶段反击作战，亦如同摧枯拉朽，只经 5 天激战，就逼近了中印边界传统习惯线，全歼印军 3 个旅，基本歼灭印军 3 个旅，另歼灭了印军 5 个旅的一部，击毙印军第 62 旅旅长准将以下 4800 人，俘虏印军第 7 旅旅长准将以下 3900 余人，缴获大量武器装备和军用物资，印度国内惊恐万状。

就在世界各国纷纷预测中国将乘胜进攻时，毛泽东却突然收兵，要中国军队全线停火，主动后撤，并指示向印军交还缴获的武器装备和物资，交还所有的战俘。

这真是难以置信，令全世界大吃一惊。许多国家和地区的报纸和政府首脑纷纷发表社论和评论，赞扬中国军队的伟大举动。认为这一招使得漂亮之极、潇洒之极，使打算浑水摸鱼的帝国主义战争贩子遭到了挫败。

向进攻自己的敌军交还战利品，这又是一个史无前例的举动，向全世界更加表明了中国的和平诚意。

印度政府和军队，既挨了打，又输了礼；既不甘心接受停火，又不敢反对停火；既不愿言和，又不敢再打；既不敢讲胜利，又不敢讲失败。印度报纸承认，印度"处于进退两难的悲惨境地"。

毛泽东的这一英明决策，使中国在军事、政治、外交斗争上赢得了极其有利、主动的地位，博得了国际舆论的高度赞扬。

毛泽东的斗争精神就是这样深奥，是我们取之不尽的宝藏。只要有国家存在，国际上的斗争就不会停止，学习领会毛泽东的斗争精神就尤为必要。

二、桌面对决妙法胜算

斗争是多维面的，既有前线的刀兵相见，也有桌面的斗智斗法。毛泽东挥戈作战谓之军事家中之大师，桌面对决堪称高手中之奇手。而这一切皆源于毛泽东斗争精神的辐射。

（一）重庆谈判

重庆谈判，是国共两党的桌面对决，也是两大政党之间的对决。毛泽东利用蒋介石搭起的舞台，四个回合，皆处主动，戳穿了蒋介石的和谈假戏，真演了共产党救国救民的大剧。正是：雄伟胆略彪青史，斗争艺术留美谈。

第一回合，邀与赴。蒋介石消灭共产党与人民军队，是他既定的决心。而抗日战争中，蒋介石和他的军队消极抗战、片面抗战，最后龟缩到了中国的西南一隅。抗战结束后，一心要消灭共产党和人民军队的蒋介石，就一时来不及完成消灭共产党和军队的军事部署，所以，抗战结束的当天即电邀毛泽东到重庆谈判，而且1945年8月14日、20日、23日一连三次致电，他要通过假谈判以争取调兵遣将的时间。这一假谈判的把戏，也蒙蔽了许多人，使蒋介石成为人们注目的中心。

蒋介石要假和平之名，行准备内战之实，此招也不失为"高明"

之举。

　　蒋介石的这一招，可谓一箭三雕。一曰，毛泽东不来，是共产党拒绝谈判，则可将内战的责任强加于毛泽东，达到嫁祸于人的目的。当然，蒋介石分析毛泽东不敢来，也不希望毛泽东来。二曰，毛泽东来，则可通过谈判诱骗共产党交出政权和军队，达到通过谈判消灭革命势力的目的。三曰，毛泽东即使不交出政权与军队，也可利用谈判争取加紧内战的军事准备。

　　毛泽东对蒋介石的假和平阴谋洞若观火，但他深知中国人民打了8年仗，急切盼望和平，医治战争创伤。所以，他立足"两点"决定亲入"虎穴"：一是争取，即虽然争取和平的可能性极小，但只要对人民有利，就应极力争取。二是揭露，即揭露蒋介石假和谈真内战的面目，团结教育全国人民。

　　这样，毛泽东应战的招法，就成了以真对假、以实对虚，结果就是，蒋介石由主动变被动、由中心变偏裨，毛泽东则由被动变主动、由侧位变主角。

　　蒋介石是不讲信誉的小人，曾以开会、吃饭等名义扣押李济深、胡汉民等资深的国民党要员，而毛泽东又是蒋介石一直缉拿消灭的"共匪"头子，危险不言而喻，可就在同志与友人劝阻、中间派人士疑盼时，毛泽东于1945年8月28日下午3时，真就来到了重庆。

　　毛泽东的惊人之举，立刻轰动了整个山城。他被形容为弥天大勇，成为人民心目中的英雄，成为国家和平的象征、中国未来的希望。

　　《大公报》把毛泽东赴渝，与抗战胜利、《中苏友好同盟条约》视为中国的"三喜临门"，重庆各界人士以各种方式欢迎毛泽东。

　　这一回合，毛泽东由偏位变成了注目的中心，占据了主动。

　　第二回合，让与拒。毛泽东来了，蒋介石没想到，所以如何谈自然也就拿不出方案。9月3日，毛泽东首先提出了谈判的八项原则，周恩来、王若飞等将其拟成11项具体谈判方案。蒋介石随召集幕僚应对，以"军令政令统一"出招，要共产党交出军队和边区，也算是亮出了消灭共产党和军队的底牌。谈判嘛，总得谈。毛泽东又以普选加政府任命为案应对蒋介石，蒋介石自以为占不到便宜，不干。毛泽东又以让出江南8个省内的解放区、区内的人民军队调往北方的巨大牺牲为案，蒋介石仍然不干。在军队问题上，毛泽东以共产党的军队缩编到48个师、43个师、24个师、20个师，一让再让，使得蒋介石无话可说，蒋介石仍然不干。

毛泽东的让，蒋介石的拒，把蒋介石的阴谋暴露在了光天化日之下。世人看清楚了，毛泽东是真正地为国家争取和平，蒋介石则是以和平为幌子，想消灭共产党及其军队。

毛泽东的让，也是有条件的，就是为了国家和平。但蒋介石想吞并共产党及其军队，毛泽东是坚决不干的，他要以人民的武装为人民打江山，所以，毛泽东坚决不交人民武装，他说："人民的武装，一支枪、一粒子弹，都要保存，不能交出去。"

这二回合，蒋介石暴露了阴谋，失去了广大民众的支持。

第三回合，打与谈。谈判，蒋介石完全陷于被动，就以军事进攻来扭转局面，妄图以军事进攻逼迫毛泽东作出更大的让步。9月上旬，蒋介石密令阎锡山进攻上党地区，阎锡山遂以13个师的兵力大举进犯。实际上，毛泽东早告诉了部下做准备，他知道不敢打就没有和平。大家都担心身处虎穴的毛泽东的安全，可毛泽东智慧超凡，他告诉他的军队，你们打得越好我越安全。阎锡山的3.5万军队被灭了，第十九路军军长被俘，十七集团军副总司令彭毓斌被击毙。

这三回合，蒋介石急忙向毛泽东解释，请毛先生谅解，可谓谈没谈赢、打没打赢。

第四回合，封与交。毛泽东的光彩亮相，亲和与智慧，连连得分，在山城划出一片阳光，也使共产党的主张赢得人心，蒋介石则暗淡失色，极尽封锁之能事，愈封锁反而愈失分。毛泽东在谈判期间，利用各种场合广交朋友，拜会各界人士，先后拜会了爱国民主人士和民主党派领导人宋庆龄、张澜、沈钧儒、黄炎培、章伯钧、谭平山、柳亚子等，拜会了许多国民党要员于右任、孙科、吴稚晖、白崇禧等，并主动与国民党中积极反共的极右人物陈立夫、戴季陶、何应钦等打交道，毛泽东还与冯玉祥详谈，会见了许多国家驻重庆的使馆人员，设宴招待各国援华团体的代表和国际友好人士，接见了日本反战进步作家池田幸子、在中国服役的 3 名美国飞行员，广泛宣传了共产党及其主张，获得了广泛支持。

这四个回合，毛泽东犹获天赐良机，大显神通，招招鲜亮，实际控制了整个行程的局面，取得了巨大成功。

重庆谈判，充分展示了毛泽东无所畏惧的斗争精神和高超的斗争艺术，迫使蒋介石在《国共双方会谈纪要》上签字，承认了和平团结的大政方针。

（二）出国会商

毛泽东一生只出过两次国，而且都是去苏联。第一次是在 1949年 12 月 6 日至 1950 年 2 月 27 日，第二次是在 1957 年 11 月。这里只述毛泽东第一次出访苏联的斗争精神，以使我们从中获得某种能量。

苏联会商与重庆谈判，正好构成毛泽东桌面斗法的两个经典案例。重庆谈判，是与蒋介石斗，是两个政党之间的斗争，毛泽东捍卫的是人民的利益、革命的利益；苏联会商，是与斯大林斗，是两个国家之间的斗争，毛泽东捍卫的是民族的利益、中国的利益。

中华人民共和国成立刚刚两个月，国内事务千头万绪，毛泽东既出访苏联，可见出访的重要性。刚诞生的新中国，既面临着帝国主义封锁和可能的武装干涉，又面临着恢复经济的艰巨任务，会商斯大林，同苏联这个社会主义大国建立友好与合作关系，成为一步必走的要棋。

苏联虽然是与新中国建交的第一个国家，但斯大林曾长时间支持蒋介石，曾要求共产党"交枪、交权"给国民党，并与蒋介石政府签订了友好条约。对于中国共产党，对于中国革命和建设，斯大林既给予了一定的帮助，也给中国共产党、中国革命和建设带来过一次次灾难。解放战争时期，苏联先是"不准革命"，后又怀疑中国革命的胜利，而且在对华政策上还存在着不平等的问题。中国革命的胜利，在一定意义上说，是违背斯大林意愿取得的。中苏关系、毛泽东与斯大林，实际上存在着一层阴影。

总之，胜利了的共产党需要与斯大林交涉的太多啦，这切实地关涉国家主权和民族利益。由此，毛泽东先前于1949年6月至8月派刘少奇秘密出访苏联，斯大林虽已口头就有关问题表态，但那毕竟是口头的。所以，毛泽东必须到这个一生中唯一出访过的国家去。

毛泽东这次出访，重点处理的是1945年蒋介石政府与苏联政府签订的《中苏友好同盟条约》。这个条约是雅尔塔协定的产物，严重地损害了中国的主权和民族利益。及时地解决这一问题，是一个重要而紧迫的问题。

毛泽东的这次桌面对决，也可归纳为如下四个回合。

第一回合，你探我拒。1949年12月16日，经过11天的奔驰，毛泽东终于抵达了莫斯科。当晚，毛泽东在克里姆林宫拜会斯大林。毛泽东与斯大林见面的第一句话是：我是一个长期不受欢迎的人。这一招很高，一针直扎了斯大林的短处，在心理上要让斯大林自感有愧。

当然，斯大林也不愧为大国领袖，一句"英雄不受谴责"，摆开了局面，但内心的愧感是会留痕的。

一番热情寒暄后，毛泽东提出和平问题，斯大林爽快接言。毛泽东紧接着提出苏联与国民政府签订的中苏条约问题，斯大林立即阐明，这会牵涉到美国、英国，给美国、英国口实，提出修改千岛群岛、南库页岛问题，影响其归属。毛泽东婉拒，说明在国内没有考虑到美国、英国在雅尔塔问题上的立场，我们采取的行动，必须符合中国最大的利益。

毛泽东心中有底数，无论如何，中国主权问题是不容挑战的。由此，谈判随即陷入僵持。

第二回合，你避我提。12 月 21 日，斯大林 70 大寿，毛泽东被安排第一个在寿辰大会上致辞，并受到高规格接待，但苏方对实质问题却避而不谈。你避，我就提。毛泽东在祝寿的第二天就提出要在 23 日或 24 日，就中苏条约等事项进行会谈。24 日晚，斯大林会见毛泽东，只谈其他，而只字不提中苏条约。其后，斯大林只问毛泽东的生活而避谈正事，相持起来。

毛泽东开始在生活细节上进行斗争，首先拒绝了莫斯科提出的请他谈日本共产党的邀请，紧接着又撤换了已经忍着睡过的软床垫，并严令中餐厨师，只吃活鱼，送来死鱼给他们扔出去（是对苏联领导人战争年代访问延安时不吃死鱼的回敬）。

一次，苏联人真送来了死鱼，厨师遵照毛泽东的命令给扔了出去，这一下苏联人慌了手脚，经翻译忙问，才知道毛泽东只吃活鱼，不吃死鱼。苏联人于是郑重保证，马上抓活鱼送来。

我们知道，毛泽东是世界上领导人中最不讲究吃的。这就是斗争。时隔 7 年，毛泽东第二次访问苏联，苏方还记得毛泽东只吃活鱼，所以早早地准备好了活鲤鱼。

毛泽东这个懂得忍耐的大政治家，是不惧僵持的，即使僵持也是不会在原则问题上让步的。僵持本来就是斗争。

第三回合，你冷我火。半个多月过去了，斯大林只问不谈，采取了拖的办法，想摸清毛泽东的底数。忍耐中的毛泽东，则采用了发火的方式，提出签订新条约的要求和表达对斯大林的不满。

一次，苏方联络员和翻译看望毛泽东，毛泽东发火了，并让他们转告斯大林：你们还要保持跟国民党的条约，你们保持好了，过几天我就走。我现在的任务是三个：吃饭、拉屎、睡觉。

毛泽东的发火，使斯大林不得不考虑开始谈判。

那个时期，中国那样的国力，又是在苏联那样的环境下，毛泽东敢于斗争，不能不令人起敬。

第四回合，你隐我明。斯大林的拖延，导致英国通讯社放风说斯大林软禁了毛泽东。消息一出，苏联方面有些吃不消，毛泽东正好利用苏方同意由他发消息的时机，通过答塔斯社记者问的形式，表明了解决中国利益的各项问题，尤其是废除原有的《中苏友好同盟条约》问题。毛泽东的这一说明，把中国的问题公布于世界，斯大林不签新条约其自我标榜的社会主义国家形象就会受质疑。

斯大林改口了。毛泽东斗胜了，为中国斗胜了，为中华民族斗胜了。新中国与苏联签订了四个条约:《中苏友好同盟互助条约》《关于中国长春铁路、旅顺口及大连的协定》《关于中苏友好同盟互助条约的补充协定》《关于苏联贷款给中华人民共和国的协定》；废止了蒋介石政府签订的不平等的《中苏友好同盟条约》。

新的条约、协定，是中国百余年第一次建立在国家完全平等基础上的条约和协定。新条约的签订，被西方国家认为是第二次世界大战结束后国际政治中最为重要的事件。中国人真正站起来了。

斯大林破例了，毛泽东邀请斯大林出席在中国大使馆举行的答谢宴会，斯大林受邀前往参加。要知道，斯大林是从不到克里姆林宫以外出席宴会的。

这就是毛泽东，在涉及国家主权和民族利益的重大问题上，他从不让步，敢为敢斗，不论是谁，即使对在国际共产主义运动中享有至高无上领袖地位的斯大林，也不例外，一斗到底。

正是：敢斗，才有胜利；善斗，才能图强。

三、斗争的寻常性

毛泽东的一生，是斗争的一生。他为了中国人民的翻身解放、为了中国的独立富强，一生都在进行艰苦卓绝的斗争。

有文章评论毛泽东：学生时代，他造校规的反、造省长的反、造封建制度的反；走上社会，他以武器的批判向整个旧世界发出排炮式的猛烈轰击；新中国成立以后，他向旧的意识形态、文化观念开火，向苏联的社会主义发展模式挑战；及至晚年，他坚持无产阶级专政下的继续革命，试图塑造一个全新的党、全新的理想社会。

在毛泽东看来，天地盖唯有动而已，动是天地万物的本性，因此，社会、自然界的斗争是绝对的。人在这种斗争中，只有敢于斗争，才能获得动力，实现自我。

毛泽东不同于一般的苍生，他敢于向天、地、鬼、神宣战，他曾大声疾呼："与天奋斗，其乐无穷！与地奋斗，其乐无穷！与人奋斗，其乐无穷。"

毛泽东认为，只要国家存在、阶级存在，斗争就一天不会停止。因此，阶级斗争就要天天讲、月月讲。总之，在毛泽东眼里，斗争是长久的、寻常的，不斗就不能保证国家安全，不斗就不能保证党的纯洁，不斗就不能发展进步。所以，毛泽东一生保持着昂扬的斗争精神。

1975 年 12 月 31 日夜，毛泽东亲切接见了美国总统理查德·尼克松的女儿朱莉·尼克松。

朱莉·尼克松在回忆文章中说："在毛泽东谈到斗争时，我坚决相信，尽管这位主席经过 82 年的艰苦生活已经衰老，但是他的头脑却比中国的年轻一辈更充满活力，更渴望斗争。""这位主席对我们说，党内会有斗争，阶级之间会有斗争，除了斗争是肯定的之外，其他都是不肯定的。""青年人是软弱的,必须提醒他们斗争的需要。"

毛泽东认为斗争是寻常的、普遍的,还表现在解决问题的手段上,他强调以斗争的方式来达到解决问题的目的。这不但表现在解决民族矛盾、阶级矛盾上,还表现在解决党内矛盾、思想意识问题上。

在解决民族矛盾、阶级矛盾的战争中,毛泽东运筹帷幄,决胜千里,以独具特色且百战百胜的战略战术,写下了举世瞩目、彪炳史册的辉煌战绩。

更令人惊叹的是,毛泽东不是一般地运用斗争手段,而是娴熟到哲学的高度。例如,大家都知道的,毛泽东赴重庆与蒋介石谈判,党内的同志、党外的朋友都为毛泽东捏着一把汗,力劝毛泽东不要去,因为蒋介石不讲信誉,本也不是真心实意谈判,而且蒋介石长期悬赏毛泽东的头,况且又是处于战争对峙状态中,随时有生命危险,但毛泽东具有常人不及的胆魄和智慧,他不但去了,而且要共产党的军队对蒋介石军队的挑衅予以坚决反击,打得越好他越安全。这完全是常人难以理解的,这就等于身在虎穴斗虎。

在对印度的打与谈的过程中,毛泽东同样精彩地把二者完美地结合在了一起。狠狠地打,打不好不和好,打好才能和好。这真是深奥的道理。

在这里还需要特别指出的是,毛泽东是一个真正的和平主义者,他领导共产党和中国人民同国民党反动派斗、同帝国主义斗、同不平等待我之民族国家斗,目的都是为了和平。

为了和平,他才坚决与敌人斗,也以巨大的号召力领导和影响着第三世界国家的人民与帝国主义斗,只有斗才能争取独立与和平,历史实践证明了毛泽东是完全正确的。

有的人认为毛泽东好斗,这只是肤浅地看到了表面。毛泽东对斗争内涵的揭示和斗争手段的运用是博大精深的,必须放到历史的纵深和最高斗争目标中去看,否则,就可能歪曲毛泽东的本意。

在解决党内矛盾包括思想意识形态方面的问题，毛泽东同样要斗争，但这个斗争与同敌人的斗争是有着本质区别的，不能一概用斗争的同一内涵去认识。这种斗争包括了批判、批评、争论的方式。例如，毛泽东主张以斗争求团结，认为以斗争求团结则团结存，以妥协求团结则团结亡，这里的斗争就包括了争论、批评、批判。从团结的实质看，这是完全正确的，因为争论、批评、批判基础上的团结，是真实的，而妥协的团结是以一方退让为前提的，是暂时的表面的和气，还可能是表面和气背后鼓捣。

另外，毛泽东讲话具有幽默简约、意在言外的特点，所以，他的话必须放到当时的语言环境中去理解，不然也会误解。例如，"天下大乱，达到天下大治"这句话，就不是有人认为的要把社会折腾乱了，越乱越好，才能达到天下大治，而是讲要通过充分的群众运动，达到明辨是非、提高觉悟的目的。

理解毛泽东的话，有时是需要极高智慧的，这方面周恩来总理与毛泽东的心是相通的。例如，新中国成立后，毛泽东讲的"打扫干净屋子再请客""另起炉灶""一边倒"等等，周总理都是心领神会的。

毛泽东认为，斗争是寻常的，是肯定的，但也不能把毛泽东的什么行为都当成斗争。例如，有的文章称毛泽东与老爹有三次斗争，第一次是不足 10 岁时，毛泽东领头戏水，受到塾师教训，他以孔子的话反诘，塾师向父亲告状，他怕受到父亲责罚，离家出走 3 天。说实在的，这真不能算是斗争，这就是孩子逆反期的逆反行为，所不同的是毛泽东的逆反行为更强烈罢了。

至于毛泽东在三次与老爹的逆反行为中得到治国理政的启示，那更是毛泽东至高的天分所致。

斗争，是有组织、有计划、有目标的行为，不能泛化地理解。

毛泽东认为，人只有在斗争中才能成才，所以，他赞叹战国之时、刘项相争之时、汉武与匈奴竞争之时，人才辈出。

毛泽东寄希望于年轻人，他热烈地希望年轻人成长，所以，他要求年轻人要到大风大浪的斗争中去锻炼、去成长，成为无产阶级革命事业的接班人。

毛泽东的青少年时代，是国家灾难深重的年代，外国强盗肆意践踏，政府腐败无能，国民普遍缺乏自信。毛泽东以他那卓尔不凡的斗争精神，为中国人民、为中华民族斗出了独立、斗出了平等、斗出了尊严、斗出了万世基业。正如有文章赞誉的，毛泽东的斗争精神是中国人的福分，我们民族的命运改变是建立在毛泽东的斗争精神上的。

斗转星移，时光如梭，可斗争一刻也没有停止过，国际国内、党内党外，都是如此。21世纪的新时期，我们更加清楚地看到，世界上的霸权主义、强权政治更加有恃无恐，恐怖主义更加肆意妄为，国家的"三种势力"、各种犯罪分子、腐朽的观念意识在时刻威胁和侵蚀国家，威胁和破坏公平正义。所以，必须深刻认识斗争的寻常性。

"一亩地，两头牛，老婆孩子热炕头"的追求，只能使国家软弱、民族懦弱，一遇外敌便不堪一击。这是旧中国演绎过的铁律。

斗争是寻常的、普遍的，不斗半点出路也没有。

四、斗争的坚定性

斗争的坚定性，是毛泽东斗争精神中的重要特质。这种斗争的坚定性，在毛泽东的一生中显露得非常充分，最突出的表现就是决死的勇气，杀身亡家而不悔。毛泽东举家为国，为救国救民，牺牲6位亲人，艰苦卓绝，忍辱负重，百折不挠，终生不懈，成为人类意志和力量的典范证明。

（一）坚不可摧的斗争意志

毛泽东一生受过太多的磨难，他都以非凡的勇气和毅力，坚韧抗争，终于化苦难为辉煌。

一是逆境中坚忍不拔。对于毛泽东来说，逆境莫过于一生中的四次丢兵权：第一次是1928年3月，中共湖南特委的"钦差大臣"周鲁，批评毛泽东"行动太右"，撤了毛泽东的前敌委员会书记，宣布中共中央决定免去毛泽东中央临时政治局候补委员，开除毛泽东党籍。毛泽东成了"民主人士"。第二次是1929年6月，在"二月来信"基础上，陈毅主持会议，毛泽东的正确主张遭到否定，落选红四军前委书记，调中共闽西特委指导地方工作。第三次是1931年11月，王明指派的任弼时、王稼祥、顾作霖"三人团"，在赣南会议上撤了毛泽东苏区中央局代理书记职务，取消了红一方面军由朱德任总司令、毛泽东任总政委的名义及其组织，毛泽东仅剩下了中华苏维埃共和国临时中央政府主席、人民委员会主席之职，没有了任何军权。第四次是1932年10月，宁都会议集中批判毛泽东，中央革命军事委员会通令调毛泽东回中央政府主持一切工作，毛泽东的总政治委员由周恩来代理。

战争年代，失去了军权，就等于失去了对革命的领导权，况且这支军队还是毛泽东亲手创建的，可想而知，这对毛泽东的打击是天大的。但毛泽东是条硬汉子，既不随机应变，也不一意孤行，而是对党忠心耿耿，顾全大局，坚持真理，坚持斗争，终于以决策正确和高明赢得了尊重。

二是艰危中无所畏惧。毛泽东具有气吞宇宙的英雄气概，不惧任何强敌，不惧任何困难，遇险愈勇，遇难愈坚，他对一切都无所畏惧。

遵义会议的研究文献很多，中央部门和相关单位在2015年1月专门召开了纪念遵义会议80周年大会。遵义会议，被认为是中国共产党历史上具有伟大意义的转折点，决定了一支军队的命运，进而决定一个党的命运，最终决定一个国家的命运。这些评价均不为过，实际上如果从以后的发展看，它还改变了世界格局。这一切皆因为这次会议认可了毛泽东，从此以后毛泽东取得了真正的领导权。

现在的研究，无论如何挖掘，也已万难还原当时的情境，所以，谁参加，谁说什么，日程如何，怎样讨论，都已不重要。那重要的是什么呢？是毛泽东那照耀未来的勇于担当的斗争精神。

毛泽东在遵义会议之前，曾20多次受到各种处分、打击、排斥，4次丢掉军权，严重时竟无人敢与他说话，长征出发时他处于被抛弃的边缘，但毛泽东面对厄运，一直没有放弃斗争，敢于坚持真理，从不退让、妥协。遵义会议召开时，实际上党和军队已经成为一个乱摊子，组织乱，思想乱，军事乱，湘江惨败情绪笼罩着大家，没了根据地，国民党军队步步紧逼，军队去哪里没目标，可谓处于崩溃的边缘。一个真正的残局，一个难以收拾的残局。毛泽东站出来了，他以历史的自觉性站到了斗争的前沿，半点也没有考虑个人的荣辱得失，为了党，为了革命，以弥天的勇气承担了这份责任，收拾了这个残局。

毛泽东在延安时期面对国民政府和日本侵略者的双重极端封锁，在新中国成立初期面对美国的巨大挑衅，在三年自然灾害时期面对美、苏掀起的世界反华大合唱，他都极强烈地表现出了艰危中的无所畏惧。正是这种无所畏惧，才带出来了中国革命的胜利，捍卫了中华民族的尊严。

三是重压中绝无动摇。毛泽东的骨头是最硬的，宁折不弯，无论在什么样的压力面前，从不向任何敌对势力和艰难困苦低头。

1938年10月，武汉、广州相继沦陷，中国的抗日战争开始进入战略相持阶段。这一阶段，毛泽东及其领导的抗日根据地，承受了抗日以来更加巨大的压力。

这种巨大压力来自日寇方面的主要包括如下两个方面：一是对国民党采取以政治诱降为主、军事打击为辅的政策，而把共产党和抗日根据地的人民武装作为主要作战对象，以侵华兵力的75%进行包括军事、政治、经济、文化的"总力战"，推行强化治安运动。二是实行毁灭性打击政策。日寇对占领区，加强殖民化，强化伪政权，镇压人民抗日运动；对"准治安区"，以日军主力进行反复"清剿"，消灭和驱逐八路军、新四军、游击队；对抗日根据地，采取"铁壁合围，捕捉奇袭，纵横清剿，反转电击，辗转抉剔"等战术，连续进行残酷的"扫荡"。从1941年至1942年，日寇在华北地区连续推行了5次"治安强化运动"，进行疯狂"扫荡"，使用兵力在1000人以上至10000人的就达到132次之多，有的"扫荡"持续三四个月之久，实行杀光、烧光、抢光的"三光"政策，制造无人区，妄图摧毁共产党抗日武装的生存条件和抗日意志。

来自蒋介石政府的压力主要包括三个方面：一是采取"上山观战"政策。在日寇加紧对抗日根据地进攻的严峻形势下，蒋介石政府的几百万军队，"保存实力，消极防御，等待胜利"，企图借日寇之手，消灭人民武装，摧毁解放区。二是掀起反共高潮，借机消灭共产党和人民武装。1939年底、1941年初、1943年春，蒋介石共掀起3次反共高潮，制造了震惊中外的"皖南事变"。三是对抗日根据地实行经济封锁。从1941年起，蒋介石政府停发八路军的军饷、弹药、被服等物资，同时集中几十万军队对陕甘宁边区和抗日根据地实行经济封锁和军事封锁，实行"不让一粒粮、一尺布进入边区"的困死政策。

在日寇、伪军、国民党军的三方夹击下，到1942年，八路军、新四军由52万人减少到40万人，华北产粮区相继失掉，一些抗日民主政权被摧毁，抗日根据地面积缩小，人口由1亿人减少到5000万人以下，财政经济极端困难，有些地方军民无衣穿、无粮吃、没有油、没有纸、冬天无被盖，陷入极端的困局。

面对这种困局压力，毛泽东以无所畏惧的豪气，毫不动摇地与日寇斗、与国民党斗、与困难斗，斗垮了敌人，战胜了困难，锻炼了队伍。

四是大疾中战斗不息。"欲文明其精神，先自野蛮其体魄。"这是 1917 年 4 月 1 日毛泽东发表在《新青年》杂志《体育之研究》一文中的观点。毛泽东认为身体是知识和道德的载体，应德、智、体"三育并重"。毛泽东十分注重身体锻炼，学生时曾进行日光浴、风浴、雨浴、冷水浴、游泳、登山、露宿、长途跋涉、体操、拳术等多项目锻炼。1917 年 6 月，毛泽东所在的第一师范学校进行人物互选活动，毛泽东得票最高，在德、智、体三个方面都得票者，只有毛泽东一人。

毛泽东在体育锻炼方面表现出来的意志力是极强的，所以他的身体非常健康，这也保证了他应对战争年代极端恶劣的作战生活环境，到 60 多岁时他横渡长江，为国人掀起游泳锻炼高潮，70 多岁再渡长江，为国人倡导不服输、敢于挑战、征服困难的斗争意志。

但毛泽东超繁重的工作也严重地损害了他的身体健康，正如黄克诚讲的："毛主席为人民的事业是紧张操心了一辈子的，大革命失败以后，他就苦心焦虑、经常昼夜不眠地考虑问题。"1971 年 9 月 13 日，林彪叛国出逃，令毛泽东的心身受到重创，更加快了身体的衰老。1972 年 1 月，毛泽东由于心肺病及严重缺氧引起突然休克，完全处于昏迷状态，然后大病一场。1974 年春，毛泽东被确诊为老年性白内障，经历了 600 个日夜的失明之苦。1976 年 6 月，毛泽东突患心肌梗死，经抢救脱离危险。

在每次的疾病治疗中，毛泽东从未皱过眉头，更未呻吟过一声，常以风趣幽默的言谈解除医生的紧张和顾虑，使每次的治疗都在一种和谐愉快的气氛中进行。1975 年 7 月做白内障手术时，他让工作人员播放岳飞《满江红》的昆曲，边听乐曲，边让医生做手术，以无所畏惧的乐观精神给人以力量。

毛泽东在"与上帝约会"的日子里，丝毫没有平常人痛苦、悲观、恐惧的表情，依然以极为顽强的斗争精神，日理万机地工作着。病情加重时，双手连拿文件的力量都没有了，就让工作人员把文件举在面前审阅。1972年2月21日，毛泽东在重病中接见尼克松，定下中美关系发展的基调。1973年6月接见马里国家元首特拉奥雷。1974年接见赞比亚总统卡翁达，提出三个世界理论，划分了世界新格局。从1974年春天开始，眼睛失明了，他就在工作人员帮助下处理工作。1976年7月28日，唐山发生"盖中国有史以来为害最烈"的地震，毛泽东重病缠身在病榻上艰难地阅读中央办公厅起草的报告，确定由总理华国锋组成慰问团赴灾区慰问，组织抗震救灾，使震区只过了2个月，就恢复了水、电、通信和交通，创造了世界抗震救灾史上的奇迹。

中国人民解放军总医院副院长、中科院院士姜泗长回忆说，主席的健康状况本已不允许再受劳累了，但"我看到，毛主席在病中依旧日日夜夜地工作和学习，常常持续十几个小时，有时竟达二十几个小时，就连吃饭或量血压时也要抓紧时间做些事"。

这就是伟大的毛泽东，为救国救民，奋斗毕生，一息尚存就战斗不止。

（二）坚定无比的斗争信念

毛泽东坚定无比的斗争信念，来源于他对马克思主义的坚定信仰。毛泽东1936年对美国作家斯诺说："一旦我认识马克思主义是解释历史最正确的学说之后，我便永远站稳这个立场，没有丝毫的动摇。"毛泽东之所以没有丝毫的动摇，是他认识到马克思主义揭示了历史发展规律，这说明他通过马克思主义这把钥匙探索到了中国革命的规律，这就使他站到了研究马克思主义的峰尖上，远远超过了他的同志，这也是为什么只有毛泽东才能领导中国革命胜利的原因之一。

毛泽东说过，中国革命斗争的胜利，靠中国的同志了解中国的情况，这就是真理。二十八个半布尔什维克拿马克思主义的词语解释中国革命，只会为害中国革命，没有丝毫积极价值。百分之百的布尔什维克，百分之百忠诚于国际路线，导致几乎是百分之百的中央苏区和红军的损失。

中国革命，包括了阶级革命和民族革命，这两个革命的胜利，都应归结为毛泽东坚定无比的斗争信念的胜利。这个道理并不难理解，因为，毛泽东的坚定信念从根本上支撑了这两个革命。就像平时大家遇到了难事，谁也没了主意，只有一个人的高招才使问题得到解决。

阶级革命是革命阶级与反动统治的斗争，毛泽东把革命必胜的信念传导给中国共产党和中国人民，进而为共产党和人民武装注入了不竭力量；民族革命是与日本帝国主义的斗争，毛泽东把中国必胜的信念传导给了中华民族，进而凝结了全民族的力量。

这就是中国革命胜利的信念源泉。

红色火星能够存在。这句话是毛泽东 1928 年 10 月 5 日为湘赣边界共产党第二次代表大会起草的决议《政治问题和边界党的任务》中的结论，这个决议的一部分以《中国的红色政权为什么能够存在》为标题，收入《毛泽东选集》第一卷。文章分析了大革命失败后的国内的政治状况，总结了工农武装割据的斗争经验，回答了"红旗到底打得多久"的疑问，阐明了中国的红军和红色政权——这点火星——能够存在和燎原的道理。

这是个了不起的结论。黄克诚说："在大革命失败的紧要关头，红军、红色政权能不能存在，能不能发展，只有毛主席在理论上、实践上正确地解决了这个关键问题。毛主席不知比我们要高明多少倍。"

极端残酷的环境，革命力量的这一点红色火星，天天在国民党反动派的高压水枪的喷杀之下，在国民党反动派连续不断的血雨腥风的摧残之下，能存在和发展吗？

回答不了，失去了信念，就要散摊子，或回家过各自的日子，或者到蒋介石手下谋事做。看一看共产党一大的代表有多少人叛变和脱党，共产党的各级领导和负责人当了叛徒的有多少人，领着国民党军队剿了中央苏区的不就是身居共产党高层领导的叛徒吗？

人就是这样，谁也不会做无希望的事。

"红旗到底打得多久"，是林彪给毛泽东写信提出的，林彪叛国后，这成为他的一条罪状——对革命丧失了信心。其实，林彪的顾虑反映了当时大多数人的疑虑，如果要算罪状的话，可并非林彪一人。但这封信，倒直接为毛泽东研究思考中国革命问题提供了引力。

当时的党中央谁也没有这样的本事，他们唯一能做的事就是批评毛泽东，可只有毛泽东具有"天眼"，高屋建瓴地揭示了中国革命规律，指出了国民党反动派这个强大的坚体有裂缝，共产党和红军可以在这个裂缝中存在和发展。星星之火，可以燎原。

这就是黑暗中的灯塔，照亮了共产党和红军的心路，坚定了大家干下去的信念。

毛泽东，第一个建立工农革命武装，第一个上山建立革命根据地，第一个在根据地建立人民政权，为世界革命开创了"毛泽东道路"。借用金一南的话："仅此一点，功在千秋。"

金一南的话是在理的。黄克诚这位参加过井冈山斗争的开国大将说，毛主席在井冈山站住了脚，对我们中国革命关系极大，他使大家看到了希望，受到了很大鼓舞，增强了革命的信心。

中国必胜，日本必败。这是毛泽东赋予中国抗日战争的信念。我们说，胜利源于信念。一场实力悬殊的民族战争，建立必胜的信念是决定性的因素。

中国抗日战争胜利的信念，源于毛泽东。历史也已经证实了中国抗日战争的胜利，正是在毛泽东坚定的抗日战争必然取得最终胜利的信念支撑下实现的。

中国与日本，一衣带水。中国与日本的关系，一言难尽。

古代，日本人几乎一成不变地向中国学习；近代，中国人师洋人又更多地去了日本。

1898 年，康有为力推向日本学习，康有为、梁启超、孙中山、黄兴、宋教仁、蒋介石等历史上的名人都是先后师从日本的，包括后来的共产党人李大钊、陈独秀、彭湃、周恩来、王若飞等人。

历史上，给中国带来最深重灾难的是日本。"自甲午战争始，哪一次针对中国的战争，都少不了日本。"日本成为中国的劲敌，中国每战必败于日本。

由于这种种的原因，中国人像是有了惧怕日本的心理阴影。

1931 年 9 月 18 日，驻在中国东北境内的关东军炮击沈阳，同时在吉林、黑龙江发起进攻，蒋介石不敢抵抗，东北军不放一枪，拱手把东三省让给日寇。

1935 年下半年，侵入华北的日寇企图进一步控制察哈尔，并指使汉奸殷汝耕在冀东成立傀儡政权，国民政府不但不敢抵抗，竟还准备成立"冀察政务委员会"，以屈从日本的"华北政权特殊化"。

1937 年 7 月 7 日，日寇对中国发动了全面军事进攻，国民政府还幻想对日媾和，不敢下定决心与日寇对抗，仅 20 多天，北平、天津相继落入日寇之手，11 月 8 日日寇攻占太原，12 日攻陷上海，12 月 13 日占领南京，制造了惨绝人寰的南京大屠杀，1938 年 5 月 19 日日寇攻占徐州、10 月 21 日攻陷广州，27 日攻陷武汉。

"中国打不赢，战必败，再战必亡"，"亡国论"甚嚣尘上，国民党的副总裁汪精卫投降了，主张对日求和，日本人诱降蒋介石，蒋介石政府也准备联日灭共。汪精卫、王克敏的伪军 62 万人，大部分是蒋介石军队投日化伪的。资料显示，伪军的总数达到了近 120 万人。

面对亡国亡种，毛泽东挺起了民族脊梁，主张坚决抗战到底。毛泽东告诉全党、告诉全国，必须坚决反对民族投降主义，日本是无法灭亡中国的，中国的抗战是先败后胜，最终的胜利是中国的。

毛泽东必胜的抗战信念，传递给了中华民族，唤起了中华民族抗日的信心。这是在中华民族灵魂深处构筑的精神大厦，是起绝对支撑作用的。

毛泽东调动一切因素，逼蒋抗日，促蒋抗日，组织发动最广泛的抗日民族统一战线。共产党的军队决死为国效命，打赢了对日抗战的第一仗，挺住日寇极端残酷的"扫荡"，坚持敌后抗战，把蒋介石军队丢掉的国土一点一点从日寇手中夺回来，实打实地给予日寇以坚决的打击。

中国的抗日战争是极其艰苦卓绝的，中华民族的子孙必须铭记这段历史。忘记过去，就意味着背叛。

抗战神剧可以愉悦，历史却是血和泪写成的。

（三）坚贞不渝的斗争目标

毛泽东的斗争坚定性，还充分体现在他对斗争目标的坚贞不渝。毛泽东的一生告诉我们，凡是他经过缜密思考确定的目标，他会坚持到底，不达目标，决不会改变。

这也是毛泽东为什么总能成功的诀窍。

抗日战争时期的全民族抗日统一战线，是毛泽东和党中央确定的战略方针。为了达成这个目标，毛泽东日夜操劳，几乎以全部的精力，实时调控共产党的政策，指导共产党军队的一切行动，调动一切中间力量，以进步的民主力量、国民党中的抗日力量促使蒋介石实行国共合作，他总能超前敏锐思考，不断地写信、发电报、写文章，采取一切措施，排除一切干扰因素，争取全民族抗日统一战线的实现。可以说，全民族抗日统一战线的最终形成，功在毛泽东。

结成最广泛的民族抗日统一战线，实行全民族抗战，陷日寇于中国人民的汪洋大海之中，最终战胜日本帝国主义。这正是毛泽东的功绩。

现实告诉我们，一个目标的坚持并非那么简单，尤其在多重因素的干扰下，能够坚贞不渝，除清醒的大脑外，还需要超强大的心志力。

建立新的民主共和国，是毛泽东在 1940 年 1 月发表的《新民主主义论》中提出的目标。为实现这一目标，毛泽东进行了不屈不挠的斗争，他坚定地领导着民族革命、阶级革命、思想革命，坚决地同日寇斗、同蒋介石政府斗、同党内错误路线斗，毫不妥协地反对民族投降主义、反对阶级投降主义，一步一步接近目标。

1948 年夏季，中国人民解放军五路大捷，全国战局已基本改变，进入了中国人民革命战争的收获季节，毛泽东即以战略大师的远大目光，开始精心筹划行将到来的战略大决战。

1948 年 9 月 16 日，济南战役开始，拉开了三大战役的序幕。但进行战略决战，第一仗放在哪里打？甚为重要，也甚为难定！

西柏坡，寂静的深夜，军用地图前的毛泽东，天禀神赋，决定把战略大决战的方向首先指向东北战场，打辽沈战役。开国元帅叶剑英点赞：这"是毛泽东同志宏图大略全局在胸投下的一着好棋子"。

1948 年 10 月 15 日，解放军攻克锦州；10 月 19 日，解放长春；11 月 2 日，解放沈阳；11 月 9 日，东北全境解放。

辽沈战役还在继续，毛泽东智慧的大脑，就又指向了淮海大地。

他一边指挥处于关键时刻的辽沈战役，一边缜密部署淮海战役。

1949 年 1 月 10 日，淮海战役胜利结束。

平津战役，毛泽东瞒天过海，滞留傅作义部于平津，指令林彪部秘密迅速入关，断敌逃路，战役进程完全按照毛泽东设计的轨道发展。

1949 年 1 月 15 日，平津战役胜利结束，1 月 31 日北平和平解放。

面对急转直下的不利局势，蒋介石发动了"和平"攻势。这场"和平"攻势，参与的因素何其多。

蒋介石以"主动下野"作为条件。这可是共产党一直要打倒的元凶，他现在主动要下台了。

蒋介石致函美国总统杜鲁门，要求美军直接参战以挽救败局，又要求美国、英国、法国、苏联出面调解。

李宗仁上台接了蒋介石的班，施放和平烟幕，奔走"和平运动"。

国民党湖北省参议会、河南省和河南省政府主席，建议恢复和谈。

李宗仁电邀李济深、章伯钧、张东荪等民主人士赞助和谈，并在全国实行一些有助于和平运动的措施。

李宗仁还发动南京、上海的各路社会名流组成"社会名流代表团"两次访问北平，以推动和平谈判。

蒋介石在美国驻华大使司徒雷登支持和策划下的这场"和平"攻势，使国内一部分人产生了幻想，包括苏联在内也赞成共产党停止进攻，与国民党划江而治。

毛泽东的目标是解放全中国，建立新民主主义共和国，不达到目标绝不会善罢甘休的，大国威胁，权威"忠告"，都被毛泽东置于脑后。

冻僵的蛇苏醒后是要伤人的。必须坚决、彻底、干净、全部地歼灭中国境内的一切反动派，捍卫中国领土主权的独立和完整。

毛泽东的坚贞不渝，诞生了中华人民共和国。

五、斗争的原则性

毛泽东斗争的原则性，是指他从不拿原则做交易的特性。在毛泽东看来，国家的主权、民族的利益、真理的信仰都是原则问题，是至高无上的，是必须坚决维护而不能妥协退让的。

（一）收复一切失地

这是毛泽东在抗日战争中维护民族利益的原则。日本侵略中国的胃口，是中国自清政府以来的妥协喂大的。中国文化中有太多的中庸、和谐、"和为贵"之类的因素，所以，中国也素以礼仪之邦闻名于世，很善于中庸与妥协。这种文化，客观地看，既给中国带来了好评，也给中国人带来了灾难。1875年，日本派兵入侵琉球，清政府有绝对优势可以胜算，但清政府以情理交涉最终向日本妥协，由此琉球成为日本现在的冲绳。甲午战争，战败的清政府更是向日本割地赔款。自此，日本军队成为中国大地上的驻客，日本人获得了上等人的优越权。

从清政府、北洋政府到国民政府，可谓如出一辙、一脉相承。何以至此呢？这不能不说与中国的中庸文化有关，即缺乏对敌人斗争的原则性。

资料显示，当琉球丢了，甲午战争失败了，于是乎，有国人大呼，我们是制不如人，所以要"以强敌为师资"，向西方学习；当日本发动九一八事变，东北军不放一枪，拱手把东北送给了日本；日本策划华北"自治"事件，进而发动全面侵华战争，国民政府又觉得器不如人，总希望这是地方事件，要外交交涉；当国军不敌日寇，连连丢城失地时，于是乎，有国人大呼，器不如人就要挨打。

是器？是制？但综合研究，恐怕还是缺了斗争精神，少了斗争的原则性。毛泽东和他领导的共产党军队，小米、大刀加步枪，坚决与日寇斗争到底，国军丢给日本人的土地，丢到哪里共产党的军队就打到哪里。毛泽东说"我们要打到什么程度呢？要打到鸭绿江边！要收复一切失地！不达目的，决不停止"。

毛泽东的话是针对蒋介石说的，因为蒋介石也说过要抗战到底，但是蒋介石的抗战到底是要恢复到七七事变以前的状态，这就是说，东北三省是要继续妥协给日本的。

所以，即使器如人，制如人，还得加上精神如人。与外敌斗争，必须有毛泽东坚决斗争到底的原则性；否则，就会"和为跪"！

而且，历史一再表明，凡是对外敌讲"和"的，对人民大众必定狠。从清政府、北洋政府到蒋介石政府，都是这样，他们对人民大众从来没有讲过"和"，镇压人民大众倒是从来没有手软过。

（二）半个指头也不行

这是毛泽东在与苏联斗争中维护国家主权的原则。1958年7月，苏联驻华大使尤金向中国政府提出，由中国出人，出基地，苏联出装备，出指挥，建立中苏联合舰队。苏联的意图很清楚，就是想控制中国，向中国要租借权。这是涉及主权的原则问题。毛泽东坚决拒绝了苏联的要求，他说中苏是同盟国，打起仗来，苏联的军队可以到中国来，中国的军队也可以到苏联去，但搞联合舰队就是要搞殖民化，这是政治问题，要讲政治条件，半个指头也不行。

由于中国共产党与苏联的关系渊源，苏联领导人总妄想强加给中国一些不平等的条件，毛泽东对于这些涉及中国主权利益的问题，不论是谁，也不论多大的压力，决不妥协让步。从坚决过江拒不搞"南北朝"、坚持废除国民政府与苏联签订的不平等的《中苏友好同盟互助条约》，收回长春铁路、旅顺港口、大连管理权等，无一例外。

毛泽东坚决拒绝苏联在中国搞联合舰队和设立长波电台的要求后，赫鲁晓夫向毛泽东施加压力，毛泽东就以上山打游击的决死态度进行抗拒。

斯大林曾要中国给苏联出一块地方建菠萝罐头厂，毛泽东就用苏联不可能接受的条件来拒绝斯大林。毛泽东说"我们接受你们的提议。假如你们对罐头菠萝有兴趣，可以给我们一笔贷款，由我们自己来建一个罐头厂。我们用这个厂生产的罐头来偿还你们的贷款"。斯大林知道后，气得不停地咒骂和发火。

在台湾主权以及其他领土问题上，同样如此。总之，凡是有损中国主权问题的，哪怕是天大的压力，毛泽东也决不含糊，敢于以压倒一切的魄力，坚持无可置疑的原则立场。

想一想，那时的环境和条件，非毛泽东，万难做到。

毛泽东的刚性斗争原则，不但捍卫了中国主权利益，也形成了国家主权利益的国家原则。这就是国家主权不可侵犯。这是毛泽东对中国万世基业作出的奠基性贡献。

（三）寸土必争

这是毛泽东在与蒋介石斗争中维护阶级利益的原则。毛泽东时刻把人民的利益摆在高于一切的地位，不允许任何人损害人民的根本利益。他一生始终警觉着可能来自任何方面的损害人民利益的因素，这也正是他晚年仍以天大的勇气探索保护人民江山的初衷和动力。

美国总统尼克松认为，毛泽东是对人民的利益和共产党的信仰坚信不疑，并愿意为之而战斗甚至牺牲的革命者。尼克松的评价是客观的，毛泽东在半个多世纪的斗争中，始终代表着无产阶级和广大人民群众的根本利益，从不谋半点私利，从不向任何错误妥协，从不拿人民的利益做交易。

日寇被赶出了中国，蒋介石看准了时机，加快了消灭共产党的步伐。作为资产阶级政客，蒋介石眼光应该说是敏锐的，对时机的把握是准确的。

一是抗日战争胜利了，他是领导抗战的国家元首，先不说毛泽东和中共如何逼蒋抗日、如何促蒋抗日，反正蒋介石没投降，他在一般人的眼中就成了有功之臣，也可谓捞到了政治资本。二是不但有美国的支持，还得到了苏联的支持。抗战时，斯大林支持中国共产党与国民党搞统一战线，是要中国统一抗战，以牵制日本，免得侵略苏联，而此时，斯大林想叫中国共产党把军队交给国民政府，改编为国防军，共产党与国民党搞联合政府，到政府去做官。三是蒋介石拥有远远大于中国共产党的军事力量，从不同的资料来看，国民党军队当时是 400 多万人，而共产党军队约为 100 万人，双方兵力之比是 4∶1。四是饱经战乱的人民大众希望和平，那么，共产党口口声声说为人民着想，共产党交出军队，不再与政府斗不就和平了吗？这也可以说是一个冠冕堂皇的说辞。

蒋介石的如意算盘打得再好，无奈毛泽东非为一己私利而谋官的人，也非为一党私利而谋政的领袖，他是要彻底地"改变中国与世界"、救国救民的历史巨人，他坚决地拒绝了拿人民利益做交易的一切要求。

蒋介石料定毛泽东不会交权、不会交军队，所以，蒋介石一边玩假和谈争取时间，一边加紧调动部署军队，对共产党和军队发动全面内战。

毛泽东对于蒋介石的一套把戏，更是洞察入髓，在抗日战争时期，为了全民族的利益，对于蒋介石给共产党和军队制造的麻烦，他让共产党和军队保持极大克制，对于蒋介石军队对共产党和军队的摩擦进攻，他制定了"人不犯我，我不犯人，人若犯我，我必犯人"的斗争原则，以保障全民族抗日。日寇被赶走了，蒋介石要下山摘桃子了，毛泽东是早已有防备的。

毛泽东告诉共产党和军队："蒋介石对于人民是寸权必夺，寸利必得。我们呢？我们的方针是针锋相对，寸土必争。"对于"人民得到的权利，绝不允许轻易丧失，必须用战斗来保卫""谁要想轻轻易易地把人民已经得到的权利抢去或者骗去，那是办不到的"。

这就是毛泽东捍卫人民利益的斗争原则。毛泽东声明，他站在无产阶级和人民大众的立场，把自己的一生与中国人民的解放事业紧紧地连在一起。

毛泽东为了人民的利益，奋斗了一生，鞠躬尽瘁，死而后已。

（四）经典的斗争原则理论

毛泽东说："凡是敌人反对的，我们就要拥护；凡是敌人拥护的，我们就要反对。"这可以说是对敌斗争的经典原则理论。敌我斗争，你死我活，必须反着思考问题，反着处理问题，扛着这一原则理论，头脑就不会糊涂。

凡是斗争，道理不变，敌人谴责说明做对了，敌人赞扬说明做错了。

六、斗争的艺术性

毛泽东凭借着杰出的斗争艺术，在近代世界史上，在中国的广阔舞台上，导演了一幕幕有声有色、出神入化的活剧，改变了世界的力量对比，改变了中国亿万人民的精神面貌与生活。他的斗争艺术有着不朽的价值，是我们获取正能量的源泉。

（一）"三分法"艺术

"谁是我们的敌人？谁是我们的朋友？这个问题是革命的首要问题，中国过去一切革命斗争成效甚少，其基本原因就是因为不能团结真正的朋友，以攻击真正的敌人。"这是毛泽东在 1925 年 12 月

1 日发表的文章《中国社会各阶级的分析》中的论断。

对于这个论断，任志刚先生讲，这就是毛泽东革命胜利的方程式，就如同 F=ma 造出火箭升空，就如同 $E = mc^2$ 造出原子弹。任先生的比喻是恰当的。

敌人、我们、朋友，偌大世界，林林总总，纷繁无序，但要斗争，解决的问题无非就是这三点，这就是力量的"三分法"艺术。当然，要真正找到敌人，弄清楚朋友，还得需要一双慧眼。这无人能与毛泽东并肩，但毕竟我们可以学到这样去思考问题的方法。毛泽东之前的党的领袖，弄得中国革命一次次几乎夭折，就是因为没有弄明白这三点。

旧中国是半殖民地半封建社会，在这个特殊的社会形态下，阶级和政治派别十分复杂，就是同一个阶级，由于他们经济地位的差别而又会产生不同的特性，表现出不同的政治态度，毛泽东正是通过"三分法"洞察了中国复杂的社会状态，为中国革命找到了力量之源。

毛泽东说，"敌人"是革命要打倒的对象，"一切勾结帝国主义的军阀、官僚、买办阶级、大地主阶级以及附属于他们的一部分反动知识界，是我们的敌人"。"我们"是革命的领导者，"工业无产阶级是我们共产党领导力量"。"朋友"是革命应该团结争取的力量，"一切半无产阶级、小资产阶级，是我们最接近的朋友"。"那动摇不定的中产阶级，其右翼可能是我们的敌人，其左翼可能是我们的朋友。"

这就找到了制胜的金钥匙，敌人是少数的，朋友是多数的，团结争取多数的朋友去打倒少数的敌人，何愁不胜呢？

在具体的阶级分析中，毛泽东用的是"三分法"。例如，中国的资产阶级按其经济地位及政治态度分为大、中、小，即大资产阶级、中产阶级、小资产阶级；占中国人口 80% 以上的农民阶级分为富农、中农、贫农；中国的无产阶级分为半无产阶级、无产阶级、游民无产者。毛泽东根据这一划分，鉴别了各个阶层和部分在不同社会时态中的态度以及应采取的策略，从而掌握了制胜机理。

1924年至1927年，国共两党建立统一战线，实现第一次国共合作，掀起了大革命高潮。但在统一战线内部，国民党中的少数人却不断挑起事端反对共产党，特别是孙中山逝世后，这种反共倾向愈演愈烈。如何看、如何办？当时许多人认识不清。所以，有人主张退出国民党，有人主张妥协退让。而毛泽东用"三分法"将国民党一分为三，划分为左、中、右三派，以廖仲恺、宋庆龄、邓演达、何香凝等人为代表，为国民党左派；以反共最卖力的戴季陶、蒋介石等人为代表，为国民党右派；其他的则为国民党中间派，从而为中国共产党制定了"联合左派，团结中派，坚决地反对右派"的正确政策策略。

抗日战争时期，在中国共产党的力促下，以国共两党为主体，建立了包括各抗日阶级、政党、团体及爱国人士在内的抗日民族统一战线。由于抗日民族统一战线的广泛性，也带来了它的复杂性。毛泽东仍是用"三分法"，将统一战线中的各种力量，以其各派政治力量所代表的阶级利益及其抗战态度，划分为进步势力、中间势力、顽固势力，制定了发展进步势力，争取中间势力，孤立顽固势力总方针，使统一战线得到了不断巩固、扩大，为抗战胜利奠定了基础。

在毛泽东的"三分法"中，敌人、我们、朋友的内涵不是一成不变的，特别是敌人、朋友的内涵在不同的革命历史阶段，有不同的营垒划分。例如，朋友这个阵营，大革命时期、土地革命战争时期、解放战争时期均包括民族资产阶级、小资产阶级和农民阶级，而在抗日战争时期，不仅包括了以上三个阶级，还包括了亲英美派的大地主资产阶级。

从某一政治势力来看，由于在不同的历史时期其政治态度和政治主张不同，所代表的经济利益不同，作为敌人或作为朋友的归属也不同。如国民党就曾在"敌人"和"朋友"间多次转换。大革命时期，国民党是统一战线中的重要力量，遂成为革命的"朋友"。其后，以蒋介石为代表的国民党反动派叛变革命，在土地革命战争时期就成为革命的"敌人"。抗日战争时期，在全国人民的压力下，国民党参加民族抗日统一战线，再次成为"朋友"。抗战胜利后，国民党蒋介石发动内战，于是又转化为革命的"敌人"。

"三分法"使毛泽东洞悉一切阶级、一切阶层、一切人群，在晚年，他仍运用这一方法解剖世界，提出了"三个世界"的理论，为世界格局定下了调子。

毛泽东对"三分法"的运用，就是尽量孤立"敌人"，最大限度争取团结"朋友"，这是屡试不爽的取胜法宝。

（二）反蒋、逼蒋、联蒋

反蒋抗日，逼蒋抗日，联蒋抗日，是抗日战争时期毛泽东斗争艺术的成功运用。同一个蒋介石，在不同的阶段，毛泽东实时转换斗争手段，达到了取得抗日战争胜利的最终目的。前面说到，抗战胜利，有赖于全民族的抗日统一战线，而全民族抗日统一战线的制定和实施，又有赖于毛泽东的斗争理论与斗争智慧。没有毛泽东为全民族注入抗日灵魂，没有毛泽东为抗日制定的斗争艺术，很难说抗日是个什么样子。其实想一想就不难作出答案，国内投降已有气候，不然国民党的副总裁又怎么会投降呢？再看看汉奸、伪军，成百万计。这就是历史。

日寇侵略中国，中国危亡，但蒋介石不抵抗，把大片国土拱手让给日本侵略者，却一门子心思要"剿共"，所以，毛泽东旗帜鲜明地打出反蒋抗日的响亮口号，一方面孤立蒋介石，一方面调动抗日的因素，凝聚共产党抗日的力量，可以说民族义旗举得光明而大义。

1935年12月瓦窑堡会议后，抗日战争的形势发展变化很快，日本侵略者的步步紧逼，打破了蒋介石依靠外交途径解决中日问题的幻想，于是国民政府不得不开始调整对日政策。毛泽东立即抓住时机，作出"欢迎南京当局觉悟与明智的表示"，随即开始调整斗争方针，由反蒋抗日转而实行逼蒋抗日。

从反蒋抗日到逼蒋抗日，这是毛泽东根据国内阶级关系变化的实际状况而作出的实时调整，充分体现了毛泽东斗争艺术的灵活性。

逼蒋抗日，毛泽东采取了一系列措施，调整党的对蒋方针政策，加强对国民党的统战工作，促成国民党东北军、第十七路军转向抗日，力陈蒋介石勿"失通国之人心，遭千秋之辱骂"，但蒋介石还是一心要"剿共"，用最后通牒逼迫东北军和第十七路军，由此张学良、杨虎城扣留蒋介石，实行"兵谏"，西安事变发生。

西安事变是国之乱中的焦点，处理不好，国乱将更糟，将有大批右翼投降日本，极大地削弱抗日力量。毛泽东透析时局，力挺和平解决，从中调停多方利益，从而结束了国内战争，达成了全民族抗日的共识。

西安事变的和平解决，国民党五届三中全会接受国共两党合作抗日的政策，标志着与蒋介石的斗争又由逼蒋抗日转到了联蒋抗日。

联蒋抗日，毛泽东又以极大的精力推动民族抗日统一战线、民主运动、和平运动的发展，领导全国范围的反投降、反摩擦斗争，正确处理了民族斗争与阶级斗争的关系，达到了积蓄和发展抗日力量的目的。

反蒋抗日、逼蒋抗日、联蒋抗日，实时地把握与推进，充分显示了毛泽东高度的政治智慧和娴熟的斗争艺术。

（三）既联合，又斗争

抗日民族统一战线建立起来了，但蒋介石要消灭共产党、消灭共产党军队的初衷并没有改变。1937年9月23日，蒋介石讲话正式承认中国共产党的合法地位和两党的合作关系。而仅隔一年，在

1939 年 1 月召开的国民党五届五中全会上，明确制定了"溶共""防共""限共"的反动方针，会后又专门设立防共委员会等。蒋介石的这些阴谋，都是在"合作""抗日"的掩盖之下实施的，十分隐蔽。而且，由于联合抗日，国民党军队由敌军变为友军，蒋介石由"蒋贼"变为抗战总司令，国民党对共产党由"围剿"改为"联合"。

在这个新的形势下，党内一些人开始误入陷阱，尤其王明 1938 年 11 月 29 日由苏联回国后，忠实地贯彻执行共产国际和斯大林的意图，主张"一切服从统一战线"，"一切经过统一战线"，要无条件地统一到蒋介石的领导下。在 12 月 9 日至 14 日中共中央召开的政治局会议上，许多人向王明作了"自我批评"。

毛泽东以异常清晰而又符合实际的分析判断，回答和纠正党内、军队的偏差，指导联合抗日与对蒋介石、国民党的斗争。1941 年 4 月 19 日，毛泽东在《农村调查》中清楚地告诉全党："现在的政策，是综合'联合'和'斗争'的两重性的政策。""不是一切斗争，否认联合，也不是一切联合，否认斗争"，是既联合，又斗争。这就是斗争的艺术。

既斗又联，这是策略，真正的要在错综复杂、瞬息万变的斗争中，恰当地掌握好这两者关系中的"度"，处理好联合着的斗争、斗争着的联合，就更是高难艺术。毛泽东不但做到了，而且做得堪称完美。

八路军第一二九师参谋长李达在回忆录中说道，抗日民族统一战线的建立和维持，是贯彻既联合又斗争政策策略而取得的。

我们说，既联合又斗争，才保证了全国的统一抗战，才保证了共产党和军队的自主独立。

（四）又团结，又斗争

争取中间派，是毛泽东斗争艺术娴熟的一个标志。争取中间派，在政治斗争中有着举足轻重的地位。因为敌我对峙，中间派具有砝码的作用，它偏向哪一边，哪一边就占上风。而中间派是敌我都极力争取的力量，因此，它最大特点就是动摇性。

在不同的历史时期，毛泽东根据不同的情况，采取了一系列正确的方针政策，最大限度地团结了中间派，使革命的力量不断发展壮大，敌人的力量不断削减而最终陷于失败。马中国先生说："毛泽东的成功，除了中国共产党进行的事业的正义性外，他团结争取中间派的艺术手法，也是一个重要因素。"

那么，毛泽东的斗争艺术手法是什么呢？就是又团结又斗争。争取人家，团结也就罢啦，还要斗争，斗争又如何做到争取呢？这就是艺术。

抗战胜利前后，在国民党和共产党之外，又产生了一批新的党派。这些新的民主党派，基本上是民族资产阶级和上层小资产阶级的政党，是当时中国政治舞台上的中间派。对于这些站在中间立场上的中间派，毛泽东一开始就极其重视，制定了又团结又斗争的方针。这就是毛泽东说的："中国共产党的政治路线的重要一部分，就是同资产阶级联合又同它斗争的政治路线。"

团结，首先是真诚和善意的，照顾其利益，求大同存小异；斗争，更是肝胆相照，坚持批评，坚持真理，坚持进步。

毛泽东最先认识到了中间派的作用，采取了极其高明的斗争艺术，为中国共产党这艘大船把住了航向，最终驶达了胜利的彼岸。各民主党派，也认识了毛泽东，跟着毛泽东在中国的政治舞台上取得了自己的地位，为中国的独立、自由、和平、幸福贡献了自己的力量。

毛泽东的斗争艺术博大精深，是需要不断挖掘的宝藏。否则，任何研究都只是轻撩其纱。

第七章

合作精神

　　毛泽东的合作精神，指的是毛泽东为实现伟大报国志向，聚才集贤、求同存异、真诚广泛合作的精神。毛泽东的一生是为中华民族奋斗的一生，他的奋斗扭转了旧中国堕落的轨迹，开启了新中国光明的航程。对于年轻的毛泽东来说，要立志"改变中国和世界"，这无疑是不可攀登的目标，但毛泽东最后用事实宣告了这一伟大壮举的成功实现。研究这个过程，我们发现，毛泽东的合作精神是他最终取得成功的重要因素。

一、选择合作团队

　　从最广泛的意义上讲，人生就是合作的过程。一个家庭就是一个团队，人一出生实际上就加入了这个团队，这个团队给予人差别很大的生活环境，富裕的、中等的、贫穷的，素质高的、素质低的，等等影响终身的生活。这个团队是不能选择的。

如果从一定意义上讲，事业就是真正的合作过程。这也包括娶妻嫁人，因为，治家可以看作事业，直接关联着治国。蒋介石娶宋美龄，宋霭龄嫁孔祥熙，这是中国现代史上最为人熟悉的联姻，从中可以发现这一道理。

毛泽东要"改造中国与世界"，这是救国救民的事业，是改变世界格局的事业，选择团队就至关重要。毛泽东深知这一点。

年轻时期的毛泽东，除了气吞宇宙的志气和豪情，别无可秀的资本，因此他只有选择家人和师生作为他的合作团队，当然，这个团队也最熟悉、最可靠。历史也告诉我们，毛泽东的这两个团队也是绝对优秀的团队。

（一）矢志革命的家人团队

毛泽东的这个家人团队，为中国人民的解放事业奉献太多了。这个团队，受毛泽东的影响，矢志革命，不惜牺牲个人的一切利益，包括生命，前仆后继，百折不挠，死而后已，真可谓可歌可泣，万代楷模。

杨开慧，毛泽东的妻子。1901 年 11 月 6 日生，1920 年冬同毛泽东结婚。学生时期在湖南学联担任宣传工作，积极参加湖南的新文化运动，1921 年加入中国共产党。1921 年冬，毛泽东创建中共湘区委员会，毛泽东任书记，杨开慧身兼秘书、机要、文印、联络、总务等多种职务，全力协助毛泽东从事党的革命工作。1924 年夏，杨开慧到上海，协助毛泽东在党中央的工作。1925 年 10 月到广州，一方面从事妇联工作，一方面承担毛泽东与周恩来、邓中夏、恽代英等同志之间的联络工作。1926 年在湖南协助毛泽东进行农民运动调查工作。1927 年毛泽东组织秋收暴动，杨开慧留在板仓地区坚持革命斗争。1930 年 10 月 24 日，杨开慧在家中不幸被捕，敌人用尽皮鞭、压杠、老虎凳、竹签子等种种酷刑，未损其丝毫斗志，她置生死于度外，唯愿润之革命早日成功。1930 年 11 月 14 日被国民党反动派杀害，年仅 29 岁。毛泽东说："开慧之死，百身莫赎。"

毛岸英，毛泽东的长子，母亲杨开慧，1922 年 10 月 24 日生，1931 年由外婆护送到上海找党组织，因党组织被破坏，他与弟弟毛岸青、毛岸龙流落街头，毛岸龙下落不明，1936 年党组织找到毛岸英、毛岸青，经辗转于 1937 年到莫斯科。苏德战争爆发后，毛岸英进伏龙芝军事学院学习，毕业后任坦克连指导员，苏联卫国战争结束，斯大林接见并赠予手枪以表彰其战功。1946 年 1 月回国，按照毛泽东的安排，毛岸英到延安的吴家枣园参加劳动。1947 年 4 月，毛泽东又安排毛岸英进中央土改工作团，先后在山西、山东两省的几个县开展土改工作。新中国成立后，毛岸英在北京机器总厂工作，任党总支副书记。1950 年 6 月，朝鲜战争爆发，9 月 15 日，美军在仁川登陆。10 月初战火烧到鸭绿江畔，毛岸英给彭德怀报告，请缨赴朝参战。1950 年 10 月 19 日，随彭德怀跨过鸭绿江，在志愿军总部任机要秘书和翻译。1950 年 11 月 25 日，敌机轰炸志愿军总部，毛岸英悲壮地离开了人间，时年 28 岁。

毛岸英是新中国成立后为国为民赴难的毛泽东亲人，留给后人无尽的赞誉与叹息，彰显了毛泽东家人团队的功高日月。

毛泽民，毛泽东的大弟弟。本在家继承祖业，父母双亡后，在毛泽东动员下，散尽家产，奔赴革命。毛泽民 1896 年 4 月生。1922 年加入共产党。1925 年到上海，担任党的刊物出版发行部经理。1931 年 7 月到闽粤赣革命根据地，先任军区后勤部长，后任苏维埃国家银行行长，长征时担任 15 大队负责人，到达陕北后任中国工农民主政府经济部长。1938 年到新疆后参加八路军办事处的领导工作，后担任新疆财政厅厅长。1942 年 9 月被军阀盛世才诱捕，最后受尽残酷折磨达 70 多天，威武不屈。1943 年 9 月被敌人秘密杀害，时年 47 岁。

毛泽覃，毛泽东的小弟弟，生于 1905 年 8 月 27 日。在毛泽东的带领下，13 岁到长沙上学。1923 年从事工农运动，10 月加入共产党，不久担任社会主义青年团地方执行委员会书记。1925 年跟随毛泽东到广州，参加广东区委和省农民协会工作。1927 年夏到武汉进行革命工作，曾在国民革命军第四军政治部工作，秘密从事党的组织工作。1934 年红军主力长征以后，留在苏区担任中央苏区分局委员和红军独立师师长。1935 年 4 月 25 日因叛徒出卖，在与敌战斗中牺牲，时年 29 岁。

毛泽建，毛泽东的堂妹。1905 年 10 月出生，6 岁到毛泽东家，16 岁跟随毛泽东到长沙上学。1921 年底加入中国共产主义青年团。1923 年加入中国共产党。1926 年担任衡阳县委妇女运动委员。1927 年在秋收起义的鼓舞下组织成立了几千人的衡北游击师，10 月主持召开衡山全县临时党的代表会议，后任县委妇运委员。1928 年 3 月胜利领导了南岳的武装暴动，后与丈夫到耒阳县参加朱德、陈毅领导的湘南暴动，然后留下来组织成立游击队任队长，成为我国最早的游击队长。1928 年夏在与敌作战中被捕。1929 年 8 月 20 日壮烈牺牲，时年 24 岁。毛泽建是毛泽东一家最早为革命作出牺牲的人。

毛楚雄，毛泽东的侄子，毛泽覃的儿子。1927 年 9 月 8 日出生，1945 年 16 岁时参加王震率领的南下支队，成为革命战士，跟随部队打游击，英勇作战，后在执行任务中被胡宗南部扣押。1946 年 8 月 22 日被蒋介石秘密处决。毛楚雄怀着"继父之志，报父之仇"的一腔热血慷慨赴死，时年 19 岁。毛泽东说："楚雄年龄不大，为国捐躯，虽死犹荣。"

毛泽东是"古圣今贤谁堪伯仲"的至尊伟人，柳亚子说："不是一人能领导，哪容百族共骈阗？"是的，没有毛泽东及其领导的中国共产党，中国哪会有今天！中华民族哪会有今天！然而毛泽东致力于革命，他的家人团队付出的也太多了。已早为大家所熟知的是上述 6 位亲人，其实又何止呢？

毛泽东一生共有过 10 个子女，其中 5 儿 5 女，由于革命环境的艰辛残酷，长大成人的只有 2 男 2 女，即毛岸英、毛岸青、李敏、李讷。其他的 3 男 3 女皆是因为毛泽东致力于救国救民无力照顾而夭折的，也算得上是为国而死吧。

毛泽东的亲戚，同样也都是为革命而奉献的人。毛泽东、杨开慧早期从事革命活动，杨开慧外婆向家曾给予过无私的支持，尤其是杨开慧的六舅向明卿、七舅向定前，曾四次救毛泽东脱险。这些鲜为人知的义举，乍看起来是些微举动，殊不知也可能就是决定毛泽东一生的关键一步呢！

毛泽东的家人、亲戚，或直接或间接地参加、支持，都是对毛泽东革命事业的奉献，这是不言自明的道理。

（二）忠诚报国的师生团队

这里所称的师生团队，就是毛泽东在湖南省立第一师范的老师和同学。任志刚先生讲，大学就是一个圈子，一个人的大学圈子包括老师、同学、校友等，是走向社会的最初圈子。毛泽东最高的学历就是师范，有人说是中专，有人说是大专，其实这不重要，重要的是这个师生圈子。任志刚先生说它是一个政治家的好圈子。

的确，一个学校走出了这么多名存青史的人物，实属罕见，尤其是出了毛泽东这个改变中国与世界的杰出领袖。实际上，这么多名人留史，皆因为毛泽东所致。假如没有毛泽东，这些人也不足以占有如此响亮的显赫名声。

话总有个因果之说，这些人史上留名，皆拜毛泽东所赐，这是毋庸置疑的。但毛泽东学成出道，投身救国救民，立志改变中国和世界，又是在一师五年半的学习生活中启迪。

湖南第一师范学校，名师云集，如杨昌济、徐特立、方维夏、王季范、黎锦熙等。徐特立后来追随毛泽东,终生投身革命;王季范、黎锦熙为新中国教育、文化事业发展立下大功。

这些名师中,最为著名的是杨昌济,他是毛泽东"文明其精神"的主推者,也是伯乐中的伯乐,早在长沙任教初期,他就发现了毛泽东是国家的栋梁。一天,杨先生讲完课回到家里,高兴地对家人说:"我在第一师范看到了两个最好的学生,一个是毛泽东,一个是蔡和森。他们将来定能成为国家的栋梁。"因为毛泽东,杨昌济成为中国历史上最著名的导师。没有这些名师,毛泽东探索救国救民的"大本""大原"就没有了源头。

毛泽东在一师的同学、校友,也是人才辈出、出类拔萃,例如蔡和森、周世钊、李维汉、萧瑜、萧子升、何叔衡等。何叔衡与毛泽东作为湖南共产主义小组的代表参加了中国共产党第一次代表大会,蔡和森后来成为中国共产党早期的著名领导人;李维汉成为无产阶级革命家、新中国的国家领导人。这些同学、校友,是毛泽东"修学储能"的共助者,例如萧瑜的同"游学",张昆弟、罗学瓒的一同"野蛮其体魄"等。更为重要的是他们一起进行救国救民的理想探讨,例如,毛泽东与蔡和森、萧瑜、何叔衡等组织新民学会、组织赴法勤工俭学等。新民学会是湖南共产主义小组的前身,后来有 31 人加入中国共产党,十数人担任过党的重要领导职务。再如毛泽东与何叔衡等改组了湖南学生联合会,把它变为富有战斗性的学生组织等。

"在中国共产党成立之前,毛泽东正是和新民学会的会员们一道探求中国的出路的。"这就是毛泽东在一师这个圈子里探索改造中国与世界的基础。

毛泽东的这个师生团队中最值得一提的是蔡和森,他是湖南一师"三杰"(毛泽东、蔡和森、萧瑜)之一,被杨昌济称为言救国必重者之一,那就是要救国,非得毛泽东、蔡和森。重病中的杨昌济特地致信时任广州军政府秘书长的章士钊，说："吾郑重语君，二子海内人才，前程远大，君不言救国则已，救国必先重二子。"

蔡和森与毛泽东是亲密无间的战友，是赴法勤工俭学的领袖之一，与周恩来齐名。在实现"改造中国与世界"的道路选择上，蔡和森与毛泽东一致，主张走共产党的路，应该是最早与毛泽东探索建党的合作者。

蔡和森在党内有很高的地位，很长时间的排名仅次于陈独秀。可惜，蔡和森牺牲得太早了。

蔡和森对毛泽东的支持，可谓是百分之二百的。他曾以宁可自己不当政治局委员的决绝态度，迫使中央给毛泽东以政治局候补委员的身份。

这说明蔡和森具有超越其他领导人的卓越眼光，只有他才有那样高的层次。他很早就透彻地领悟到了毛泽东的正确，他知道中国革命离不开毛泽东的领导，离开毛泽东就要失败，所以，他以无私无畏的革命精神直言不讳。而党的其他领导人，都是经过一次次地试误以后才明白的。

杨昌济最早看出毛泽东、蔡和森是拯救中国的栋梁，而蔡和森又以决绝的态度支持毛泽东出来领导中国革命，这就是毛泽东的师生团队，既忠诚报国，又具超凡水准。

二、无条件的合作

毛泽东的目标是"改造中国和世界"，他深知要对中国实施这种脱胎换骨的改造，必须与人合作。这一点毛泽东是非常清楚的，所以，在一师读书时他就在报纸上以"二十八画生"的化名刊登广告，张贴求友启事，寻觅随时为国捐躯的同伴。当与回应的罗章龙见面时，毛泽东表明了"愿结管鲍之交"的志向。我们知道，管仲与鲍叔牙是中国历史上伟大的政治家,是对中华民族发展立下大功的人。可见,毛泽东交友中的政治合作目的是明确的。

现实生活告诉我们,合作并非易事,最突出的就是你想合作并非就能合作。为了达成合作,毛泽东的策略就是不讲条件。只要是能壮大革命力量,就无条件地欢迎。

(一)袁文才、王佐,第一批的合作者

袁文才、王佐两支绿林式的农民武装,是毛泽东创建人民军队的第一批合作者。袁文才、王佐是拜把兄弟,各有一支一百五六十人、六十支枪的队伍。王佐的部队驻在山上的茨坪和大小五井等处,袁文才的部队驻在井冈山北麓的宁冈茅坪,两支队伍相互配合,互相呼应。

井冈山革命根据地在中国革命史上的地位是怎么说都不过分的,没有井冈山就没有其他根据地,没有根据地就没有新中国。而毛泽东最初率领工农革命军在井冈山落脚,建立革命根据地,也并非那么简单。

袁文才是共产党员,中共永新县委书记贺敏学、委员贺子珍也退守到了山上,这是毛泽东能够上山的思想基础。但我们必须看到,建党初期,又是在大革命失败的极端恶劣环境下,那时的党组织、党员就是那么回事,有些只是顶个名称而已,一切的一切,统统让位于生存,能活下去是第一位的。

袁文才担心毛泽东的队伍人多,会"火并山寨"。所以他曾请毛泽东带队伍"另找高山"加以辞推,在毛泽东去宁冈大仓村会见时,袁文才在会面的祠堂里埋伏20多人,以防不测。20多支枪,是很强的火力配置。袁文才总共60支枪,部队分散驻扎,光是站岗警戒的就要占去很多枪,他还必须有机动的分队,所以,20多支枪差不多是他能集中的全部武装力量,可见袁文才的戒心是非常大的。

袁文才的担心不是没有道理的，绿林的规则就是大鱼吃小鱼，毛泽东的队伍里也确实有人曾建议缴了他们的械，吞并了事。

袁文才的担心是合理的，缴袁文才的械的确也是一种办法，但这都是常人所为。而毛泽东不同，他是伟人，是圣贤，是伟大的战略家，他要改造中国和世界，他要的是人、是信众。

山大王看中的是枪、是地盘，圣贤、伟人看中的是人、是群众，这是质的区别。

毛泽东只带几个人与袁文才见面，当场宣布送给袁文才100支枪，后又送给王佐70支枪，全部武装了他们的部队，袁、王的戒心最终打消了，也终于弄明白了毛泽东是来合作的。

毛泽东上山后，开始了井冈山革命根据地的创建，袁、王的两支绿林式农民武装的加入也壮大了毛泽东工农革命军的基本力量。

这里需要特别关注的就是毛泽东的合作思想。当有人建议吞并袁、王时，毛泽东说，三山五岳的朋友多着呢，历史上没有哪个朝代能把三山五岳的土匪消灭掉的，我们要联合三山五岳的绿林武装，把他们变成一道革命的武装，这是政策问题。

政策问题，真是极为深奥的道理。

化腐朽为神奇，没听说谁能做到过。毛泽东做到了，他开天辟地，新中国彻底没有了土匪。

（二）朱德、陈毅，第二批的合作者

朱德、陈毅率领的南昌起义及随后湘南暴动留下来的部队，是毛泽东创建人民军队的第二批合作者。这是中国民主革命史上一次极为著名的合作，史称伟大的"井冈山会师"，会师后有了"朱毛红军"。

热切企盼的合作。毛泽东率领秋收起义的部队上了井冈山以后，

就一直非常关心南昌起义部队的下落。他十分清楚，如果南昌起义的部队能够上井冈山，将会是革命武装斗争的巨大力量。于是，毛泽东上山后不久，就派何长工去寻找。何长工经过近两个月的艰难跋涉，终于找到朱德和陈毅，对他们说：毛委员盼望你们能到井冈山和工农革命军会师，一道发展井冈山革命根据地。这表明毛泽东的合作意图很明确，要通过联合积蓄和发展革命武装力量。因为，他已悟到：只有枪杆子才能出政权，只有建革命根据地才能走向胜利。

朱德、陈毅都是无产阶级革命家，他们要彻底闹革命，但是还不知道如何走，完全是茫然无措。所以，当何长工见面转达了毛泽东之约后，朱德极为高兴地说："好极了。这些日子，我们跑来跑去，也没有个地方落脚。"之前，朱德听说赣南崇义有毛泽东的部队，就派陈毅去联系过，后知道是秋收起义的一个营，毛泽东已在井冈山，于是朱德就派毛泽东的小弟弟毛泽覃去井冈山联系。1928年3月，朱德、陈毅发动湘南起义失败后，朱德首先想到的就是把队伍带上井冈山，和毛泽东的部队会合，投入保卫井冈山红旗的斗争。当他与陈毅商量时，陈毅肯定地回答："根据目前形势，只有到井冈山和毛泽东部会合，才是唯一出路。"

这样一比，你可能看出点门道，朱、毛会师，其实背景是有差异的。

毛泽东上井冈山，是悟到了那是革命的道路。朱德、陈毅上井冈山，那是出于无奈，他们还没弄明白毛泽东要干什么，这在他们上井冈山后与毛泽东的分歧中就能看出来。

是的，中国革命胜利的道路，都是毛泽东探索出来的。这时别说朱德、陈毅没弄明白，就是中共中央的领导，也没有一人弄明白。不然，他们就不会一再刁难毛泽东。

中央决定南昌起义，实质上是在走苏联革命的路子，企图通过城市暴动夺取全国政权。

合作的对等性。有人仅仅根据毛泽东的一句话，身背盒子枪，师长见军长，就误以为朱德比毛泽东的职务高。还有人以此来说明朱德人品高尚，认为朱、毛一见面毛泽东成了上级，朱德服从了毛泽东的领导。

这种认识是不准确的。说到职务，毛泽东早在朱德之上。毛泽东当过国民政府的宣传部部长，是中共第三次全国代表大会的政治局委员，而朱德1922年10月才加入中国共产党。

师长、军长也完全不是现在统一编制下的军长、师长的概念。那时的军长、师长可以自己随意叫，几百人、上千人都可以叫军。

朱德的军长，实际是第九军副军长，这个新编第九军是个空架子，实际兵力也是一个团左右，而南昌起义时朱德是军官教导团的团长，但朱德在1917年护法战争中屡建战功，同年秋被授予少将旅长，在滇军中有很高的威望。

毛泽东是工农革命军第一军第一师的师长。第一军第一师是毛泽东上井冈山后，把袁文才、王佐的部队与秋收起义的部队合编成的，实际上就是一个师，辖两个团。毛泽东之前是中央特派员，是临时党中央的政治局候补委员、湖南省委委员，是第一师的党代表，因不执行中央的决定，被撤销党代表职务后改为第一师师长。

实际的兵力，毛泽东是两个团，朱德也是两个团，朱德的人数要多于毛泽东。但也不是相差很多，因为，毛泽东秋收起义的部队、袁文才和王佐的部队、敌人第一次进剿的俘虏，还有新补入的人员，算下来是不相上下的。

毛泽东对朱德、陈毅的合作是无条件的，因在朱德、陈毅上山之前，毛泽东已对建军和地方的建党、建设地方政权等进行了探索，"一个巩固的农村革命根据地在井冈山初步矗立起来，打开了实现工农武装割据的新局面"。

毛泽东上山时，袁文才、王佐是有条件的啊！而毛泽东是无私的，他无条件接纳朱德、陈毅到了自己的地盘，实行了平等的合作。

合作的曲折性。朱德、陈毅的部队上山了，加之新补入的"解放战士"和来自社会各行各业的群众，旧军队的意识在部队蔓延，毛泽东的建军思想还没得到广泛认可，政治部主任陈毅对错误倾向又不加以制止，这直接导致了毛泽东在红四军第七次党代表会议上被选掉了红四军前委书记，离开了军队。

朱德取代了毛泽东，自己带着队伍，照他的办法去打仗，"结果到了广东梅县，就碰了一个大钉子，打了大败仗"。没办法，朱德、陈毅还得请毛泽东回军队。毛泽东说我回去可以，但必须开会，要纠正党内的错误思想、错误路线。结果就是按照毛泽东的思想召开了红四军的第九次代表大会，形成了古田会议决议，使建军按照毛泽东的正确思想重新实施，合作也得以继续。

有资料表明，朱德、陈毅包括其他一些人，开始并非完全支持毛泽东的主张，加之新上山的人多势众，毛泽东尚无法控制、无法做主，所以合作是曲折复杂的，导致指挥权在朱德和毛泽东之间轮换。

毛泽东在，按照他的办法行事，革命就胜利，毛泽东不在，不按他的办法革命就失败，这几乎成了"魔咒"。

（三）彭德怀、滕代远，第三批的合作者

彭德怀、滕代远率领的平江起义剩下来的部队，是毛泽东创建人民军队的第三批合作者。平江起义 1928 年 7 月 22 日举行，起义后成立工农红军第五军第十三师。彭德怀为军长兼十三师师长，滕代远为党代表，邓萍为参谋长。1928 年 11 月，湖南省委指示红五军向井冈山进发与红四军会合。

1928 年 12 月底，毛泽东获悉彭、滕即将来井冈山，决定派何长工率军部特务营和独立营前往莲花县迎接。彭、滕的红五军 700

多人编为红四军第三十团，彭德怀任红四军副军长兼第三十团团长，滕代远任红四军副党代表兼第三十团党代表。

毛泽东要的就是人，只有有了人，才能完成他心中的宏大目标。所以，他对来井冈山的部队当然十分欢迎。南昌起义的部队，毛泽东是派何长工去寻找；平江起义的部队，毛泽东获悉要来井冈山，又主动派何长工去迎接。

为什么毛泽东这么主动呢？一句话，是他要创建人民军队完成革命的最终目标使然。他要寻找更多的合作者以形成强大的革命力量，他深知，舍此不能到达彼岸。

彭德怀与毛泽东，在宁冈县茨坪一家中农的房子里第一次会面，当彭德怀走进屋内时，毛泽东说："你也走到我们这条路上来了，今后我们要在一起战斗了！"

彭德怀、滕代远部队的加入，"进一步加强了井冈山的武装斗争力量，成为全国各根据地中人数最多、战斗力最强的一支红军"。

三、最广泛的合作

深入研究毛泽东我们就会发现，毛泽东一直主张合作，也一直在寻求合作，从他最初呼唤民众的大联合，到极力促成全民族的抗日统一战线，再到建立新中国的多党合作，直到最后号召全世界无产阶级的大联合。最广泛的合作，应是毛泽东的基本思想。

（一）尽量减少不合作者

毛泽东的志向是改造中国和世界，所以他要联合更多的人与他合作。毛泽东的合作，最终的目标是实现建立人民当家作主的政权，而不像封建王朝的改朝换代，由新的大地主政权替代旧的大地主政权。

封建王朝的改朝换代，通常伴以血洗和屠城，朱元璋就几乎杀死了所有的合作者。新中国成立，毛泽东说我们要把国民党政府留下来的所有人员都包下来，人尽其用，共同建设新中国。新中国，毛泽东组织起了全国人民的大合作，把敌对面减少到了最小。

尽量地减少敌人，尽量多地团结人，是毛泽东合作的基本主张。这看似简单的道理，放到具体问题的处理上，只有毛泽东能够把握和做到。

土地革命战争时期，如何对待地主、富农，是关系到能不能争取到尽量多的合作者的重要问题。如果没有更多的合作者的支持，革命就难以进行。

当时的中央和党的地方委员会，在苏共和共产国际的指导下，对地主是杀、杀、杀，对富农是先烧光，使他变成无产者，然后逼他进行革命。这些政策很滑稽吧，可这就是当时的"正确理论"。更滑稽的是，除了毛泽东，竟然再没有哪个人感觉这有问题。

毛泽东认为，不能让地主喝西北风，不能让富农半饥半饱，逼富农造反。对地主"酌量分与土地"，对富农土地只没收"自食以外的多余部分"，对中农"不要予以任何的损失"，这样的政策就使得共产党、红军争取到了最广大的支持者，尽量减少了不合作者。这就是毛泽东的"富农路线"，为此，他受到了无情的批判直至撤销职务。

（二）一切爱国的都是合作者

毛泽东把抗日救国视为自己的责任，所以，当面对日寇时，毛泽东就把合作的对象扩大到了所有的爱国者，不再是单纯的工人、农民联盟，而是要扩大到国民党及其军队。这是一个非常高明的转换，这样就减少了一大批敌人，只剩下了日寇和其帮凶。当然这有一个过程，毛泽东既要争取合作者，还要做通党内同志的工作。因为，蒋介石剿共产党 10 年，杀死了无数共产党员和红军指战员，同志们对其恨之入骨。

与国民党的这种常人难以理解的合作，是从"剿共"的东北军开始的。中央红军主力到达陕北，国民党当局立刻调重兵围剿，其中包括张学良的东北军、杨虎城的第十七路军，还有胡宗南、关麟征、毛炳文等部，10 余万人，兵力多出红军好几倍，毛泽东指挥一军团、十五军团在直罗镇南北夹击，全歼东北军第一〇九师和第一〇六师一个团，毙敌师长牛元峰，俘虏大批敌官兵。毛泽东指示对待俘虏一律不杀，优待加释放，并给他们的师长、军长包括张学良写信，表明合作意愿。

以前的党中央领导人主张只搞下层的统一战线，不搞上层的统一战线，而毛泽东的主张是既搞下层的也搞上层的，并以极大的精力与周恩来一起做东北军、第十七路军的合作工作，这就是发生西安事变的主要原因。

蒋介石政府先后同日寇签订了丧权辱国的《塘沽停战协定》《何梅协定》，把河北、察哈尔两省的大量主权拱手让给日本，还准备与日寇策划的"华北自治运动"妥协，全国掀起了抗日救亡运动高潮，毛泽东敏锐地看到了与国民党中上层联合抗日的可能，尖锐地批判了党内的"关门主义"，从反蒋抗日、逼蒋抗日到拥蒋抗日，把民族资产阶级，包括大资产阶级的抗日者统统拉进了抗日合作的大营。

毛泽东的高明，是站在中国大地上考虑中国人民的利益，而不是去套马列主义的本本。联合民族资产阶级（中间势力）抗日，是毛泽东的始创，博古说这是背离马克思主义的，因为马克思主义认为"中间势力是最危险的"。

敌人的敌人就是我们的朋友，毛泽东之前的党中央弄不明白这一点。"福建事变"的重大失策，使中国共产党和中央红军失去了打破敌第五次"围剿"的最好良机。

"福建事变"是 1933 年 11 月 20 日，国民党第十九路军将领蔡廷锴、陈铭枢、蒋光鼐、李济深发动的抗日反蒋事件。第十九路军 50000 多人，成立了中华共和国人民革命政府，通缉蒋介石、汪精卫、何应钦等。蒋介石十分担心红军与十九路军的联合，一旦联合对于蒋介石来说后果不堪设想，而中共中央在共产国际的指导下，把争取这一中间势力定为最危险的行动，致使打破蒋介石第五次"围剿"的机会错失。

争取中间势力合作抗日，是毛泽东下的一盘高棋，很显然，把中间势力逼到反对共产党的那一边，民族革命是无法胜利的。

毛泽东思想就是解决中国问题的金钥匙，绝对宝贵！

四、合作的变与不变

改变中国和世界，是毛泽东终生贯穿的目标，所以，与所有人合作对付共同的敌人就成为毛泽东一以贯之的主张。他的合作思想、合作方法、合作艺术，可谓绚丽多彩，但贯穿其中的是合作目标的不变与合作形式方法的灵活多变，变与不变的巧妙结合成就了他达到事业的顶峰。

毛泽东合作目标的不变，是根本的，这是与他实现国家的彻底变革相一致的。在毛泽东领导的革命大局中，不论是谁，凡是对革命有利，对中国人民的利益有利，对中华民族利益有利，他都积极与之合作，哪怕过去是死敌。因为，这种合作有利于实现他心中的目标，是要主导的。

（一）对象变，宗旨不变

对象变，宗旨不变，这是毛泽东合作的基本做法。不同的时期，有不同的敌人，为了对付不同时期的敌人，合作对象就有了变化。

大革命时期，主要的敌人是反动的北洋军阀，国民党是革命者，所以毛泽东就积极地参与第一次国共合作，他呐喊、奔走、全身心地投入工作。

蒋介石叛变革命，屠杀共产党和进步势力，土地革命战争开始，主要敌人就成了蒋介石。国民党反动派镇压革命，毛泽东就旗帜鲜明地举起造反大旗，联合一切反蒋的力量，通过土地改革和建立人民政权，获得贫苦农众的合作支持，以战胜蒋介石。

日本侵略者要灭亡中国，日寇是主要的敌人，是中华民族的敌人，毛泽东就积极倡导和力促第二次国共合作，联合全中国人，打日本，救中国。凡不利于联合打日本的，一律叫停，即使是土地改革这样的基本任务也要让步。毛泽东说："在整个抗日战争时期，无论在何种情况下，我党的抗日民族统一战线的政策是绝不会变更的。"只要是愿意抗日的就是中国共产党的朋友，就可以合作，目标就是消灭日本侵略者。1941年12月8日，日军偷袭珍珠港，美英结盟对日宣战，毛泽东即视美英等国为朋友。这就是他说的："凡反法西斯者就是好的，凡助法西斯者就是坏的。"

日寇投降，蒋介石发动内战，要消灭共产党和人民军队，实行反动的独裁统治。主要的敌人又变成了蒋介石，毛泽东就联合民主党派和一切反蒋的进步力量，去打倒蒋介石。

合作对象变化的原因，是合作宗旨的始终不变。如果合作宗旨变了，也就没有了合作对象的变化了。变化合作对象，正是为了不变合作宗旨。这乍听起来叫人不好把握，可实质上就是这么一种逻辑关系。

相关研究者的一段话可能有助于理解。研究者说："第二次国共合作是他（毛泽东）积极倡导的，是克服了相当大的阻力的，与屠杀自己的敌人合作，对党内许多同志来讲是困难的，与自己的死对头合作，是因为有了共同的敌人——日本侵略者。为了对付这个强大的敌人，他（毛泽东）需要与蒋介石合作，甚至低下头来求蒋介石合作，他可以换掉旗帜和帽徽，成为国军的一部分。"

把日本侵略者赶出中国，是毛泽东推翻三座大山、建立新中国这一宗旨的题中应有之义，所以，为了这一宗旨，就必须低头求蒋介石合作，不然就不能实现宗旨。

为了实现革命宗旨，毛泽东接纳一切合作者，实行的是自愿合作原则。

著名的"三湾改编"，毛泽东对部队说，愿者留，不愿留者走，而且还发给路费，以后想通了还可以回来。看看，这完全是建立在自愿基础上的合作。

对自家人这样，对俘虏也同样。1928年初，赣军第二十七师杨如轩部以一个团和一个营的兵力向井冈山进剿，毛泽东利用晨雾发动袭击，采用围三阙一、在运动中歼敌的战术，大获全胜，攻占宁冈县城，俘虏近400人。这些俘虏如何处理？这却是个新问题，是关乎发展壮大的问题。毛泽东制定了优待俘虏的政策：工农革命军不杀、不打、不骂俘虏，不搜俘虏腰包，对伤病俘虏给予治疗；经过教育、治疗后留去自由，留者开欢迎会，去者开欢送会并发路费。

这是对待俘虏吗？是对待客人吧！俘虏，那是敌人，是刚刚厮拼的敌人，哪能待为上宾呢！毛泽东就是非同一般人的先师，他通过这几百俘虏，看到了蒋介石的几百万部队，他给他们留下了一个新的选项——一条可选择的路。毛泽东真诚地与俘虏合作，通过俘虏这种特殊的合作对象，为壮大自己的力量添砖加瓦，达到最终实现解放全中国的目的。

这真是一种盈利模式，在以后的作战中尤其是在解放战争中取得了绝对的成效。难怪敌人惊叹此招"毒矣哉"！

毛泽东的合作是真诚的，他要的是通过广泛的合作，来实现改造中国的根本宗旨，这在他实施的党内合作、国共合作、多党合作、全民族合作、国际合作中，都能充分体现出来。

（二）方法变，目标不变

毛泽东合作的方法是多变的，但这种变化是以目标不变为前提的，这一点尤其体现在创建人民军队的伟大实践中。

毛泽东决心离开上海，要拿枪上山救国救民，可上山的人马不足千人，这样一支队伍要完成救国的宏大志愿，无异于蚍蜉撼树，所以开始时他必须以不讲任何条件的方法寻求合作者，不管是合规不合规，先是人合到一起，有了人就能壮大队伍，就能与敌人斗争。由此，袁文才、王佐的部队，朱德、陈毅的部队，彭德怀、滕代远的部队，即集合在了他的麾下。

这种不讲任何条件的合作，好处是迅速扩大了队伍，但问题也就随之而来，新加入者人数多成分杂，不能全部理解毛泽东策略，加之毛泽东也还没有一套成熟的实施细则，这就给他带来了很大伤害，使他丢了权，离开了他自己创建的军队。这使人很难受，如果毛泽东没有胜出他人的本领，领导权也就此易手了。

毛泽东就是出类拔萃，离开他，作战就失败，有了他，作战就胜利，所以还得请他回来。毛泽东这时要立规矩了，他召开会议，统一思想，作出决议，仍旧按照他的思想去建设军队。

为了解决这种合作模式带来的问题，他改变了合作方法。

1931年12月14日，国民党第二十六路军17000余人在宁都起义，加入红军。国民党第二十六路军原是冯玉祥的部队。1930年的中原大战，阎锡山、冯玉祥失败，冯玉祥所属孙连仲的部队4个师不得已接受蒋介石的收编，编为国民党第二十六路军，由河南省移驻山东省济宁一带。

1931年春，第二十六军被调往江西，参加对中央革命根据地的"围剿"。第二次"围剿"，该军的第二十七师，师部几乎被全歼，一旅被歼灭过半。第三次"围剿"，第二十六军经黄陂、东韶进驻宁都。第二十六军的官兵基本是北方人，受过大革命的政治影响，又在中原大战中与蒋介石血战，对蒋介石的积恨难消，通过共产党的政治工作，在军参谋长赵博生、七十三旅旅长董振堂、七十四旅旅长季振同、一团团长黄中岳的领导下举行了起义。该军起义加入红军后，编为红五军团，下辖第十三军、第十四军、第十五军。

国民党的部队起义加入红军，这是新的合作对象，以后会是常态，所以毛泽东不敢疏忽，他要摸索出新的合作方法，以便交给他的各级指挥员进行推广。因此，毛泽东指导了红五军团的建军工作。

毛泽东采取的套路，是整合改造、注入灵魂：一是党支部建在连上，这是毛泽东的建军原则，是必需的。二是掺沙子，各级派政治指挥员，军团政委萧劲光，政治部主任刘伯坚，第十三军政委何长工，第十四军政委黄火青，第十五军政委左权，各师派了政治委员，每个连都派了指导员。三是"剥笋政策"，第二十六军的军官愿留愿走都欢迎。毛泽东说过，捆绑不成夫妻，强求合作是不成的。四是实行混编，提拔一批下级军官，输送一批红军指挥员到红五军团基层任职。五是连队建立士兵委员会，这是毛泽东为保证士兵利益而建的组织，也是必需的。六是思想教育，学习红军精神，学习做群众工作，就是教思想教方法，注入毛泽东思想的灵魂。思想灵魂统一了，合作自然就不成问题了。

毛泽东成功了，这种套路非常有效，红五军团在后来为中国革命立下了赫赫战功。这种整合改造的套路，在解放战争中的运用，使国民党的大量投诚起义部队很快脱胎换骨，成为人民子弟兵，为人民打江山立新功。

五、合作特质与合作模式

成功取决于合作模式，合作模式又取决于合作特质。蒋介石与毛泽东有着根本不同的合作特质，这也决定了他们的合作模式有着根本的区别。

（一）不同的合作特质

毛泽东的合作基础是人民，维护中国人民的利益、维护中华民族的利益，是其基本的特质。这如同他的奋斗一样，是彻底为中国人民的利益而奋斗、为中华民族的利益而奋斗。

蒋介石的合作基础是江浙财团，并且通过江浙财团与英美建立了合作关系。蒋介石的这种合作，背后是买办资产阶级、大地主官僚阶级，维护的是反动统治阶级的利益、各在华帝国主义国家的利益，而他通过与帝国主义国家的合作从中获得他的利益。这是蒋介石合作的特质。

（二）不同的合作模式

蒋介石的这种合作特质，决定了他的合作模式就是联强灭弱、联大吃小，比他小的势力能消灭的就消灭，消灭不了的就采取收买的办法消化。对不合作的党徒和朋友能杀的就杀，杨希闵、刘振寰、吴佩孚、孙传芳、张作霖、张宗昌、冯玉祥、阎锡山、李宗仁、白崇禧、唐生智、陈炯明、张发奎等军阀，一个个成为蒋介石的囊中之物，廖仲恺、邓演达、杨杏佛、杨虎城等，一个个成为蒋介石的刀下鬼。

蒋介石的这种联强灭弱的合作模式，使他无役不与，无往不胜，开始进展非常顺利，这是因为他通过洋人解决了枪，通过财团解决了钱，通过枪、钱解决了人，形成了枪、钱、人的良性循环，掌握了旧社会力量生成的最佳模式，最终他也获得了最高权力，满足了各利益集团的利益。

毛泽东的合作特质，决定了他的合作模式是最基层、最广泛的合作。这不难理解，毛泽东从事的是人民的事业，依靠的只有人民，必须与人民合作，这种合作来得慢，而且途径曲折，需要极高的智慧、极为正确的道路。

毛泽东娴熟地驾驭了这种合作，他提出了正确的合作理论，教育他的同志们学会正确的合作方法。毛泽东说，要消灭党外关系上的宗派主义，必须明白"单靠团结全党同志还不能战胜敌人，必须团结全国人民才能战胜敌人"。对于合作，他说："对于一切愿意同我们合作以及可能同我们合作的人，我们只有同他们合作的义务，绝无排斥他们的权利。"有合作义务，无排斥权利，这就为中国共产党的党外合作找到了正确模式。

党内合作，是更为重要的合作。世界上的一些政党分裂，很重要的问题是没有解决好合作模式问题。

中国共产党成立90多年，在毛泽东的思想还没有被全党接受之前，曾发生过分裂党中央的事件，毛泽东主政以后，毛泽东的党内合作模式形成，中国共产党一直保持了团结，保持了生机与活力，成为世界上的第一大政党。

党内合作，最难的是与对立面合作，这一招学会了，就可以化解合作纠纷。毛泽东十分清楚党内是有派的，合作就是要解决好与持不同意见的同志合作。他说："要练习和那些曾经同我闹过纠纷、有过原则分歧、打击过我以及开除过我的党籍的人合作。"这一条，一定要练习做到。毛泽东就是与不同意见者合作的典范，这也形成了中国共产党解决自身合作问题的传统。

第八章

开放精神

毛泽东的开放精神，指的是毛泽东不惧敌封锁、反对闭关锁国、实施平等全面的开放精神。毛泽东在领导新中国战胜封锁、对外开放的过程中，表现出的开放思想、超凡智慧、不惧霸权主义的勇气、独特斗争技巧等，所形成的伟大开放精神，成为中国的宝贵精神财富。

"开放"作为一个词，也非常普通。更为主要的是，开放被作为共产党的十一届三中全会后的代名词，作为一个时代的开始，几乎无处不在、无刻不在了。但这个词，却承载着中国非常复杂的历史内涵，既有耻辱，更有辉煌。

开放，作为一个国家的国策，不是一般人想象的想开放就开放，不想开放就不开放。这个世界是个极为不平等的世界，它基本的运行规则是弱肉强食。作为一个国家，能不能开放，如何开放，是受这个规则制约的。当你伤残赢弱需闭门修炼时，列强会逼你打开门，强行让你开放，而当你身体逐渐康复需走出去时，列强却把你的门封得死死的，不让你开放。这就是世界，你看看现实，就会明白。

新中国的开放，在独立平等条件下的开放，是在毛泽东领导下通过中国共产党不屈不挠的奋斗完成的。

中国人，真正懂得开放的人是毛泽东，因为他在上山后一直到逝世，几乎是在被封锁的斗争中走过的。他比任何人更深刻地理解开放的内涵，比任何人更精明地把握着开放的时机。

新中国开放的大剧，正是毛泽东、周恩来等老一辈党的领导人开启的。"中国真正的开放，就是从大外交开始的。"

一、流血流泪的"开放"

如果认为 1840 年前的中国是封闭的国家，那么 1840 年后的中国就是"开放"的国家。因为，中国对外国强盗失去了限制和禁令，中国成为有国无防、门户洞开的外国强盗的乐园。伴随着"开放"而来的，是中国无尽的流血流泪的深重灾难。

（一）侵略中国的五次战争与不平等条约

从 1840 年到 1949 年的 100 多年里，外国强盗对旧中国进行了若干次侵略战争。这些战争，除了 1931 年至 1945 年的日寇侵华战争，其他战争都是中国耻辱地服输。

1931 年至 1945 年的日寇侵华战争，如果没有毛泽东和中国共产党的领导、没有毛泽东思想的注入，仍会重蹈覆辙，甚至会更惨，因为此时的中国，积弱更重，国脉更乱。

100 多年里，外国强盗侵略中国的若干次战争，有 5 次是需要国人深刻感触的。只有深刻感触这 5 次战争，我们才能知道今天应该持一种什么态度，为国家干一点什么事情。

鸦片战争，是 1840—1842 年英国对中国发动的侵略战争。1840

年,英国在美国、法国支持下发动侵华战争,先攻占定海,又北犯大沽。1841 年 2 月,英军攻陷虎门,5 月占领泥城、四方炮台,攻击广州,清政府求和,订立《广州和约》,向英军缴纳赎城费 2100 万银圆,8 月英军扩大侵略战争,攻陷厦门,10 月再陷定海、宁波。1842 年 3 月,清政府向英军求和,英军为达到侵略目的,6 月攻占吴淞,7 月攻陷镇江,进犯南京,清政府在南京与英军议和,8 月签订了丧权辱国的《南京条约》。

英法联军之役,即 1856—1860 年的第二次鸦片战争。1856 年,英国借口亚罗号事件,进犯广州,被当地军民击退。1857 年,英国、法国组成英法联军,12 月攻陷广州。1858 年 5 月 20 日,英法舰队在俄罗斯、美国支持下攻陷大沽炮台,逼近天津,清政府 6 月在天津分别与俄罗斯、美国、英国、法国签订《天津条约》,随后又在上海签订中英、中法、中美通商章程。与此同时,俄罗斯迫使清政府签订《瑷珲条约》,割去中国黑龙江以北、外兴安岭以南大片领土。1860 年 8 月,英国、法国联军 18000 余人再向大沽进攻,由北塘登陆,攻陷大沽炮台后进占天津,9 月在通州八里桥击败中国军队,侵入北京。10 月 24 日、25 日,清政府分别与英国、法国签订《北京条约》。俄罗斯迫使清政府签订《北京条约》,割去中国乌苏里江以东大片领土。

中法战争,是 1884—1885 年法国侵略中国的战争。1883 年 12 月,法国军队向中国军队发动进攻,挑起中法战争。战争初期,中国军队作战接连失利。清政府向法国妥协。1884 年 5 月,中国与法国在天津签订《中法会议简明条约》。6 月,法国军队向中国谅山驻军进攻,并向中国海面调动军队,扩大战争。8 月,法国舰队向中国台湾进攻。10 月,法国军队攻占台湾省基隆,向台北进攻,遭到中国军队和当地人民顽强抵抗,法军大败,但清政府 4 月在巴黎与法国订立停战协定。6 月,在天津与法国签订《中法新约》。

甲午战争，是 1894—1895 年发生的中国与日本的战争。日本为夺占朝鲜和发动侵略中国的战争，曾做了长期的准备。1894 年趁朝鲜东学党起义，出兵侵占朝鲜，并于 7 月对中国海军、陆军发动突然袭击。8 月 1 日，中日双方正式宣战。9 月，中国陆军、海军在平壤和黄海海战中受挫。10 月，日军分陆、海两路进攻中国东北，侵占九连城、安东（今丹东）。11 月，又陷大连、旅顺等地。1895 年 2 月，日军攻占威海卫军港，清政府北洋舰队全军覆没。3 月，日军侵占牛庄、营口、田庄台。中国军队惨败，清政府与日本订立《马关条约》。

八国联军侵华战争，是 1900—1901 年，英国、美国、德国、法国、俄罗斯、日本、意大利、奥地利八个帝国主义国家联合侵略中国的战争。19 世纪末，中国北方爆发了义和团反帝爱国斗争。帝国主义国家为了镇压义和团运动、瓜分中国，借口中国"排外"，联合大举进攻。1900 年 6 月 17 日，联军攻占大沽炮台。7 月 14 日，攻陷天津。8 月初，集结兵力 20000 余人，自天津沿运河两岸向北京进发，14 日攻陷北京，肆意掠夺财物、屠杀人民。慈禧逃往西安，派大臣乞和。9 月，侵略军陆续增至 10 万人，由京津出兵，分别侵略山海关、保定、正定以至山西境。在此期间，俄罗斯又单独调集步骑兵 17 万余人，分 6 路侵占中国东北，企图并吞东三省。12 月，八国联军提出议和大纲，中国政府全盘接受。1901 年 9 月 7 日，中国政府与外寇签订《辛丑条约》。八国联军除留一部分兵力常驻京津、津榆铁路外，其余撤兵回国。

这五次战争中，包括旧中国其他时期，中国政府与外寇签订的一系列条约，都是不平等条约。

（二）不平等条约与中国"开放"

外寇强迫中国政府签订的一系列不平等条约，内容很多。例如，让中国割让土地、赔款，在中国驻军等等，但基本点如果用一句话概括，就是要中国"开放"，要中国对这些外寇、强盗"开放"。

这些条约，要求不断地加码，目的也是一个，要中国加大"开放"力度。

《南京条约》，是中国近代史上与外国签订的第一个不平等条约，是中国第一个丧权辱国的条约。

《南京条约》除了规定中国政府向英国赔款2100万银圆、割香港岛给英国外，主要的就是打开中国市场。条约规定中国政府开放广州、厦门、福州、宁波、上海等五处为通商口岸，准许英国商人自由贸易，英商进出口货物缴纳的税款，中国需要与英国商定。

英国强占香港岛，中国的领土完整遭到破坏，丧失了独立自主的地位。通商口岸成为西方资本主义对中国进行殖民掠夺和不等价交换的中心。从此，中国开始沦为半殖民地半封建社会。

《南京条约》为列强开了头，紧接着美国强迫中国签订《中美望厦条约》，规定美国享有英国在中国的一切特权，美国兵船可自由出入中国通商口岸。接下来就是法国强迫中国签订《中法黄埔条约》，规定法国享有英国、美国在中国的一切特权。

《天津条约》，是中国分别与俄罗斯、美国、英国、法国签订的，实际上包括《中俄天津条约》《中美天津条约》《中英天津条约》《中法天津条约》等条约。

《中俄天津条约》在要求中国开放市场方面规定：（1）俄国得在上海、宁波、福州、厦门、广州、台湾（台南）、琼州等七处口岸通商，若他国再有在沿海增开口岸，准俄国一律照办；（2）俄国得在中国各通商口岸设立领事官，并派兵船在这些口岸停泊；（3）俄国东正教教士得入内地自由传教；（4）日后中国若给予其他国家以通商等特权，俄国得一律享受。

通过该条约，俄罗斯取得了第一次鸦片战争后力图取得的沿海通商权利，并凭借最惠国待遇条款，一举取得了和英、法、美等国同样的侵略权益。

《中美天津条约》在要求中国开放市场方面规定：（1）中国准许其他国家公使驻北京，应准美国一律照办；（2）增开潮州、台湾（台南）为通商口岸（后来开埠时潮州口岸设在汕头）；（3）耶稣教教士得自由传教；（4）扩大片面的最惠国待遇，即中国给其他国家的特权，"无论关涉船只海面、通商贸易、政事交往等事情"，美国得"一体均沾"。

通过该条约，美国不费一兵一卒最大限度地实现了侵略要求。美国获得了远比《望厦条约》更为广泛的侵略权益，同时以周详严密的片面最惠国条款，坐享英、法等国在第二次鸦片战争中攫取的一切特权。

《中英天津条约》在要求中国开放市场方面规定：（1）英国公使得住北京，并在各通商口岸设领事官；增开牛庄、登州、台南、淡水、潮州、琼州、汉口、九江、南京、镇江为通商口岸（后来开埠时，牛庄口岸设在营口，登州口岸设在烟台，潮州口岸设在汕头）；（2）耶稣教、天主教教士得自由传教；（3）英国人得往内地游历、通商；（4）英国商船可以在长江各口往来；（5）中英两国派员在上海举行会议，修改关税税则；（6）中国向英国赔银 400 万两；（7）确定领事裁判权和片面的最惠国待遇。

在该条约外，英国还迫使中国签订了《中英通商章程善后条约》，又称《中英通商章程》，共十款，附有《海关税则》。主要规定：（1）海关聘用英国人；（2）英国在海关对进出口货物一律按时价值百抽五征税；（3）洋货运销内地，只纳子口税百分之二点五，不再纳厘金税；（4）允许鸦片进口，每百斤纳进口税三十两。从此，鸦片公开输入中国，外货充斥中国市场。

《中法天津条约》在要求中国开放市场方面规定：（1）法国公

使得住北京；（2）增开琼州、潮州、台湾（台南）、淡水、登州、南京为通商口岸（后来开埠时，登州口岸设在烟台，潮州口岸设在汕头），并在各口岸设领事官；（3）天主教教士得入内地自由传教；法国人得往内地游历；（4）凡中国与各国议定的税则、关口税、吨税、过关税、出入口货税，法国可"均沾"；（5）法国兵船可以在中国各通商口岸停泊；（6）中国向法国赔银200万两。

《马关条约》，是甲午战争中签订的，根据条约规定，中国割让辽东半岛（后因俄罗斯、德国、法国干涉而未能得逞）、台湾岛及其附属各岛屿、澎湖列岛给日本，赔偿日本2亿两白银。中国向日本再增开沙市、重庆、苏州、杭州为通商商埠，并允许日本在中国的通商口岸投资办厂。

通过该条约，日本获得巨大利益，刺激其侵略野心进一步膨胀。中国民族危机空前严重，半殖民地化程度大大加深。该条约极大地适应了帝国主义列强对中国资本输出的需要，随后列强掀起了瓜分中国的狂潮。

《辛丑条约》，是八国联军侵华战争中签订的，亦称《辛丑各国和约》《北京议定书》，是在中国被强迫"开放"基础上的奴役性条约，也是中国近代史上赔款数目最庞大、主权丧失最严重的不平等条约。条约规定：（1）中国赔款价息合计9.8亿两白银；（2）划定北京东交民巷为使馆界，允许各国驻兵保护，不准中国人在界内居住；（3）中国政府保证严禁人民参加反帝运动；（4）清政府拆毁天津大沽口到北京沿线设防的炮台，允许列强各国派兵驻扎北京到山海关铁路沿线要地。

该条约是帝国主义列强强加给中国的又一个奴役性条约，标志着清政府完全成为帝国主义统治中国的工具。《辛丑条约》的签订进一步加强了帝国主义对中国的全面控制和掠夺，标志着中国已完全沦为半殖民地半封建社会。

《九国公约》，这个公约与上述条约有些不同，但仍可以十分清楚地看到列强要求中国"开放"的态度。《九国公约》是 1921 年 8 月，由美国出面，邀请英国、法国、日本、意大利、比利时、荷兰、葡萄牙以及中国参加，在美国华盛顿达成的。

第一次世界大战后，中国成为世界上最后一块肥肉，列强都担心瓜分这块肥肉会引起新的世界大战，于是开会进行利益协议。由于怕"分肉"不均引起大战，各列强相互制约。公约尊重了中国的主权，但同时要求中国必须对各国实施"门户开放"，让各国利益均沾。

（三）"开放"与中国沦为半殖民地

20 世纪 20 年代，经过了七八十年的蹂躏，中国好像也没有什么不"开放"的了，即使如此，外寇强盗用公约的形式，再次强化"开放"。干什么呢？就是要你毫无保留地"开放"，加大"开放"的力度嘛！

外国强盗为什么这么强调中国"开放"呢？因为，只有"开放"，外寇、强盗才能堂而皇之地掠夺中国，当然，中国必须保证列强的掠夺不会受到伤害，这就是签订条约的原因。

没有经济上的独立，就没有政治上的独立。经济命脉被控制，就意味着被奴役的开始。

资料显示，鸦片战争中《南京条约》的签订，标志着中国逐步变成半殖民地半封建社会。这就是"开放"与中国沦为半殖民地的关系。

我们知道，帝国主义国家通过不平等条约，控制了中国沿海沿江的通商口岸，并划界霸占了通商口岸的一部分中国土地，作为它们直接管理的所谓租界。

在租界内，它们实行殖民地制度，有独立的行政、司法、警察等，使租界变成了不受中国政府管辖的"国中之国"。

1894 年中日甲午战争以后，各帝国主义国家加紧了瓜分中国的活动，它们按照各自在中国的经济和军事势力，划定中国的某些地区为自己的势力范围。

一个时期里，中国东北三省是俄罗斯的势力范围；1905 年后，东北三省南部又成为日本的势力范围；长江中下游诸省，是英国的势力范围；云南、广东、广西，是法国的势力范围；福建，是日本的势力范围；山东，是德国的势力范围。

在势力范围内，各帝国主义国家大量推销它们的商品，同时投资开矿、设厂、办银行，掠夺中国资源，榨取中国人民的血汗。

各帝国主义国家按照自己的口味偏好分割着、吞噬着中国这块"肥肉"！

帝国主义国家还在中国攫取了领事裁判权等特权。所谓领事裁判权，就是帝国主义国家在中国的侨民，享有不受中国法律管辖的特权，他们在中国犯了罪或作为民事诉讼的被告时，中国政府不能过问。

帝国主义国家通过这种特权，在中国任性地进行各种非法勾当。

从 1840 年到 1949 年新中国成立，中华民族百余年沉沦，中国人有国无家、有家无防，成为奴隶。

二、被封锁中的开放思想

这种"开放"，是旧中国被逼迫实施的"开放"，是丧权辱国的"开放"，导致中国被掠夺、被奴役，致使中国失血、气衰，"人为刀俎，我为鱼肉"，中国人变成了没有信仰，没有组织，没有精神，也没有好身体的"下等人"。

研究新中国的开放毫无疑问应追溯到革命根据地时期，因为那是中国共产党最早的政权，那里有毛泽东对开放的探索与实践。

毛泽东有太多太多第一，有诸多第一被人们所熟悉，也还有很多第一没有被人们知道。毛泽东是中国共产党领导人中第一个探索与实践开放的人，这显然不为大多数人所熟知。

（一）根据地时期的开放

1927 年 9 月 9 日，毛泽东领导发动了秋收起义，随后率领起义部队向井冈山进军，于 10 月 27 日胜利到达井冈山的茨坪。在井冈山一年零三个月的斗争中，毛泽东建立了第一支工农红军，创立了中国第一个农村革命根据地，点燃了工农武装割据的星星之火，开辟了武装夺取政权的道路。

井冈山根据地地域狭小，毛泽东在井冈山站住脚后，就转为建立赣南、闽西革命根据地，直至最后建立了中央苏区革命根据地。

毛泽东在井冈山革命根据地虽然只有一年多时间，但革命路线图已经基本绘就。在这里，毛泽东完成了建党、建军、建政权、土地革命、人民战争等一系列具有开创历史的伟大建树。

从建政权来说，中国共产党的第一个政权是 1927 年 11 月成立的茶陵县工农兵政府，是毛泽东筹建成立的。1928 年 1 月 23 日，毛泽东指示并修改定稿，于次日颁布了《遂川县工农兵政府临时政纲》。1928 年底，毛泽东又制定颁布了井冈山土地法。1931 年 11 月 7 日，中国共产党成立中华苏维埃共和国临时中央政府，毛泽东当选为主席。

根据地是什么呢？说白了，就是在别人的地盘上占了一块地方。

井冈山革命根据地、中央苏区革命根据地是毛泽东在蒋介石管辖的地盘上占的地方。无疑，革命根据地从建立的那天起，就处在白色政权的四面包围和封锁之中。

人家的地盘，你占了一块，人家自然不满意，所以，人家就封锁你、"围剿"你。

蒋介石对井冈山革命根据地，除了进行疯狂的经济封锁外，同时还发动了一次次进剿、会剿，无奈，封锁和剿除，不但没有把毛泽东封死和剿灭，毛泽东的革命根据地反而扩大了。

蒋介石当然不死心，于是接下来就是对中央苏区革命根据地的连续"围剿"，第一次"围剿"、第二次"围剿"、第三次"围剿"，均被毛泽东彻底粉碎了，而且中央苏区革命根据地大大扩大了。

蒋介石发动第四次"围剿"，毛泽东已被中共中央剥夺了指挥权，但战法套路还是毛泽东的，所以"围剿"仍然失败。第五次"围剿"，毛泽东的一套战法被彻底否定了，蒋介石胜利了，中央苏区革命根据地丢了，党中央、中央红军被迫战略转移。

这就是根据地时期，这一时期从毛泽东1927年10月27日上井冈山开始，到1934年10月10日党中央和中革军委离开瑞金结束，长达7年之久。

如果当时党中央认识到毛泽东的正确和伟大，由毛泽东掌舵指挥，可能就没有长征的苦难辉煌，而直接由瑞金进北平了。因为，导致长征的一系列错误决策，毛泽东都是反对的。

不过，根据地七年也足以说明问题啦。毛泽东的开放思想与实践，发展了根据地的经济，从而支撑了这一时期的建党、建军、建政权。

根据地，无疑是偏僻、贫困之地。偏僻、贫困，再加上敌人严酷的经济封锁，能够活下去，就成为头等的任务。所以，毛泽东上山创建根据地，除了打仗、建党外，主要的精力就是抓经济工作，战胜敌人的封锁。没有吃的，就没有"天"，说什么都没用。

毛泽东抓经济建设，除了分地增加粮食、菜蔬、油料作物等种植面积外，还要发展商业，发展工业，发展对外贸易。红军打下第一座县城，毛泽东即制定了保护商业的政策。这一时期，毛泽东有若干文章讲经济问题，例如《才溪乡调查》《我们的经济政策》《关心群众生活，注意工作方法》等，其中都涉及发展对外贸易问题。

打破封锁，就必须发展对外贸易。对外贸易是什么呢？就是开放。这就是毛泽东的开放思想。

需要注意的是，这时的中共领导人在做什么呢？1927年至1933年，他们化装潜伏在上海的租界里，能做的就是接受第三国际的指示，指责毛泽东的不是。1934年春，中央在上海待不下去了，他们就都跑到了毛泽东打下的地盘里，接下来就是进一步找毛泽东的不是。毛泽东垮了，中央苏区根据地也就垮了。

还需要注意的是，在上海的党中央，既没有工厂，也没有店铺，吃的、喝的、穿的等等，花的钱是哪里来的呢？基本来自毛泽东创建的根据地。是啊！根据地是共产党和红军的家，花钱自然是从家里拿。

上海不是中央苏区，花钱自然花大洋，大洋又是哪来的呢？那就是中央根据地的对外贸易，就是开放，这是必需的。敌人封锁，如果再不开放，就只有被困死。

毛泽东从上山建根据地，到陕北边区，再到新中国成立，基本上是在敌人的封锁中走过的，他比谁都更深刻地体会到了开放的重要性。应强调的是，毛泽东的开放战略、开放策略与开放方法是他人远远不及的。

中央苏区根据地的对外贸易到底有多大，一时难以找到可靠的资料，但有一点可以说明一些问题，那就是中华苏维埃共和国设有国家银行，行长就是毛泽东的弟弟——毛泽民。毛泽民后来当了中华苏维埃共和国的经济部部长。长征前，毛泽民把钱分散保管，为中央守住经济命脉。这里可以领悟到毛泽东的开放实践。

还有一件事，也有必要说一说，这就是"福建事变"。1933年11月20日，国民党第十九路军将领蔡廷锴、陈铭枢等成立抗日反蒋的"中华共和国人民革命政府"，把第十九路军扩编为五个军，改称为"人民革命军"。

毛泽东即时发现这是打破蒋介石第五次"围剿"的良机，建议中央联合第十九路军共同对付蒋介石的进攻，可惜中央否定了毛泽东的建议，从而失去了打破蒋介石第五次"围剿"的机会。

实际上，毛泽东联合第十九路军还有经略福建省的策略，因为福建省有对外出海口，可以发展对外贸易，争取外援。这一层，蒋介石也十分清楚，他并不把第十九路军的 4 万余人放在眼里，而使他坐卧不宁的是福建省的出海口。如果出海口落在共产党手里，就如虎添翼。新中国成立后，毛泽东下决心收回福建省的几个岛，也是考虑到了福州、厦门的港口出海问题。

（二）边区时期的开放

1935 年 10 月 19 日，毛泽东率领中央红军完成举世闻名的两万五千里长征，胜利达到陕北，开始了陕甘宁根据地（其后，国共合作，改为陕甘宁边区）发展时期。

1947 年，蒋介石向陕甘宁边区发起重点进攻，毛泽东决定主动撤离延安。1948 年 3 月 23 日，毛泽东在陕西省吴堡县川口村南的元子塔东渡黄河，离开陕西省。

党中央在延安 13 年，是中国共产党进行新民主主义革命最为关键的时期。这个时期，毛泽东用高德和智慧向世界证明了自己，他实践了国家形态，形成了毛泽东思想，完成了对新中国的设计，奠定了开国的基础。

这一时期，也是极为困难的时期，13 年中有 11 年在抗日，尤其是在进入全民抗战后，毛泽东领导的边区要面对日寇和蒋介石的双重封锁，可谓艰难至极。毛泽东说："我们曾经弄到几乎没有衣穿，没有油吃，没有纸，没有菜，战士没有鞋袜，工作人员在冬天没有被盖。"国库现金仅仅余下 5 元，而且是边区自己印的流通券。日本帝国主义要消灭共产党，蒋介石要困死共产党。

毛泽东在井冈山根据地时期，全部家当只有两件单衣，这时也好不到哪里去。斯诺说，毛泽东的主要奢侈品是一顶蚊帐，所有的财物是一卷铺盖、几件随身衣物。这就是毛泽东被封锁下的真实状态。

面对封锁，毛泽东极为重视寻求各个方面的开放，包括政治、文化、新闻、军事、外交、经济等。1944 年，毛泽东决定停止公开批评国民党，以寻求与国民党合作，寻求共产党的军队与国民党的军队一样平等分配同盟国的援华物资，寻求让蒋介石撤销对边区和抗日根据地的军事封锁和物资封锁。

毛泽东以极大的精力促成全民族抗日统一战线，积极促成国际间统一战线，以实现开放，打破敌人的封锁。1944 年 7 月 22 日，美军军事观察组到延安，毛泽东把这看作一次寻求开放的良机，高度重视，多次与周恩来、朱德会见观察组，取得了非常好的政治开放、新闻开放、军事开放效果。

毛泽东从上山开始，就面对敌人的全面封锁，所以他必须坚强地独立自主，无论是面对天大的困难还是灾害。独立自主，是毛泽东思想的重要内容。这一思想成为全党的思想后，共产党战胜了所有对手；这一思想成为全国的思想后，中国人真正地站了起来。

毛泽东强调独立自主，但也十分重视争取外援，重视对外国资本的利用。这种对外开放的思想，在全党其他同志还没有意识到的时候，毛泽东已经有了非常成熟的想法。

毛泽东就是这样万世至极，面对日寇凶残的侵略、国民党的极端封锁，很多人担心能否胜利的时候，毛泽东已经开始考虑新中国成立后的政策问题，这其中就有开放问题。

毛泽东曾提出引进外资加快陕甘宁边区经济建设的设想，1944

年他对美国记者福尔曼说：我们欢迎外国在我们的统治区向商业及工业方面投资，我们能做得到的我们都要做，创造条件让外国资本家到边区投资。

不仅如此，毛泽东还告诫全党说："战胜日寇主要依靠自己的力量；但外援是不可少的，孤立政策是有利于敌人的。"这说明，他不但考虑边区经济建设的开放问题，而且还考虑开放以战胜日寇的问题，更是一种大开放的思想。

毛泽东说："我们欢迎外国人及外国资本来中国做这些事。中国是落后的国家，所以我们非常需要外国的投资。"

毛泽东对于同美国进行经济合作的思想就更加确切和明晰，他对美军观察员谢伟思说："中国和美国的利益是相同和互相关联的，他们可以在经济上和政治上相配合。"中美两国在经济上可以互相取长补短，双方将不会发生竞争。中国不具备建设大规模重工业的必要条件，不希望在高级的特制产品上与美国竞争。美国为了它的重工业和这一类产品，需要出口市场，它同时也需要为投资寻找出路，而中国拥有的原料和农产品，可以作为外贸和外国投资的补偿。

毛泽东强调说："中国战后的最大需要是发展经济。但中国缺乏独立完成这一任务的必要的资本主义基础。中国的生活水平这么低，不能采用进一步降低生活水平的办法来筹措所需要的资金。""中国必须工业化。在中国，工业化只能通过自由企业和在外国资本帮助之下才能做到。"

毛泽东的开放思想是完整的，只是从 1945 年开始，美国加紧了扶蒋反共，一直到新中国成立后的 20 多年，美国封锁了毛泽东的"向美国开放"。

（三）新中国成立初期的开放

第二次世界大战后，美国成为世界老大。对于新中国，以美国为首的帝国主义国家，极尽封杀打压之能事，最多时网罗 45 个国家对中国实施制裁封锁，欲灭之而后快。

可悲的美国人，这次看错了对象，毛泽东天生不信邪、不怕压，正像海伦·斯诺说的："毛泽东教养有素，精神支柱铁铸钢打，不怕高压，是由坚韧的组织构成的。"

美国人没有压垮毛泽东，最终按照毛泽东说的：梳妆打扮上门找中国。

百余年被蹂躏的中国虽然新生了，但肌体创伤未愈，心理、精神失强，科学文化落后，没有工业、农业基础，一穷二白，美国人又在国门封压进逼，怎么办？

这是见强见智的关键时期，稍有思虑不周，新生的政权就要丢失。国内外不少人也预言：共产党打下国家，治理不了国家！

豺狼封门，翻墙找大哥。毛泽东大智破艰危，积极与苏联等社会主义国家合作，使国家急速复苏。"一五"计划建设时期，苏联政府给予我国经济建设、国防建设积极援助。斯大林决定，借款 3 亿美元，分 5 年付款，每年 6000 万美元，年息 1 分；对东南欧各新民主主义国家贷款利息均为 2 分，中国因遭受战争及经济破坏，利息轻一点。之后，苏联政府又给予中国 5 亿卢布长期贷款，年息也只有 2 分。

在此期间，苏联政府动员了大量的人力、物力，帮助中国编制计划、援建项目、供应设备、传授技术、代培人才，并且派出 3000 多名专家和顾问来中国帮助建设。

陈云说："苏联是社会主义国家，那时他们对我们的援助是真心诚意的。比方说，苏联造了两台机器，他们一台，我们一台。"

中国"一五"计划建设的奇迹，其中积极与苏联等社会主义国家合作是助推器。

三、台湾问题与开放政策

世界上最可笑的人，是那些自以为很聪明的人。实际上这些人无知得很，有时连起码的历史常识都没有。那些责难毛泽东不对西方开放者，就是这么一帮子人。他们凭着今天的感觉，妄断几十年前的事情，岂不可笑至极。

对西方开放，说到底是对美国开放的问题。而美国作为西方资本主义阵营的盟主，对中国共产党、对新中国，煞费心机地予以封杀。

毛泽东力挫美国阴谋，捍卫了中国共产党和新中国，维护了中华民族的利益，又不失时机地把握历史时机，开启了中美关系的大门，奠定了中国世界大国的地位。

（一）美国政府扶蒋反共

美国的扶蒋反共，起始于赫尔利。赫尔利以美国总统罗斯福私人代表的身份，来中国指挥抗日作战。1944 年 11 月 7 日，他到达延安，与毛泽东和中国共产党达成了废止国民党一党专政，成立民主联合政府的五点协议。

但当赫尔利由延安返回重庆后，完全推翻了他与中国共产党达成的五点协议，转而完全支持蒋介石的三点建议，要中国共产党交出军队，中国共产党领导人到蒋介石政府去做官。

毛泽东当然不干，他说，我们毫无与美方决裂之意，"牺牲联合政府，牺牲民主原则，去几个人到重庆做官，这种廉价出卖人民的勾当，我们决不能干"。

赫尔利坚持要美国不承认中国共产党，以迫使中国共产党屈服。1945 年 4 月，罗斯福作出决定：支持赫尔利的对华政策，美国政府支持国民政府，不支持中国共产党。

这就是美国的扶蒋反共政策，至此，中国共产党与美国的关系恶化。

1945 年 4 月 12 日，罗斯福病逝，新任总统杜鲁门更是赤裸裸地支持赫尔利的扶蒋反共活动。6 月，逮捕同情中国抗战民主事业的 6 名美国进步人士。

1945 年 5 月前后，美国扶蒋反共活动升级。

一是从经济上加强对国民政府的援助。据统计，在 1945 年 1 月至 8 月间，美国政府给予国民政府的经济援助达到 22650 万美元，等于前两年援助总和的 3.7 倍。

二是增加驻华军队、装备和训练国民党军队。1945 年 1 月，在华美军 32965 人，到日本投降时，已增加到 60369 人。短短几个月，兵力增加近一倍。1945 年初，美国政府同意帮助蒋介石训练和装备 36 个师的兵力。此时，美国增兵和武装蒋介石重要的目的就是对付中国共产党。

三是训练反共特务，收集中共情报。美国与国民政府合办了法西斯机构中美特种技术合作所，专门从事迫害共产党和爱国人士的恐怖活动，为蒋介石训练特务。到 1945 年 8 月，中美特种技术合作所训练特务 10000 多名，派 8000 多名到陕甘宁边区和共产党各根据地进行活动。

四是直接参与抢占抗战胜利果实。国民党军队抗战不力，退缩至大西南，1945 年 8 月 15 日日寇宣布投降时，国民党军队来不及接管日本占领区，美国派出 5300 余名海军陆战队员占领平津地区。总统杜鲁门一边宣布只有国民政府才能享有在中国受降的权利，一边采用空运的方式，把蒋介石整军整师的部队运至日本占领区的各个战略要地。

1948 年 4 月 2 日，美国通过《援华法》，即从 1948 年 1 月起，15 个月内援助国民政府 4 亿美元，其中经济援助 2.75 亿美元，军事援助 1.25 亿美元。

美国扶蒋反共，意在培养、扶植、控制国民政府，以确保美国的在华利益。而毛泽东、中国共产党为中华民族独立而奋斗，势必被美国政府极力扼杀。

（二）美国总统放蒋出笼

"放蒋出笼"是美国鼓励台湾反攻大陆的政策，是美国、蒋介石联手围攻大陆的新策略，为新中国与美国关系的发展带来严重的后果。

1944年，毛泽东、周恩来有意访美，以建立与美国政府的联系，由于赫尔利坚持反共而搁置。1949年4月23日，中国人民解放军占领南京，蒋介石反动统治宣布崩溃。中国共产党派黄华与美国大使司徒雷登会晤，表示希望美国承认新中国、建立商业联系，后司徒雷登拟去北平见毛泽东、周恩来，被杜鲁门坚决阻止。

1949年12月10日，蒋介石彻底离开中国大陆，逃往台湾。从此，美国开始了对新中国长达20多年的包围、封锁、遏制政策。

随着蒋介石政权在大陆逐渐崩溃，美国政府开始考虑台湾与大陆分离的政策。1950年6月27日，杜鲁门命令美国第七舰队阻止对台湾的任何进攻。第七舰队开进台湾海峡，使解放台湾的计划搁浅。6月30日，中共中央制定新的方针："我国的态度是，谴责美国侵略台湾，干涉中国内政；我们军队的打算是：陆军继续复员，加强海空军建设，打台湾的时间往后推延。"

这使得台湾问题成为中美关系中的突出问题。

1949年10月3日，美国政府一方面宣布继续承认国民党政权，一方面要求其同盟国在新中国问题上与美国保持一致。

1951年11月13日，美国操纵联合国大会延期讨论恢复中华人民共和国合法权利的决议，纠集日本和其他亚洲国家对新中国实行新月形包围。

杜鲁门政府对新中国实行严厉的限制贸易政策。1950 年 12 月 3 日宣布,"管制"中华人民共和国在美国的一切公司财产,禁止一切美国船只向中国运送货物,对新中国实行全面禁运,并逼迫更多的国家对中国实行禁运。在美国的高压之下,最多的时候 45 个国家参加了对华禁运活动,企图压垮新中国。

朝鲜战争爆发后,美国出动重型轰炸机和其他作战飞机,对中国东北边境城市安东、辑安等地进行频繁轰炸和扫射。美国海军在公海炮击中国正常行驶的商船,在中国沿海袭击中国渔船。1950 年 10 月 10 日起,美国派飞机袭扰青岛、烟台等地。

毛泽东英明决策"保家卫国,支援朝鲜",伟大的中国人民志愿军教训了美国人,使美国遭遇了"美国陆军史上最大的败绩"。

抗美援朝的伟大胜利,遏制了美国侵略扩张的势头,捍卫了中华人民共和国的独立、主权与尊严,同时维护了亚洲和世界的和平与安全。

1953 年初,美国新任总统艾森豪威尔上台,推行"放蒋出笼"政策,命令放开蒋介石集团的军队,使他们对共产党可以采取任何行动。1953 年 9 月,美国在台北成立"协调参谋部",由美国人主持,意图制造台湾海峡两岸永久分离。

(三)美国人制造台湾问题

美国人制造台湾问题,在台湾驻军,与台湾搞"共同防御条约",扣留中国侨民和留学生,对中国进行经济封锁和禁运等,实质就是搞"两个中国",这是毛泽东坚决不答应的。毛泽东一贯主张在平等、互利和互相尊重领土主权的原则基础上,与各国发展关系,包括帝国主义国家,但要拿中国主权原则做交易,谁也别想在毛泽东这里寻到机会。

台湾自古以来就是中国不可分割的领土。据考证,台湾史前文

化与祖国大陆同源，宋元以后，中国在台湾派兵驻守，驻官设诏，
17世纪中后期，中国在台湾设行政机构为一府二县，开始有效的行
政治理，一直到甲午战争。

1894年，日本发动甲午战争，中国战败，日本以《马关条约》
强行割去台湾和澎湖列岛。1943年12月1日，《开罗宣言》明确规
定，要"使日本所窃取于中国之领土，例如满洲、台湾、澎湖列岛等，
归还中国"。

1945年7月26日，《波茨坦公告》重申了《开罗宣言》的规定。
1945年9月2日，日本投降条款明确表示：接受《波茨坦公告》提
出并在《开罗宣言》中重申的规定。1945年10月25日，日本第十
方面军司令兼台湾总督安藤利吉向中国投降。台湾在事实上回到了
中国怀抱。

历史证明，台湾和澎湖列岛是中国的固有领土，中国对其行使
主权是天经地义的。

美国出于自身利益的考虑，企图分裂中国，这就从根本上伤害
了毛泽东，伤害了中国人民，伤害了中华民族的根本利益，影响了
中美关系的发展。

旧中国，西方列强在中国享有驻军、自由往来、领土租借、设
立租界、内河航行、海关管理、领事裁判、传教经商等种种特权，
其中美国更占有特殊的地位。

第二次世界大战后，美国利用其强大的实力和与蒋介石政权的
特殊关系，在中国攫取了更多的特权。

美国在中国享有驻军权，在上海、青岛、台北等要塞设立军事
基地，在北平、天津、南京等地驻有军队，在中国领空自由飞行，
在中国领水自由航行，等等。

美国人取代英国人出任中国海关总税务局，约束中国关税的
制定。

美国人在中国享有特殊的司法权，在中国犯罪，不受中国司法机构的审判和制裁。

美国人在中国享有居住、旅行、经商、开厂、购地、置产、传教等自由。

旧中国，国民党政权的屈辱外交，使中国的独立和主权受到严重损害。毛泽东领导中国共产党建立的新中国，就是要彻底地摧毁帝国主义在中国的一切特权，维护中国的独立和领土完整，维护中华民族的根本利益，这是新中国不可撼动的严正立场。

（四）不给帝国主义合法地位

毛泽东十分清楚美国在世界上的地位，所以他一直在努力试图发展中美关系，但他的底线是首先要承认中华人民共和国中央人民政府是中国唯一的合法政府，世界上只有一个中国，那就是中华人民共和国。

美国等帝国主义国家不甘心在中国的失败，所以他们不承认新中国，千方百计要封杀新中国，对此，毛泽东分析，帝国主义对自己在华利益的丧失是决不会善罢甘休的，他们"总想保留一些在中国的特权，想钻进来"。

毛泽东说："我们是愿意按照平等原则同一切国家建立外交关系的，但是从来敌视中国人民的帝国主义，决不会很快地就以平等的态度对待我们，只要一天它们不改变敌视的态度，我们就一天不给帝国主义国家在中国的合法地位。"

以美国为首的西方势力，长期以来一直没有放弃对新中国的敌视政策。直到新中国成立21年后的1970年10月下旬，美国总统尼克松才第一次使用了中华人民共和国这一名称。由此可见，美国顽固的帝国主义立场的不一般。

美国顽固地敌视新中国，严重破坏了中美关系的发展。

（五）一揽子解决方案

一揽子解决方案，是中国在对美关系上的一个原则，即台湾问题不解决，其他问题一概不谈。这个一揽子解决的原则，今天有不同的看法，认为不够灵活。

不过我们倒认为，这正是一个恰到好处的抉择。

"打扫干净房子再请客"。旧中国是一个长期为帝国主义控制、欺侮和压迫的半殖民地国家，帝国主义对旧中国的控制表现在政治、经济、军事和文化等各个方面，随着国民党政权在中国大陆的垮台，帝国主义的控制也将被打倒，但帝国主义在中国 100 多年来所形成的势力和影响，不可能自动退出历史舞台。

因此，毛泽东提出："对于这些，我们必须分别先后缓急，给以正当的解决。不承认国民党时代的任何外国外交机关和外国人员的合法地位，不承认国民党时代的一切卖国条约的继续存在，取消一切帝国主义在中国开办的宣传机关，立即统制对外贸易，改革海关制度，这些都是我们进入大城市的时候所必须首先采取的步骤。"

坚持一揽子解决，使新中国彻底摆脱了帝国主义国家的控制，最大限度地消除了美国等帝国主义国家的影响。毛泽东时代成长起来的一代人，少有崇美、恐美的奴性心理。

捍卫国家主权。美国坚持敌视新中国的政策，对大陆实行严厉的经济封锁和禁运，派兵进驻台湾，与国民党搞共同防御，一次次侵略骚扰大陆，长期（19年）派第七舰队在台湾海峡巡逻，美国的敌视态度、卑鄙的侵略行径，教育了中国人民，激励了中国人民。

任何事情都有两面性。美国坚持封锁新中国，对它本身的经济发展也有很大的影响。因为中国是巨大的消费市场，而且有美国需要的原材料等。

美国的封锁当然对新中国影响很大，但是新中国有毛泽东和中国共产党的领导，不惧任何敌视、封锁、挤压，独立自主，自力更生，勒紧裤腰带过日子，战胜了来自方方面面的压力和困难，取得了农业、工业、国防、科技战线的巨大胜利，奠定了坚实的国家基础。

封锁吧，封锁十年八年，中国的一切问题都解决了。封锁的结果，是美国人梳妆打扮来求中国！毛泽东的预言再一次教育了美国人。

美国的封锁，不但没有压垮新中国，反而激励了新中国，促使新中国加快了清除美国在华特权及影响的进程，美国自己丧失了在华利益，转回来的美国人不得不考虑与新中国打交道。

打交道可以，但必须首先承认只有一个中国，台湾是中国的一部分。这就彻底粉碎了帝国主义国家分裂中国的图谋，确保了中国领土主权的完整。

反过来说，如果不是坚持一揽子解决，外国既与新中国发展关系，又不断绝与台湾国民党政权的关系，时间久了，那就会形成既成事实。

四、"一边倒"的开放智慧

"一边倒"，即倒向以苏联为首的社会主义阵营一边，是毛泽东为新中国制定的外交政策。"一边倒"是指国际战略态势上的"一边倒"，是借以维护国家主权和民族独立的英明战略抉择，体现了毛泽东高超的外交谋略艺术。

"一边倒"打破了以美国为首的帝国主义国家对新中国的敌视和封锁政策，有力地提高了新中国的国际地位，为新中国的经济建设营造了开放的战略环境。

（一）"一边倒"的历史判断

"一边倒"，是毛泽东在 1949 年 6 月 30 日的《论人民民主专政》一文中提出的，他说："一边倒，是孙中山的四十年经验和共产党的二十八年经验教给我们的，深知欲达到胜利和巩固胜利，必须一边倒。积四十年和二十八年的经验，中国人不是倒向帝国主义一边，就是倒向社会主义一边，绝无例外。骑墙是不行的，第三条道路是没有的。我们反对倒向帝国主义一边的蒋介石反动派，我们也反对第三条道路的幻想。"这是对历史客观环境的准确把握和科学判断。

第二次世界大战结束以后，国际上分为两大阵营，一边是以苏联为首的社会主义阵营，一边是以美国为首的帝国主义阵营，两大阵营之间，存在尖锐的对立和斗争。新生的国家政权，在两大阵营之间，必须选择一边站脚，不然，就两边受制。

而倒向哪一边，又是受历史条件限制的。

美国在中国抗日战争期间，开始扶蒋压共、扶蒋反共。中国抗日战争胜利后，美国政府支持蒋介石打内战，企图消灭中国共产党。新中国成立后，美国不仅在政治上不承认新中国，还在军事上霸占台湾，发动侵朝战争，经济上封锁新中国，企图颠覆新中国。

前苏联虽然在中国革命时期没有给予中国共产党多少帮助，甚至给中国革命还带来不少挫折，在中国革命即将胜利时还"不准革命"，但苏联在意识形态、社会制度、经济发展、外交斗争等方面与新中国是一致的。在新中国成立的第二天即承认新中国，在经济上真诚地帮助新中国。新中国与苏联的关系是两个社会主义国家之间的关系，是根本区别于资本主义国家之间关系的新型国家关系。

这种国家关系，正如毛泽东所说："自从有历史以来，任何国家间的关系都不可能像社会主义国家间这样休戚与共，这样互相尊重和互相信任，这样互相援助和互相鼓励。这是因为社会主义国家是完全新型的国家，是推翻了剥削阶级而由劳动人民掌握权力的国家。……共同的利益和共同的理想把我们紧紧地联结在一起。"

倒向苏联的正确选择，使美国封锁、颠覆新中国的图谋被挫败。

（二）"一边倒"的成功实践

毛泽东着眼当时整个国际战略格局，他认为"一边倒"、军事上迅速占领全国和经济上实行自力更生，是打破帝国主义封锁之道。

毛泽东还认为，这种"一边倒"的外交政策，越早表现于行动对我越有利，这样是主动地"倒"，免得将来被动地"倒"。历史的自觉性、历史的主动性，是毛泽东精神的重要方面。越早、越彻底地倒向苏联，才能越快、越好地为新中国换取发展空间。

毛泽东在 1949 年 12 月 6 日启程访问苏联。毛泽东要构建新中国的建设蓝图，苏联能给予什么样的帮助，是他决策要考量的重要因素。

1949 年 12 月 16 日，毛泽东到达莫斯科，他给中共中央发电报说："你们在准备对苏贸易条约时应从统筹全局的观点出发，苏联当然是第一位的，但同时要准备和波、捷、德、英、日、美等国做生意。"毛泽东在时刻权衡新中国如何打破帝国主义封锁的问题。

1950 年 2 月 27 日，毛泽东结束对苏联的访问回到中国。这次出访，获得了巨大成功，取得了多方面的成果。

毛泽东访问苏联的成功，印证了"一边倒"政策的正确与可行，开启了新中国与世界交往的大门。随着新中国在国际社会逐渐站稳脚跟，部分民族主义国家和资本主义国家的商人也开始与新中国进行"敏感物质"的贸易。1952 年，锡兰与中国进行了橡胶贸易，是年 4 月的莫斯科世界经济会议上，日本、联邦德国、法国商人与中国进行了包括钢铁等物资的大批贸易。

"一边倒"政策，使新中国在成立的第二天就获得了苏联无条件承认，由此影响了社会主义国家和其他一些国家的承认，这为新中国较快地站住脚与获得发展赢得了有利时机。

（三）"一边倒"的伟大功绩

倒向苏联一边，新中国有了真诚的帮手。新中国刚刚诞生，世界上的帝国主义国家还在虎视眈眈，国家非常困难，苏联给予新中国最大的支持。

《中苏友好同盟互助条约》是苏联给予新中国最重要的礼物，具有重大的历史意义。这个条约废止了苏联与蒋介石政府签订的旧条约，是中国百余年来的第一个平等条约，实在难得。

《中苏友好同盟互助条约》规定："缔约国双方保证共同尽力采取一切必要的措施，以期制止日本或其他直接或间接在侵略行为上与日本相勾结的任何国家之重新侵略与破坏和平。一旦缔约国中的任何一方受到日本或与日本同盟的国家之侵袭而处于战争状态时，缔约国的另一方即尽其全力给予军事和其他援助。双方并宣布，愿以忠诚的合作精神，参加一切旨在确保世界和平和安全的国际活动，并为此目的尽快实现充分贡献其力量。""缔约国双方均不缔结反对对方的任何同盟，且不参加反对对方的任何集团以及任何行动和措施。"这就在一定程度上震慑了美帝国主义对新中国的侵略。

毛泽东说："我们是处在一种什么情况之下来订这个条约呢？就是说，我们打胜了一个敌人，就是国内的反动派，把国外反动派所扶持的蒋介石反动派打倒了。国外反动派，在我们中国境内，也把他赶出去了，基本上赶出去了。但是世界上还有反动派，就是我们国外的帝国主义。国内呢，还很困难。在这种情况下，我们需要朋友。我们同苏联的关系，我们同苏联的友谊，应该在一种法律上，就是说在条约上，把它固定下来，用条约把中苏两国友谊固定下来，建立同盟关系。……帝国主义者如果准备打我们的时候，我们就请好了一个帮手。""这一行动将使人民共和国处于更有利的地位，使资本主义各国不能不就我范围，有利于迫使各国无条件承认中国，废除旧约，重订新约，使各资本主义国家不敢妄动。"

须知，在危难的时候，争取到一个帮手，而且是一个世界重量级的帮手，具有何等重要的意义。

正像毛泽东讲的，各国先后无条件承认中国，保加利亚、罗马尼亚、匈牙利、朝鲜民主主义人民共和国、捷克斯洛伐克、波兰、蒙古人民共和国、阿尔巴尼亚、越南民主共和国、德意志民主共和国、南斯拉夫、缅甸、印度等随之与中国建立了外交关系，英国、挪威、丹麦、芬兰、瑞典、瑞士、荷兰等资本主义国家也先后承认了中国，这就使新中国在一定程度上打破了美国的政治孤立。

条约还规定："缔约国双方保证以友好合作的精神，本着平等、互利以及互相尊重国家主权和领土完整及不干涉对方内政的原则，巩固和发展中苏两国之间的经济与文化联系，彼此给予一切可能的经济援助，并进行必要的经济合作。"

平等、互利、互相尊重国家主权与领土完整，不干涉对方内政，进行必要的经济合作，这就是毛泽东在平等前提下的开放思想。通过"一边倒"，新中国初步实现了。

中苏贷款、通商、民航等项协定，苏联帮助中国建设与改造50个企业的协定，中国争取了苏联的经济援助，发展了与苏联贸易往来，这对打破美国的经济封锁，恢复和发展国民经济，建设中国社会主义工业化的基础，起到了极为重要的作用。

五、大外交的开放战略

大外交，是毛泽东打开中美关系之门，与世界上未建交国家建立外交关系，使中国重新回到联合国参与国际事务，全面实现中华民族自立于世界民族之林，从而改变世界格局，所体现出的宏图壮志、外交智慧、驾驭世界的宏大魄力，是毛泽东开放精神的重要体现。

（一）大外交的构思与传递

到 1969 年，美国封锁新中国已经 20 年，中美关系的僵局亦已持续 20 年。毛泽东说过："同美国闹成僵局 20 年，对我们有利。一定要美国梳妆打扮后送上门来，使他们对中国感到出乎意外。你不承认，总有一天你会承认的。一百零一年你一定会承认的。"毛泽东表达了他这种看法的坚定性。

20 年美国的封锁，加速了中国彻底"打扫干净房子"的进程，加速了中国荡涤半殖民地半封建社会文化、意识的步伐，中国在世界上已经是举足轻重的大国。

1969 年，毛泽东对外交部的同志说，美国的基辛格要来中国，这真是不多不少整整 20 年，美国人真地要梳妆打扮送上门来啦。毛泽东的预言再次成为现实。

毛泽东的卓尔不群，真是无人能够超越的。1969 年，中国北方边境苏联百万大军压境，中国南方有美国燃起的战火，中国腹背受敌，是一种窘境。但毛泽东却看到的是：中国正面临有利的国际环境，是打开中国与美国关系的绝佳时机。

毛泽东认为，一方面，美国陷入越南战争的泥潭难以自拔，它要急于抽身，更为重要的是，新中国 20 年的建设发展，对国际事务的影响今非昔比。长期敌视和封锁中国的美国，终于有可能在改善两国关系方面迈出实质性的一步。另一方面，美国军队如能早日撤离越南，对越南人民及周边国家人民，对整个东南亚的局势，是有利的。

有可能，又有利，毛泽东不失时机地抓住了这一世界机遇。

1969年，毛泽东安排外交部部长陈毅挂帅，叶剑英、徐向前、聂荣臻参加，分析研究国际局势，提供"有必要打开中美关系"的研究论证。

1970年12月18日，毛泽东会见老朋友斯诺，一谈就是5个小时，核心就是中美关系。毛泽东说："我是不喜欢民主党的，我比较喜欢共和党。我欢迎尼克松上台。为什么呢？他的欺骗性也有，但比较地少一点，你信不信？他跟你来硬的多，来软的也有。他如果想到北京来，你就捎个信，叫他偷偷地，不要公开，坐上一架飞机就可以来嘛。谈不成也可以，谈得成也可以嘛。何必那么僵着？"

斯诺听明白了，自己的老朋友毛泽东是希望把他的这些话带给尼克松。

斯诺这样做了。

（二）大外交时机的把控与抉择

1971年4月30日，斯诺的文章《与毛泽东的一次谈话》刊登在美国《生活》杂志上，毛泽东邀请尼克松访华，成为石破天惊的信息。

1971年3月21日，中国乒乓球代表团在日本名古屋参加第31届世界乒乓球锦标赛，同在日本参加世乒赛的美国队提出访华邀请。

信息传回北京，外交部和国家体委联合起草报告给周恩来，认为目前邀请美国队来华的机会尚不成熟，建议不邀请美国乒乓球队访华。4月4日，周恩来在报告上批示"拟同意"，后呈报毛泽东。4月6日，毛泽东圈阅报告，退外交部办理。

毛泽东的圈阅，美国乒乓球队无缘访华似成定局，因为4月7日第31届世界乒乓球锦标赛就要闭幕了。

毛泽东听着护士长吴旭君读《参考资料》：4月4日，中美两国乒乓球队偶遇，美国队员科恩误上了中国队的车，庄则栋主动致意并赠送礼物。毛泽东眼睛一亮，又让吴旭君重读一遍这则信息。

4月6日，毛泽东提前吃了安眠药，夜里11点多毛泽东已困倦，昏昏欲睡，此时，他突然要护士长打电话，告诉外交部副部长王海容，邀请美国乒乓队访华。

吃了安眠药后讲话不算数。这是毛泽东的交代，也是中央定的一条规定。

事情重大，白天毛泽东刚刚圈阅了不邀请美国乒乓队访华的报告，这使护士长很难处理，请与不请，一字之差，可非同小可。

毛泽东见护士长不动，又催办，护士长问毛泽东吃安眠药后说的话算不算数，毛泽东急了，挥手加强了语气："算！赶快办，来不及了！"

这就是伟大的毛泽东，他的大脑一刻不停地为中国旋转着，他的生理让位于他的精神。

美国乒乓球队访华，这一消息的影响力远远超过了第31届世界乒乓球锦标赛，震动了世界。

毛泽东导演的"乒乓外交"，对恢复中国在联合国的合法席位斗争中的力量对比产生了重要的影响。

1971年10月26日，第26届联合国大会，在没有中国代表参加的情况下，以76票赞成、35票反对、17票弃权、4票未投的压倒多数通过了阿尔巴尼亚、阿尔及利亚等23国的提案，恢复中华人民共和国在联合国的一切合法权利，立即把国民党集团的代表从联合国及其所属的一切机构中驱逐出去。

联合国大会否决美国、日本等制造"两个中国"的提案，通过恢复中华人民共和国在联合国的席位的提案，这一表决结果，中国事先也没有估计到，因而对于派代表团出席联合国大会没有一点思想准备。周恩来和外交部党组成员紧急商讨派不派代表团参加26届联大的问题，商讨议定，为慎重起见，拟先派先遣人员就此了解情况。

对此，毛泽东以统揽世界全局的气魄，不但决定组团参加，而且还要高调出席，并要打好这第一仗，做一篇有气概的发言，伸张正义，长世界人民的志气，灭超级大国的威风。关于联合国大会的发言，毛泽东还口授了三个方面的内容。

1971年11月15日上午10时，中国代表团步入联合国会议厅。美国代表东道国致辞后，欢迎中国代表团的议程即已完毕，但会场的热烈气氛不得不使会议主持人改变议程，结果57个国家代表发言，一直持续到下午6时。

下午6时，中国代表团发言。这个七八千字的发言稿，外交部主持起草，经周恩来反复修改，最终由毛泽东定稿，集中了中国外交政策决策者的思想。发言结束，全场响起热烈掌声，随后几十个国家的代表上台与乔冠华握手，准备的300份发言稿一抢而空，不得不继续打印散发。

这一天，成为联合国历史上的"中国日"。

（三）大外交局面

1972年2月21日11时30分，尼克松与夫人手挽手走下飞机舷梯，尼克松抢先一步与中国总理周恩来握手。美国国务卿杜勒斯，在1954年日内瓦会议期间，拒绝与中国总理周恩来握手。美国封锁了中国20年，总统梳妆打扮到中国来。

中国的总理没有变，还是周恩来。

尼克松，是美国第一个访问未建交国家的总统，是第一个访问中国的时任总统。蒋介石怒责尼克松"朝毛"，"向毛叩头"。

缠绵病榻的毛泽东，已有七八天很少起床和久坐了，此时，他却希望立刻见到尼克松。毛泽东会见的时间安排在外宾到达的3小时以内，这也是毛泽东极其罕见的对外宾的礼遇。

毛泽东对大外交设计是了然于胸的。他对美国如此重视，这足以让美国人高兴。

毛泽东在他的书房会见了尼克松，原定的 15 分钟延长到 1 个多小时。此刻，世界上人口最多的社会主义大国领袖与世界上最大的资本主义大国领袖见面了。毛泽东调侃说，这是"社会主义魔鬼与资本主义魔鬼见面"，这一见面改变了世界。

随着美国与中国关系的改变，世界各国纷纷向中国敞开了大门。

随着毛泽东推动打开中美关系，创立"三个世界"理论，构建国际统一战线，中国的大外交盛局奠定，对外开放全面展开。

从 1949 年到 1976 年，27 年，中国已与世界上 117 个国家建立了外交关系，成为世界战略格局中的鼎足力量。

正如有的评论："中国真正的开放，就是从大外交开始的。"

第九章

学者精神

毛泽东的学者精神，指的是毛泽东酷爱读书、至死方休，博学、审问、慎思、明辨、笃行的学习与探索精神。毛泽东一生手不释卷，学有所思，学有所得，学有所获，学有所益，学有所乐，成为世界上唯一能够称得上"通晓古今、知识渊博的伟大学者"的领袖。

斯诺 1936 年到保安，与毛泽东会见交流后，认为毛泽东"是一个精通中国旧学的有成就的学者"，他说"毛泽东熟读世界历史"，"对哲学和历史有深入的研究"。一个西方作家的这种感叹，说明毛泽东的学者素养给他留下了突出的印象。

王子今教授在《历史学者毛泽东》中说："毛泽东可能是中国最后一位具有深厚的史学素养，予史学以特殊重视的政治家了。"他说："当我们通过 20 世纪 60 年代的政治凸透镜来看毛泽东时，曾经难以避免人为的屈光不正，但已经深深为其历史学识的渊博而折服。"

王子今教授说："当时，由于对中国历史、中国文化、中国政治的无知，我们还不能深刻理解他（毛泽东）关于中国史学的许多独断之想的真正意义。""当然，直至今天，由于政治文化条件的种种隔闭，人们在许多问题上还很难与这位历史巨人进行真正推诚不饰地思想对话。"

王子今教授认为，毛泽东对史学的见解，在通识和新知方面，可以说是已经超过了许多以毕生精力研究历史的专门的历史学家。

这也可能就是这位教授给毛泽东冠以历史学者的缘故吧。

汪东兴，曾任中共中央政治局常委、中共中央副主席，他评价说毛泽东是伟大的学者。

不同时代的人，不同职业的人，不同国籍的人，都对毛泽东赋予了学者的称谓。

是的，毛泽东是学者，是学贯中西、通晓古今的至高至大的学者。他的学者精神，是我们立身立国的宝贵财富。

让我们一起透过毛泽东的学习生活，去感悟这位伟人的至高至大的学者精神世界。

一、终身的学习活动

毛泽东的一生，可谓是笃学的一生。对于读书学习，他一生笃行而不倦，如饥似渴，孜孜以求。毛泽东一生读的书，可以用难以计数来概括，以至于美国总统尼克松感叹地对周恩来说："他读的书太多啦！"

（一）青少年时代

1902 年，毛泽东满 8 岁，进私塾读书，先后就读于韶山南岸私塾、关公桥私塾、桥头湾私塾、井湾里私塾等。1907 年至 1909 年秋，毛泽东辍学在家劳动。1909 年秋至 1910 年夏，复读于韶山乌龟井私塾、东茅塘私塾。

算下来是 6 年的私塾学习生活，毛泽东后来自己概括为"六年孔夫子"，主要是读《三字经》《论语》《孟子》《诗经》《春秋》《左传》《史记》《纲鉴类纂》《日知录》等。

毛泽东读经书，但不喜欢经书，这一时期，包括辍学在家劳动的三年，他读了很多"杂书""闲书"，包括《岳飞传》《水浒传》《三国演义》《隋唐演义》《西游记》《校邠庐抗议》《盛世危言》《新民丛报》等。

1910 年秋，16 岁的毛泽东离开韶山，到湘乡县立东山高等小学堂求学，被校长李元圃赞为"今天我们录取了一个建国人才"。

毛泽东在东山高等小学堂学习只有半年时间，学习了历史、地理和自然科学等，他的两篇作文《救国图存论》《宋襄公论》受到老师推崇，"视似君身有仙骨，寰观气宇，似黄河之水，一泻千里"。

其间，毛泽东学习《新民丛报》的重要内容，而且受到很大影响。

1911 年春，毛泽东顺利考入湘乡驻省中学堂。在这里，毛泽东第一次看到报纸——《民立报》，他学习了解社会时事，第一次写文章贴于学校门口，发表政见。1911 年 10 月 10 日，辛亥革命爆发，毛泽东 10 月底参加长沙新军。

1912 年 4 月，退役的毛泽东又以第一名的成绩考入湖南高等中学（省立第一中学），在该校学习半年，期间自读了《资治通鉴》《御批历代通鉴辑览》等，写下了《商鞅徙木立信论》，老师感叹"自是伟大之器"，令学生传看。

在校半年，毛泽东感觉学校课程有限，进而退学自学。

毛泽东自己制订了严格的自学计划。每天，湖南省立图书馆早晨一开门他就进去，中午吃两块米糕，图书馆闭门才出来，历时半年。

这半年，是毛泽东自认为学习生活中最有收获的半年，他贪婪地读，拼命地读，正像牛闯进了人家的菜园，尝到了菜的味道，就拼命地吃个不停。

毛泽东阅读了亚当·斯密的《原富》、达尔文的《物种起源》、约翰·穆勒的《名学》、斯宾塞的《逻辑》，读了卢梭的著作，孟德斯鸠关于法律的书，认真研读了俄、美、英、法等国的历史、地理，几乎阅读了所有译成中文的世界名著，第一次在图书馆的墙壁上看到《世界地图》，每天经过他都要认真看读。

1913 年 3 月，毛泽东以第一名的成绩考入了湖南省立第四师范学校，该校后合并于第一师范学校，开始了他为时五年半的第一师范学习生活。第一师范学校奠定了毛泽东的深厚学力，使毛泽东成为一定范围的名人。

第一师范学校的学习生活时期，是毛泽东风华正茂的岁月，他说："我的政治思想在这个时期开始形成。我最早的社会经验也是在这里取得的。"

在第一师范，毛泽东奋发读书。

清晨，当东方刚刚露出晨曦，完成了冷水浴的毛泽东即走进教室，开始了他的自习。

上课了，毛泽东静静地坐着，用心听讲，咀嚼着他所思考的问题。

午饭后，毛泽东走进阅报室，通过报纸了解社会动向、天下大事。读报学习，在第一师范学校养成的习惯，贯穿了他一生。

晚自习，毛泽东钻进书籍里，寻觅人生的真谛。

熄灯了，毛泽东在阅览室的走廊上或茶炉旁，借着微弱的灯光读书学习。有时深夜在宿舍里读书，为了不影响别人休息，他就用竹筒把灯罩起来。

为了锻炼读书的能力，周日休息时毛泽东故意来到马路边人声嘈杂的地方读书。

毛泽东为了博览群书，自己订报、买书，买不起新书买旧书，借书，抄书，到老师家里看书看报，到船山书社听课学习，从不肯浪费半点时间，而且持之以恒。

毛泽东贪婪地读书学习，1916年7月25日他在给友人的信中描述自己："在校颇有奋发踔厉之慨，从早到晚，读书不休。"

毛泽东还进行了读无字之书的学习——游学，游历社会，考察农村，了解社会情况，思考社会问题。这种学习极为重要，它打开了毛泽东的社会视野，为毛泽东指导中国革命提供了助力。

第一师范的五年半，毛泽东已成为"柱长天"的大木。

（二）井冈山时期

1918年6月，毛泽东从湖南第一师范学校毕业，根据老师杨昌济的要求，与蔡和森组织湖南青年赴法勤工俭学活动，后到北京大学图书馆做助理员，参加北京大学哲学会和新闻学会的旁听学习，创办《湘江评论》，主持编辑（从第七号开始）《新湖南》，积极投身湖南的"五四"爱国运动，在各种刊物上发表文章，在第一师范学校附属小学任教，第二次进京期间阅读了《共产党宣言》《阶级斗争》《社会主义史》等马列著作，从此建立了共产主义信仰。此后，毛泽东建立湖南俄罗斯研究会、湖南中国社会主义青年团、湖南共产主义小组，1921年7月参加中国共产党第一次全国代表大会。

毛泽东参加中共一大之后，主要投入了中国共产党的革命活动，直至1927年9月9日组织领导秋收起义，上井冈山创建根据地。

从资料看，毛泽东这一时期的学习，主要是搜寻中文版关于社会主义、共产主义的书刊、报纸，研究探索救国救民的道路。

值得一提的是，在第一次国共合作时期，毛泽东任国民党代理宣传部长，创建了宣传部图书室，搜集国内日报124种，国外中文报21种、外文报5种，周报及小刊物12种，中文书289种、英文书3种，还有画报、壁报、中文杂志、外文杂志等，这也成为毛泽东的重要学习研究内容。

井冈山斗争时期，条件是极为艰难困苦的，敌人残酷剿灭，经济极度匮乏，但毛泽东的读书一刻也未停止，这时他既要指导革命斗争，又要指导部队的学习建设。

1929 年 11 月 26 日，毛泽东致信中共中央，"惟党员理论常识太低，须赶急进行教育。除请中央将党内出版物（布报、《红旗》《列宁主义概论》《俄国革命运动史》等，我们一点都未得到）寄来外，另请购书一批（价约百元，书目另寄来）。我们望得书报如饥似渴"。

"望得书报如饥似渴"，毛泽东对学习如饥似渴的状态由此可窥一斑。

井冈山时期，读报是毛泽东一个重要的学习途径。资料显示，部队打下县城，贺子珍不顾危险到邮局为毛泽东搜寻报纸。他还交代部队为他收集一切报纸。这一方面是革命形势所迫，他要通过报纸判断敌人动向，了解革命形势，指导革命斗争；另一方面是他读报的学习习惯使然。

到陕北根据地去，就是毛泽东从报纸上得知陕北有刘志丹后作出的决定。需要强调说明的是，过雪山草地时弄不到报纸，走出草地之后，战士们搞到了报纸送给聂荣臻，聂荣臻看后赶紧派骑兵通讯员把报纸送给毛泽东。这足以证明为毛泽东收集报纸已是部队指战员时刻铭记的事。

还可以推断，毛泽东这一时期，用了很大气力学习研究马克思列宁主义著作，这有两方面的原因：

一是毛泽东自从认为马克思列宁主义理论正确揭示了历史发展规律，就坚定地信仰了马克思列宁主义，所以，他坚持对马克思列宁主义的学习，即使暮年重病缠身也未曾中断。还有就是毛泽东被剥夺了指挥权利，为毛泽东提供了一定的学习时间。

二是斗争的需要，毛泽东既要靠马克思列宁主义探寻中国革命的规律，用以指导革命斗争，还要学习研究马克思列宁主义的理论，来应对中央同志对他的批评，因为他们都曾在苏联或欧洲其他系统学过马克思列宁主义，认为山沟里的毛泽东不懂马克思列宁主义，所以，毛泽东要认真学习研究马克思列宁主义以"自卫"。

何以见得呢？毛泽东曾说过，博古曾讥讽我只读过《孙子兵法》来指挥作战，这使还没读过《孙子兵法》的毛泽东，下决心补学了《孙子兵法》。道理应是相同的。

（三）延安时期

毛泽东从青少年到晚年，都把读书看成第一生命。他说："饭可以一日不吃，觉可以一日不睡，书不可一日不读。"红军长征时，环境极为艰危，他的境遇也不好，但他却始终带着一箱书，随时学习。他病了骑在马上，稍清醒就在马背上读书，列宁的《国家与革命》就是在马背上读完的。

1937年1月13日，中共中央领导机关由保安迁驻延安，从此时起到1947年毛泽东撤离延安，可谓是毛泽东学习生活的延安时期。

遵义会议，确立了毛泽东在全党的实际领导地位。延安时期，毛泽东深知理论知识对于以不识字的农民、工人为主体的革命队伍的重要性，他把读书学习提到关乎革命胜利的高度，不仅自己刻苦读书学习，而且要求全党、全军认真学习。

毛泽东的目标是建设有文化的政党、有文化的军队。所以，他建立学校，亲自讲课，统一规划党和军队的读书学习，整顿党的学风，全党形成了良好的学习氛围，培养了大批干部，为取得革命胜利奠定了理论知识基础。

1936年10月22日，毛泽东给当时在西安等地从事统战工作的叶剑英、刘鼎发电，要他们买一批通俗的社会科学、自然科学及哲学书，作为延安的学校和部队干部学习政治文化之用，并要求在外面的人，一面工作，一面学习。1937 年 5 月，毛泽东在党的代表会议上向全党发出了学习马克思主义的号召；1938 年又号召全党来一个学习竞赛，结合中国历史和现状，普遍深入地学习研究马克思列宁主义理论。

毛泽东自己更是发愤读书，夜以继日，除了工作以外，手不离卷，有时为了读书，似乎是什么都不管了。斯诺在《西行漫记》中有这样的记载："毛泽东是个认真研究哲学的人。我有一阵子每天晚上都去见他，向他采访共产党的历史。有一次，一个客人带了几本哲学新书来给他，于是毛泽东就要求我改期再谈。他花了三四夜的工夫，专心读了这些书，在这期间，他似乎是什么都不管了。"

这一时期，毛泽东阅读了可以收集到的马列原著和其他哲学著作。毛泽东读书，不但非常刻苦，而且读得懂，读得有心得，得以创新。从 1936 年 11 月至 1937 年 4 月，毛泽东读西洛可夫、爱森堡等合著的《辩证法唯物论教程》，仅批注就写了 13000 多字。

1938 年初，毛泽东转而研究军事理论问题，他广泛搜集有关军事方面的理论著作。当贺子珍告诉毛泽东，萧劲光有《战役问题》《战斗条令》两本书的消息时，毛泽东喜出望外，第二天一早就登门借书。而萧劲光自己也把这两本书视为"宝贝疙瘩"，又知道毛泽东借去就可能不会还了，有些舍不得，可又知道毛泽东轻易不开口，所以不得不借，以至于 10 年后，还"耿耿于怀"地说毛泽东借书只借不还。

延安时期，是毛泽东自第一师范学校毕业以来，学习较为集中的一个时期，他研读了大量各类著作，写下了大量的理论文章，形成了比较完整的思想体系，指导了中国革命战争，指导了中国抗日战争，指导了中国共产党建设，指导了人民军队的建设，指导了边区经济建设，指导了边区社会建设，为取得中国革命胜利、建设新中国提供了理论基础。

（四）新中国成立后的第一个学习期

从新中国成立到 1966 年，可以看作毛泽东新中国成立后的第一个学习期。从 1966 年到 1976 年毛泽东逝世，可以看作毛泽东新中国成立后的第二个学习期，即晚年的学习。

日寇被赶出中国，美英帮着蒋介石打内战，毛泽东领导中国共产党和军队开始了与蒋介石反动政府的最后较量。从 1946 年 10 月到 1949 年 10 月，整整 3 年时间，毛泽东指挥作战、领导共产党的建设，筹建新中国，夜以继日地工作，尤其是从 1947 年 3 月 18 日至 1948 年 3 月 23 日，历时一年零五天转战陕北，居无定所，常常日夜兼程，读书学习的时间相对减少。

新中国成立后，毛泽东面临着巩固政权、恢复经济、治理国家的浩繁领导工作，他把学习作为统御的法宝，率先垂范，领导了中国人民伟大学习活动。

新中国成立前期，毛泽东即告诫全党，我们熟悉的东西有些快要闲起来了，我们不熟悉的东西正在强迫我们去做。我们必须克服困难，我们必须学会自己不懂的东西。拜一切内行的人为师，恭恭敬敬地学，老老实实地学。

新中国成立后不久，毛泽东就在全国上下掀起了学习社会发展史的热潮，从中央到地方，从国家机关到厂矿、学校、部队，据不完全统计，仅 1950 年就约有 100 万人参加了学习活动。从 1956 年开始，毛泽东带头并助推了形式逻辑的学习，学习一直持续到 20 世纪 60 年代。1958 年 11 月 9 日，毛泽东在郑州专门写了《关于读书的建议》，要求中央、省市自治区、地、县四级党的委员会的同志，读斯大林的《苏联社会主义经济问题》和《马恩列斯论共产主义社会》，每人每本用心读三遍。毛泽东还要求读苏联威廉斯的《土壤学》，要大家多学点科学知识。1959 年冬到 1960 年春，毛泽东组建并主持读书小组，成员包括陈伯达、胡绳、田家英、邓力群等，边读边议，为全党作出榜样。

这种组建读书学习小组的学习活动，毛泽东这一时期有过多次。

毛泽东在延安时期自学过英语，但战争年代受到很大限制。新中国成立后，毛泽东重学英语，并且用"订五年计划"的方法，来强化学习效果。

1954 年 11 月，毛泽东开始跟秘书林克学习英语，一直到 1966 年。这期间，毛泽东读过英译本《莫斯科会议说明》《共产党宣言》《哥达纲领批判》《政治经济学批判》等。《矛盾论》英译本，毛泽东就读过三遍。

为了学习英语，毛泽东收集各种英语词典和工具书，身边始终放着《世界汉英词典》和《英汉四用词典》，随时备用。

毛泽东说："我活一天就要学习一天，尽可能多学一点，不然，见马克思的时候怎么办，谁给我做翻译啊？"

毛泽东在新中国成立后的第一个学习期，充分利用一切时间读书学习，无论是在京，还是外出，无论是开会之隙，还是饭前饭后，只要有可挤的时间，他都从不放过读书学习。从有关资料看，这一时期，毛泽东除了仍然以很大的气力研读马列著作、中国古籍外，还尤其加大了对经济、工业、科技等方面的刻苦学习，同时，他还利用到全国视察的时机，阅读了大量的地方史志。

毛泽东的勤奋治学，影响了全党、全军、全国人民。

可以说，新中国成立后毛泽东的读书学习，切切实实地引领了中华民族的学习热潮，这是一个无影无形的正能量极。

新中国成立后全国的学习运动，极大地提升了国民的理论知识水平，成为中国人民能力提升的内在基础要素，正如杨振宁在论述深圳现象时说的，它得益于新中国成功的扫盲运动。

（五）晚年时期

第二个学习期，毛泽东已经步入晚年，他的学习活动，徐中远的《毛泽东晚年读书纪实》中有较为翔实的介绍。

徐中远，是为毛泽东做读书服务工作的人员之一，他1966年至1976年9月9日，10年时间，见证了毛泽东至为感人的晚年学习生活。

毛泽东晚年读书的热情有增无减。"不管工作多忙，他每天总要挤出时间坚持读书。进入20世纪70年代，特别是从1971年林彪叛逃事件之后，毛泽东的体质愈来愈差，多种疾病接连不断。在病魔缠身的最后几年，他一直喜爱的散步、游泳等运动几乎全都心有余而力不足了。"每天就是"吃饭、睡觉、工作、看书，天天如此"。

毛泽东晚年，"两腿肿得不能走路了，眼睛看不清东西了，听力也下降了，说话也越来越让人难以听清了。可是他老人家还日日夜夜一本一本地看，一页一页读，一笔一笔画，一字一字地写批注"。

毛泽东读书，"是白天，还是黑夜，他老人家是不关注的"。"白天读，夜里读，常常是通宵达旦地读书。"

吃饭要看书。他说，吃饭用嘴巴，看书用眼睛，这就是两不耽误。不过，很多时候是看书忘了吃饭。"一天吃几顿饭，对他老人家来说并不重要。有时吃一顿饭，凉了热，热了凉，热来热去，端来端去，反复好几次，他老人家才能吃上一点。"

毛泽东吃饭是军人速度，"常常是大口大口很快吃完，把碗往旁边一推，就又全神贯注地看起书来"。

毛泽东吃饭很随意，"吃饭吃什么，每天吃几顿饭，他老人家都不关注。肚子饿了，想吃了，就找东西吃。有时吃两块红薯，喝一碗糊糊，就算一餐饭"。

毛泽东说，"饭可以少吃，觉可以少睡，书可不能少读啊！"

　　理发要看书。他对理发员说"你办你的公（理发），我看我的书"。"他老人家看书，也没有固定的地方，会议室里，办公桌旁，会客的沙发上、卧室的床上、游泳池旁、吃饭桌旁，浴室间、卫生间，到处都有书，随手翻开看。"

　　睡觉要看书。睡觉前要看书，睡不着觉时也要看书，睡着睡着醒来接着看书。"他老人家睡觉不好，有时失眠，靠安眠药助睡。吃完药，入睡前，总是习惯看书。常常是看着看着睡着了，睡着睡着又醒了，醒来接着看。"

　　生病时仍坚持读书。晚年时期，毛泽东体弱多病，但即使患病，他仍以惊人的毅力，坚持工作，坚持看书学习。"有一次，他病情加重，发烧39度，还要看书。""病重期间，医生建议他少读书或不读书，可是他天天带病坚持读书。"

　　他"腿病不能站立、不能走路了，坐在沙发上、躺在床上也要读书"。"患老年性白内障两眼全不能看书了，就让身边的同志给他读书。"

　　上卫生间也要看书。毛泽东手不释卷，晚年更是不分昼夜。"好像已经收到马克思给他的请柬，知道留给他的时间不是很多了。"

　　毛泽东无论到哪里，办公室、会客室、卧室、卫生间等，到处全放着书。"他睡觉的木板床上也要同北京一样，总是大半边放满了从北京带过去的书，只留下一个人睡觉的地方。"

　　看书至死方休。延安时期，毛泽东曾说过："年老的也要学习，我如果再过10年死了，那么就要学9年加359天。"毛泽东说的一年是按阴历360天计算的，意思是学到临终前的一天。

　　毛泽东是那样的不可思议，令人难以置信。他一生有过很多预言，都一一应验了。他决定要干的事情，即使上帝也不能阻拦。

　　毛泽东1976年9月9日逝世。1976年9月8日晨，毛泽东全身布满了多种监护抢救器材，已经无力说话了，仍示意工作人员给他读书，坚持读了7分钟。

毛泽东做到了，他读书读到了临终前的5小时50分钟。"真是感人至深，让人心疼，令人敬佩。"

伟人是如何练成的呢？从1972年底到1976年初，他先后看了129种数百万字的新印的线装大字本书刊。一部"二十四史"，全书800多册，4000万字，毛泽东不止读过一遍。读书，刻苦地读书，是成就伟人的因素。

像毛泽东那样努力读书学习吧！中华民族真正的伟大复兴，有赖于全民族的努力读书学习。

人类文明的今天，土豪不光彩，再大的土豪也不光彩。

二、广博的学习书目

毛泽东不但视读书如生命，而且读书速度极快，他一生读过多少书，有些书读过多少遍，已成为永远的谜，但从各种资料判断，毛泽东读了哪几类书，或者说毛泽东比较爱读哪几类书，还是大体可以判明的。分析毛泽东读过的核心书目，可以启迪我们的读书智慧。

（一）马列著作

"毛泽东的一生，是孜孜不倦地学习马列著作的一生，也是始终坚持不懈把马克思主义运用到中国，并结合中国的具体实际加以发展创新的一生。"这个评价是中肯的。

毛泽东从1920年开始接触马克思主义著作，认为马克思主义正确揭示了历史发展的规律，就没有中断对马列著作的学习。

毛泽东读过的马列著作核心书目包括《共产党宣言》《资本论》《反杜林论》《唯物主义和经验批判主义》《国家与革命》《左派幼稚病》《哥达纲领批判》《政治经济学批判》《帝国主义是资本

主义的最高阶段》《经济学大纲》《列宁有关政治经济学论文十三篇》《苏联社会主义经济问题》《政治经济学教科书》《俄国资本主义的发展》《马恩列斯论共产主义社会》等等。

1963 年，毛泽东为党的干部学习马列著作开列过 30 本的书目，他自己都是带头学过的。

《左派幼稚病》一书，毛泽东直到耄耋之年还多次潜心研读。

《共产党宣言》，毛泽东读了五六年。中文版、英文版，他都读。每年读几遍，书中的精辟论断，毛泽东能背诵。

马克思主义是放之四海而皆准的真理。我的理解，这就是毛泽东说的，马克思主义正确解释了社会历史发展的规律，是方法性的知识。

知识有人分为三类：成果性知识、机理性知识、方法性知识。方法性知识，为人类进步提供了金钥匙。

毛泽东精通马克思主义理论，毛泽东思想极大地发展了马克思主义理论。这是不是毛泽东成为世界巨人中的巨人的原因之一呢？

美国的中国问题专家罗斯·特里尔认为：毛泽东奇迹般地创造了一个不等式——毛泽东＞马克思＋列宁＋斯大林。

罗斯·特里尔认为：毛泽东是 20 世纪魅力超群的政治家，是无人能比的世界超级经济学大师。他的经历，足以使他成为马克思、列宁、斯大林合为一体的中国革命的化身。

（二）中国史籍

毛泽东博览群书，阅读的中外图书范围很广。俄、美、英、法等国的地理、历史，世界通史，外国人物传记，亚当·斯密的《原富》，孟德斯鸠的《法意》，赫胥黎的《天演论》，约翰·穆勒的《群己权界论》，斯宾塞的《群学肄言》，卢梭的《民约论》，摩尔根的《古代社会》等名著，毛泽东都读过。

但比较而言，毛泽东读过的书目，还是中国的占绝对多数。毛泽东 8 岁上私塾，从读《三字经》开始，接着读"四书五经"，一直到后来各个阶段凡能够收集到的中国古籍都读过。1915 年，毛泽东曾在给他的好友萧子升的信中，开列过 77 种中国古代经、史、子集著作。毛泽东藏书近万册，"读书千万种"，应该说中国古籍占多数。

毛泽东读了这么多的书，其中读的次数最多的是什么呢？是中国的史籍类书籍，尤其是《资治通鉴》、《御批历代通鉴辑览》、"二十四史"等。

"二十四史"系统记述了从中华始祖黄帝起始，到清兵入关、明朝灭亡，全书计约 3250 卷，800 多册，4720 万字，记载了中国 4000 多年的历史。毛泽东至少读了一遍，其中，他喜欢的《史记》《前汉书》《后汉书》《三国志》《唐书》《新唐书》《晋书》《五代史》《明史》等，读过多遍，而且做过大量批注。

毛泽东为什么如此下功夫读"二十四史"呢？

毛泽东认为，要为中国尽力，脱不开中国这个地盘，所以必须学习研究中国历史。他说："我觉得关于自己的国家，我所知道的还太少，假使我把时间花费在本国，则对本国更为有利。"

毛泽东的话，真使我们惭愧得无地自容。我们对自己的国家了解多少呢？

几十年了，我们不乏一些"理论家"，他们没有切实地学习研究中国的情况，而是拿西方资本主义的陈旧经济理论和模式，照着西方的一套给自己的国家出谋设道，给国家带来了潜在的灾难性后果。

我们说，中国的、外国的，都一样，都有糟粕，这不可怕，只要按毛泽东说的办，去除糟粕，取其精华，古为今用，这就好了！

（三）哲学与逻辑

哲学与逻辑的书，都是毛泽东爱读的。

哲学著作。毛泽东是马克思主义哲学大师，他说："一切大的政治错误没有不是离开辩证唯物论的。"所以毛泽东一生极为重视学习研究哲学。

"毛泽东是个认真研究哲学的人。"这是美国记者埃德加·斯诺1936年到达保安时的记述。到达延安后，毛泽东为了总结中国革命的经验，不分昼夜，发奋攻读了大量马克思主义哲学书籍，同时，他读书的范围不仅限于马克思主义的哲学家，而且也读过古希腊哲学家、斯宾诺莎、康德、歌德、黑格尔、卢梭等人的著作。

现在保存下来的延安时期毛泽东读过的《辩证法唯物论教程》《辩证唯物论与历史唯物论》等，见证了毛泽东读哲学的刻苦认真程度，仅《辩证法唯物论教程》的旁批就达12000多字。

新中国成立后，毛泽东一直引领站起来的中国人学习马克思主义哲学，他的哲学著作《实践论》《矛盾论》《人的正确思想是从哪里来的》等，也成为中国人民的必读书目。

马克思主义哲学，尤其是毛泽东哲学，已成为中国人认识世界和改造世界的锐利武器，也已融入民族文化，成为滋养子孙后代的甘露。

逻辑学著作。毛泽东早在1912年就读过斯宾塞的《逻辑》。其后，他一直对逻辑学保持着浓厚兴趣。新中国成立后，先后出版的多种逻辑学著作，毛泽东都认真阅读过。而且到晚年，毛泽东仍保持着对逻辑学著作研读的兴趣，他不仅阅读各种观点的论文集，还阅读近数十年的各种逻辑学著作。

毛泽东的读书服务工作人员徐中远说，毛泽东学习研究逻辑学论著，真是做到了"努力学习，切实学习，不学好不放松"的程度。"毛泽东学习、研究逻辑学与学习研究其他学问一样,总是那样孜孜以求,锲而不舍,网罗各家,兼收并蓄。"

资料显示,20 世纪 50 年代中期至 60 年代中期,国内掀起了一个学习研究逻辑学的高潮,一些名家都参与其中,发表了大量的学术论文,推动了国内逻辑学的发展。这一活动就是毛泽东的研读兴趣助推的。

毛泽东多次邀请逻辑学名家座谈讨论,指示有关人员印刷出版相关著作,为学习讨论提供支持。而他自己则潜心钻研,可谓十分认真、十分投入、十分深入。1961 年《红旗》杂志第 7 期王忍之的论文《论形式逻辑的对象和作用》,全文 16000 余字,毛泽东通篇作了圈点勾画。而像周谷城、章士钊这样大家的逻辑学著作,毛泽东更是反复研读。

毛泽东说,形式逻辑是一门专门科学,是讲思维形式的,讲前后不相矛盾的。毛泽东是语言大师,这是不是与他刻苦学习逻辑学著作有关系呢?

(四)自然科学

毛泽东还注意阅读各种自然科学著作。早在青少年时代,毛泽东就用心阅读了达尔文的《物种起源》和赫胥黎的《天演论》。革命战争年代,虽然没有条件学习研究自然科学、技术科学,但他一直保持着浓厚的学习兴趣。

新中国成立后,为了领导新中国的经济和科学技术建设与发展,毛泽东夜夜黄卷青灯,常常通宵达旦学习阅读农业、土壤、机械、物理、化学、水文、气象等自然科学方面的书籍。

毛泽东晚年,视力已经很差了,尤其到逝世前的几年,卧床不起了,但他每天还非常用心阅读一些大字本自然科学论述,如杨振宁的《基本粒子发现简史》以及《动物学杂志》、《化石》、《自然辩证法》《科学大众》等刊物。"直到 1976 年，在他生命垂危的最后岁月，他还在阅读英国人李约瑟著的多卷本《中国科学技术史》。"

毛泽东对自然科学的学习研究，主要为了推动新中国科学技术的建设与发展。所以，他的学习研究与国家科技的建设发展具有同步性。

1958 年，毛泽东要求全党工作的重点转到技术革命和经济建设上来。他说："提出技术革命，就是要大家学技术，学科学。""过去我们有本领，会打仗，会搞土改，现在仅仅有这些本领就不够了，要学新本领，要真正懂得业务，懂得科学和技术，不然就不可能领导好。"

1958 年 7 月，毛泽东参观机床展览后，即让秘书找来《无线电台是怎样工作的》《1616 型高速普通车床》等科技小册子。

1959 年 1 月，苏联发射了一枚宇宙火箭。第二天，毛泽东就向有关人员索要了若干本关于火箭、人造卫星、宇宙飞船等通俗著作。

1960 年 11 月，毛泽东阅读了《光明日报》的技术革新文章，请《红旗》杂志转载，并代《红旗》杂志编辑部写信给论文作者。

毛泽东对自然科学的学习是真下功夫的。杨尚昆回忆说：毛泽东提倡学习，不是说说而已，他买了许多书来读，还把中学物理、化学实验的仪器买来研习。毛泽东记得很多化学分子式。

毛泽东始终追踪自然科学的发展前沿，不断地与中外的知名科学家学习讨论，例如钱三强、李烛尘、周培源、于光远、杨振宁、李政道、坂田昌一等。

毛泽东不但为中国科学技术的发展而刻苦学习自然科学，而且以他那哲学家的智慧、理论家的品质，对自然科学的某些问题提出独特的见解。例如，关于物质的无限可分性、自然界有更深的统一等。

"毛粒子"是对构成物质的所有假设的组成部分的命名，这是 1977 年在夏威夷召开的第七届世界粒子物理学讨论会给予毛泽东的荣誉，是诺贝尔物理学奖金获得者格拉肖提议的，真诚地表达了一个科学家对一个哲学家的深刻见解的敬意。

新中国科学技术事业的发展，倾注了毛泽东的心血。1958年9月，毛泽东外出视察，在行进的列车上，张治中这位前国民政府的高官，发现毛泽东正聚精会神地钻研冶金工业的书。他很诧异，一个国家的最高领袖还做这事啊！是的，只有人民的伟大领袖，才能为国家操这份心。

（五）古典小说

毛泽东阅读过若干中国的古典小说，10岁时就开始读《精忠传》《水浒传》《隋唐演义》《三国演义》《西游记》等。阅读中国古典小说的爱好，毛泽东一直到晚年不曾改变，尤其是对他喜欢的五部小说，百读不厌。

《红楼梦》。毛泽东喜欢读《红楼梦》，上井冈山之前读过，新中国成立后一直到逝世，经常阅读。给毛泽东管理图书报刊的逄先知、徐中远，分别记载了毛泽东从新中国成立后到晚年索要《红楼梦》的情况。

毛泽东中南海故居的藏书中，不同版本的线装《红楼梦》一共有20多种。毛泽东阅读的习惯是不同版本的书对照着看，他晚年的书库里、会客室里、卧室里，都摆着《红楼梦》，随时翻阅。

在毛泽东阅读过的《红楼梦》版本中，圈画、批注最多的是《脂砚斋重评石头记》《增评补图石头记》。

1964年8月18日，毛泽东说："《红楼梦》我至少读了五遍。"徐中远披露，这之后，毛泽东又至少10次向他们要过不同版本的《红楼梦》。这样说来，毛泽东一生最少读过15遍《红楼梦》。

毛泽东不但读《红楼梦》，而且还读《红楼梦》的研究文章。"旧红学"派的文章、"新红学"派的文章，他都读，读得很细、很深，并曾给予过评价。

毛泽东不但自己反反复复地读，而且还劝其他人读。毛泽东为什么这么喜欢读《红楼梦》呢？他主要通过《红楼梦》研究封建社会的情况，把握社会历史规律。毛泽东认为《红楼梦》是一部封建社会史料极丰富的书，"写的是很精细的社会历史"，不读《红楼梦》就不知道什么是封建社会。

毛泽东看《红楼梦》，通过书中复杂的人际关系，看阶级斗争，看政治斗争，看社会历史。20世纪50年代"三反"的时候，毛泽东就用"贾政做官"的故事来教育共产党的干部警惕受人包围。

当然，毛泽东喜欢读《红楼梦》，还因为《红楼梦》是我国文学的代表作，他"从内心里引以自豪"。他曾说《红楼梦》"作者的语言是古典小说中最好的，人物也写活了"。

《水浒传》。毛泽东自少年时代起就喜欢读《水浒传》，直到晚年还是一遍一遍地阅读。据徐中远介绍，到了20世纪70年代，他们还先后给毛泽东送过12种不同版本的《水浒传》。1974年，已是耄耋高龄的毛泽东，在武汉时还读了《水浒传》。

毛泽东读《水浒传》，谈《水浒传》，评《水浒传》，论《水浒传》，《水浒传》给予他思想影响、意志灌注、政治智慧。正如有的研究认为，《水浒传》对毛泽东，从少年时起最重要的影响，还是思想上的影响。书中"替天行道、劫富济贫"的思想，激起了他反抗旧秩序的精神。

毛泽东熟悉农村，熟悉农民，他十分憎恶当时草菅人命、欺压百姓等极不合理的社会现象。他理解农民，同情农民，对农民和农民运动一直有着特殊的深深感情。这也可能是毛泽东喜欢《水浒传》的原因之一。

毛泽东是读书的大师，他读书的角度、视野和高度是无人比肩的，同样的书他能读出别人无法想到的视点。

毛泽东认为《水浒传》是一部政治书。哪里有压迫，哪里就有反抗。官府腐败，群众就一定会起来革命。"凡是反抗最有力，乱子闹最大的地方，都是土豪劣绅、不法地主为恶最甚的地方。"官逼民反，农民造反是被逼出来的。

毛泽东认为《水浒传》是一部反面教材。他让全党读《水浒传》这部反面教材，使党员干部知道如何发展和保持我们已经取得的革命成果，使人民的江山千秋万代永不变色。

毛泽东看到了宋江是在有利形势下自愿主动招安的，这正是历史上农民革命在获得胜利以后革命热情往往就逐渐消退的规律。他注意到新中国社会主义土壤上已经滋生了不少欺压迫害百姓的大大小小官僚，严重地损害了党群关系和干群关系，所以他提出"继续革命"。

政治书伴随着政治事件。毛泽东读古典小说，也就常与身边人员谈论看过的古典小说。这是个常态，与平常人无二。1975年下半年的毛泽东，已显十分衰老，说话不清，行动艰难，摘除白内障手术时请来北京大学老师芦荻给他读书，为助他谈兴，缓解疲劳，芦荻就提出了"《水浒传》一书的好处在哪里？应当怎样读它"的问题。

毛泽东当然顺应，于是这就有了1975年下半年毛泽东对《水浒传》的评论。这个仅就《水浒传》这部小说的即兴闲谈，被传出即成为姚文元、江青的政治大棒，掀起了一场全国性的政治风波。华国锋把江青在农业学大寨会议上讲评《水浒传》的事报告了毛泽东，毛泽东怒斥："放屁，文不对题。"才制止了这场政治风波。

《三国演义》。《三国演义》也是毛泽东从小读到老的一部书。他读《三国演义》是同《三国志》捆绑在一起读。同时也读《三国志通俗演义》《三国志集解》等书，以达到融会贯通的读书效果。

毛泽东读《三国演义》，同读其他古典小说一样，有自己的独特视角和见解。读《三国演义》，他"三看"：看战争、看外交、看组织。他从书中对战争的描写，领悟克敌制胜的战略；以书中人物的特点，教育指导党的干部。

毛泽东欣赏曹操，认为他是真男人。

毛泽东也欣赏曹操的文章诗词，极为本色，直抒胸臆，豁达通脱，气魄雄伟，慷慨悲壮，是大手笔。

《西游记》。晚年的毛泽东，身边还放着5种不同版本的《西游记》，随时翻阅。毛泽东读《西游记》原著，也读《西游记研究论文集》，同样一丝不苟，勾画注批，横道竖道、大圈小圈，密密麻麻，满页都是。

如果说，毛泽东青少年时读中国古典小说是读故事的话，那么，毛泽东走上领袖岗位后读中国古典小说就是读政治。

毛泽东知道他的团队，百分之八九十都是行伍出身，参加革命后才学文化的。他们文化程度不高，但通过听书看戏、与人聊天，都知晓和熟悉中国古典小说中的人物，尤其是《三国演义》《水浒传》《西游记》中的人物，所以，毛泽东对共产党和军队干部的教育，多用中国古典小说中的人物和故事，这就有了极好的效果。

读《西游记》，毛泽东告诉说："要看到他们有个坚强的信仰。""唐僧、孙悟空、猪八戒、沙和尚，他们一起上西天取经，虽然中途闹了点不团结，但是经过互相帮助，团结起来，终于克服了艰难险阻，战胜了妖魔鬼怪，到达了西天，取来了经，成了佛。"

不要怕不同意见，不要怕争论，只要朝着一个目标，团结一致，坚持奋斗，最后总是会成功的。这就是真谛。不过，这是小说作者万万想不到的。

毛泽东熟读中国古典小说，都有别人不及的视角。读《金瓶梅》，他看的是经济；读《聊斋志异》，他看的是民主、进步和清史，等等。

毛泽东读中国古典小说的视角，不妨一学，有益无害。

（六）诗词书法

毛泽东是"有词以来第一作手"。毛泽东的诗词，使"千古词人共折腰"。毛泽东的诗词，文采斐然，情思飘逸，又酣畅淋漓，集生气、神气、灵气和豪气于一体。毛泽东的诗词创作意识和作品风格，堪称古今少见，由此，确立了毛泽东在中国诗史上的地位。

毛泽东的诗词，为中华民族诗苑增添了最为璀璨的瑰宝。

毛泽东是当之无愧的书法家，被誉为"确是开天辟地的神手"，是中国书法史上的第三个发展高峰。

毛泽东的书法作品，是中国书法艺术领域不可多得的稀世珍品。

对于毛泽东诗词和书法的这些评价，作者以为是确当的。那么，毛泽东何以有如此造诣呢？我们说，这除了毛泽东的天资精灵外，就是他的执着苦读与刻苦练习。

毛泽东读诗词。毛泽东从青少年时代就热爱研读中国诗词，这种爱好直到晚年，兴趣与毅力毫不衰减。据资料介绍，1972年到1976年8月，毛泽东读新印的大字线装书有120多种（部），这其中就有很多诗词书籍，例如《唐宋名家词选》《唐诗三百首详析》《唐诗别裁集》《宋诗别裁集》《元诗别裁集》《明诗别裁集》《清诗别裁集》《词综》《曹操集》《屈原离骚今译》《续古文辞类纂》《随园诗话》《曲选》等。

毛泽东读书速度很快，1974年，他已是81岁高龄，而且全身是病，"20来天里（不光是读《随园诗话》），读了近57万字，平均每天读两万多字"。这种生命不息、读书不止的精神令人敬佩。

毛泽东对很多古诗词到80岁高龄时还都能熟练地背诵出来。例如，李白的《越中怀古》《夜泊牛渚怀古》，苏轼的《赤壁怀古》，辛弃疾的《京口北固亭怀古》《登京口北固亭有怀》，萨都刺的《金陵怀古》等等。

毛泽东读诗，懂诗，写诗，与人研究诗，留下了为后世称道的大诗人品格。1959 年 9 月 7 日，毛泽东在给胡乔木的信中曾有一段自白："诗难，不易写，经历者如鱼饮水，冷暖自知，不足为外人道也。"所以，毛泽东对自己的诗词作品始终抱着极严谨负责的态度，常常是翻来覆去修改，作品发表后，他极为虚心地听取任何人的意见，无论是什么人，只要合理，便虚心采纳。

毛泽东 1962 年发表他 1929 年至 1930 年写的六首词之前，曾给臧克家写信说："你细心给我修改的几处，改得好，我完全同意。还有什么可改之处没有，请费心斟酌，赐教为盼。"

"毛泽东从来不以自己的政治身份来直接介入词墨交往关系。由于他的诗名，常有人请他改诗。"

1965 年，陈毅呈请毛泽东修改他的 12 首诗，毛泽东在给陈毅的回信中说，"你叫我改诗，我不能改。因我对五言律，从来没有学过，也没有发表过一首五言律"，于是，"只给你改了一首，还很不满意，其余不能改了"。

同一年，胡乔木请毛泽东修改他的 27 首词，毛泽东写信给胡乔木说："这些词看了好些遍，是很好的。我赞成你改的这一本。我只略改了几个字，不知妥当否，请你自己酌定。"

如此虚心、谦恭、平等、平易，对于这个大国领袖而言，实难想象，真是令人肃然起敬。

我们知道，并不是任何一个写出了诗歌的人，都可以称得上是诗人。毛泽东之成为诗人，不仅是因为他写诗，更重要的是他懂诗，具有真正的有别于政治家的诗人本色。

这就明了了，毛泽东诗词的造诣，无疑与他读诗词、懂诗词、研诗词有直接关联。

毛泽东读书法字帖。毛泽东读书法字帖，更是为世人称赞。毛泽东一生研读书法字帖，凡能收集到的一些名帖，都一览无余，他看、赏、研、习，既专心，又投入，亦是常人不及。

毛泽东博览、临摹过各种字帖。这些字帖，有的是他用个人稿费买的，例如《怀素自叙帖》《僧怀素草书千字文》《元鲜于枢书杜诗》《康南海手写诗稿》《梁任公诗稿手迹》《孙中山先生手札墨迹》《孙中山遗墨》《宋陆游自书诗》《董玄宰草书》《赵孟頫所书行草》《明拓米元章书马赞》《明唐荆川草书诗稿真迹》《欧阳修醉翁亭记》《敦煌石室唐拓柳书金刚经》等等。毛泽东平常阅读、临摹的字帖，大部分都是向有关单位和个人借来的。为此，还留传许多佳话。毛泽东借黄炎培的王羲之真迹字帖就是一例。

毛泽东早在青少年时代就临摹过王羲之的字帖。1959 年，毛泽东得知黄炎培有王羲之的真迹字帖，就向黄炎培借。毛主席要借，黄炎培不好不借。双方约定，借期 1 个月。

毛泽东自借到王羲之的字帖后，工作之余，就全神贯注地看着字帖琢磨，时而摇头晃脑，时而拿起笔来练习，几乎天天看，天天练，练到高兴头上，吃饭也叫不应。

由于时代久远，王羲之的真迹字帖极为珍贵，可谓价值连城。所以，黄炎培极为珍爱，借出后，就一直放心不下，一星期后，他就打电话给值班室询问，有一次，还把电话直接打给了毛泽东。毛泽东一听就不耐烦地对他说："不是讲好借一个月吗？"黄炎培马上连连回答："对对对，对对对。"

可是，过了不久，黄炎培又向值班室打电话询问，弄得值班人员很不好办，就借给毛泽东沏茶水之机，小声报告。毛泽东一听就更不耐烦，说道："怎么也学逼债了？不是讲好一个月的，还差 7 天，我是给他数着呢。"此时，正是前苏联向中国逼债时期，所以毛泽东连用"逼债"一词。

毛泽东稍缓片刻，说："到一个月不还，我失信。不到一个月催讨，他失信。谁失信都不好。"

一个星期后借期已到，毛泽东自己将王羲之真迹字帖用木板小心翼翼夹好，对值班室的人员说："送还吧，今天必须送到。"

值班人员说，黄老那边说过，主席如果还在看，尽管多看几天没关系。

毛泽东说："送去吧，讲好一个月就是一个月，朋友交往要重信誉。"

资料记载，毛泽东晚年还阅看过数千种字帖，其中楹联字帖就包括：《名人行楷书楹联》（1934 年版 2 册）、《名人隶书楹联》（1934 年版 2 册）、《名人篆书楹联》（1934 年版 2 册）、《楹联》第一辑（1921 年版上、下册）、《楹联》第二辑（1920 年版）、《古今楹联汇刻》（1—12 册）《楹联墨迹大观》（1928 年版 1—10 册）、《楹帖大观全集》（1914 年版上、下册）、《碑联集拓》（1—4 册）、《曾宾谷章口三联句》（1 册）等等。

毛泽东看字帖，既看字法，又看内容。徐中运说："毛泽东晚年看字帖，不光是欣赏书法艺术，而且还在欣赏书写的内容。他老人家是在看字帖，也是变换形式在看书。"

平心而论，即使一个专业的书法者，能否下这样的功夫，也很难说。

（七）鲁迅著作

毛泽东对鲁迅的著作一往情深，是下了很多很多功夫的。

1938 年 8 月，20 卷本《鲁迅全集》第一次在上海出版，毛泽东在陕北革命根据地获得后，即倾心阅读了全集。

1956 年至 1959 年，人民文学出版社相继出版了带注释的 10 卷本《鲁迅全集》，同时，还出版了一套 25 册的鲁迅著作单行本。毛泽东为了阅读方便，把这套单行本放在床边，随时翻阅。

1966 年 4 月，毛泽东到外地视察，走了没几天，就请工作人员给北京打电话，要全套共 25 册的鲁迅著作单行本。

1972 年，文物出版社出版了《鲁迅手稿选集三编》，共收有鲁迅手稿 29 篇，都是首次刊印的鲁迅著作。毛泽东见到书后，不分昼夜，一有空就翻阅，书里有的字太小，他就用放大镜，一页一页、一行一行地看。

1975 年 8 月，毛泽东右眼做了白内障手术，第二天摘掉蒙在眼上的纱布，视力稍有恢复，他就又读起大字线装本的鲁迅全集。

毛泽东晚年身边有 6 种版本的鲁迅著作：一是 1938 年 8 月出版的《鲁迅全集》；二是 1956 年到 1958 年出版的带注释的《鲁迅全集》(10 卷本，只是收录的鲁迅著作)；三是 1956 年到 1959 年出版的《鲁迅全集》单行本；四是 1959 年 3 月出版的线装本《鲁迅全集》；五是 1972 年 9 月出版的《鲁迅手稿选集三编》；六是大字线装本《鲁迅全集》。这 6 种版本的鲁迅著作，毛泽东都用心地阅读过。

毛泽东还熟读鲁迅的诗作。鲁迅的诗作，一共有 62 题 79 首，毛泽东爱不释手、暇不释卷，有的诗篇他反复诵读，其中不少诗篇他都能随口流利地背诵出来。

1976 年 9 月 9 日，毛泽东仙逝时，他的床上、床边桌子上放着的鲁迅著作，有的折页角，有的夹纸条，有的作了标记，有的作了批注。可以说，鲁迅著作，如同马列著作、"二十四史"一样，陪伴他走完了生命的最后时刻。

毛泽东为什么这么喜欢鲁迅的著作呢？用他自己的话说，就是："我和鲁迅的心是相通的。"是什么心呢？是两颗圣洁的革命的心，彻底反帝反封建，追求科学和民主，满腔热情地保护人民的利益，"横眉冷对千夫指，俯首甘为孺子牛"的赤子之心。

所不同的是，鲁迅用笔墨，为人民呐喊；毛泽东用生命，为人民奋斗。

（八）学术理论文章

毛泽东读报纸杂志，是青少年时代就养成的习惯，直到病魔缠身的最后岁月，还以惊人的毅力顽强地坚持着这一习惯。

新中国成立后，毛泽东订阅的报刊，包括出版社赠送的，在100种以上。1958年起，他还订阅了全国各主要高等院校的学报。20世纪60年代，毛泽东一天收到的报纸、杂志、参考资料等不下200多种。

毛泽东每天必读的报纸有《光明日报》《人民日报》《文汇报》《大公报》《解放军报》《工人日报》《中国青年报》《解放日报》《天津日报》等。

毛泽东经常阅读的杂志有《哲学研究》《经济研究》《历史研究》《新建设》《文史哲》《红旗》《学术月刊》《文艺报》《诗刊》《文物》《科学画报》《大众科学》《自然辩证法研究通讯》《现代佛学》等。

毛泽东阅读范围非常广，上至天文，下至地理，以至琴棋书画，他都喜欢。但关注比较多的是政治、经济、工业、农业、军事、艺术、文化、体育、自然科学等，最感兴趣的是学术性文章，尤其是研讨文章，特别是有争论的文章。他的读书服务工作人员回忆说，凡是有争论的文章，他们就选出来做上标志，以供他老人家阅读。

毛泽东为什么这么爱读报纸杂志呢？他说，一天不看报就是缺点，三天不看报就是错误了。分明，毛泽东读书看报，是借此做调查，通过报纸杂志，了解掌握世界最新最前沿的信息以指导工作。

三、创新的学习方法

读什么书与交什么友同样重要。20世纪八九十年代，厚黑学之类的歪书充斥书市，被很多人奉为桌上"主食"，20年后人们发现，大量的不良社会现象其文化基础正是源于此。

当然，读书有个方法问题。一股脑地读？不分先后地读？跟着书盲目读？恐怕都不是好的方法。毛泽东的学习方法，似可大有借鉴意义！

（一）有先有后地学

有先有后地读书，是毛泽东读书的创新方法，这包括先博而后约、先普通而后专门、先自然科学而后社会科学、先中国而后西洋等等。

先博而后约。毛泽东在 1915 年 6 月 25 日《致湘生信》中说："为学之道，先博而后约"，就是说读书学习的方法，先博览群书，而后专门钻研。

也是在这一时期，毛泽东还曾写过这样的自勉对联："贵有恒，何必三更起五更眠；最有益，只怕一日曝十日寒。"这又告诉我们，博览群书，必须坚持有恒，不能想起来三天不睡觉，过后半月不摸书。

这应该是毛泽东博学的开始阶段。毛泽东的光芒也来自他的博大精深。博开始，约发力，方有大成就。

先自然科学后社会科学。1941 年 1 月 31 日，毛泽东给在苏联上学的毛岸英、毛岸青写信，嘱咐他们："惟有一事向你们建议，趁着年纪尚轻，多向自然科学学习，少谈些政治。政治是要谈的，但目前以潜心学习自然科学为宜，社会科学辅之。将来可倒置过来，以社会科学为主，自然科学为辅。"这一席话，说得很明白，也很有道理。青少年，要首先学好科学，以掌握将来为国家服务的本领。而随着年龄的增长，走上社会，就要多学政治，明辨是非，懂得爱国家、爱人民。

这里还有一个政治与科学的关系问题，谈政治要以科学为基础。1955 年 3 月，毛泽东在全国党代表会议上，要求共产党人更多地懂得自然科学，更多地懂得客观世界的规律。1958 年初，他又提出要学技术、学科学，不然就做不好领导工作。

先中而后西。这也是毛泽东主张的为学之道。毛泽东为什么这么说呢？他认为："世界文明分东西两流，东方文明在世界文明内，要占半壁的地位。然东方文明可以说就是中国文明。吾人似应先研究过吾国古今学说制度大要，再到西洋留学才有可资比较的东西。"

这种学习方法的关键，是与为国家尽力而相连。毛泽东说，要为中国尽一点力，"当然脱不开'中国'这个地盘。关于这地盘内的情形，似不可不加以实地地调查及研究"。

毛泽东认为辛亥革命失败的原因就是由于中国的知识分子脱离了群众。所以，他主张学马列一定要结合中国实际。

不结合中国实际，胡乱地学西方，给中国带来的必将是灾难。

毛泽东也推崇马克思先研究近代社会后研究古代社会的学习方法，认为这样的先后顺序，容易理解古代社会。

（二）批判地学

批判地读书，是毛泽东一贯坚持的学习方法。毛泽东说，不要迷信书本，读书不要盲从，要独立思考。他认为，读书既要有大胆怀疑和寻根究底的勇气和意志，又要保护一切正确的东西。对待中国的古书是这样，对待马克思主义的著作也是这样。

批判地学，就是学而思，有比较，有鉴别。古为今用，洋为中用，没有批判是要遭殃的。批判地学，就是"弃其糟粕，汲取精华"，就是扬弃。毛泽东说，孔学"使我们思想界不能自由，郁郁做二千年偶像的奴隶"，是"不可不竭力打破"的。

有学者研究认为："毛泽东坚定地反孔立场的确定，较当时其他一些坚持思想革命的战士，大致要慢一个节拍。可是当时毛泽东对于中国传统文化和西方文化进行认真比较和科学分析的态度，较之新文化运动中许多激进分子对于东西方文化优劣的绝对化的认识，表现出无可怀疑的某种优胜。"可见，毛泽东不是盲目地学，也不是盲目地反。

毛泽东 1942 年曾指出，五四运动本身是有缺点的，"他们对于现状，对于历史，对于外国事物，没有历史唯物主义的批判精神，所谓坏就是绝对的坏，一切皆坏；所谓好就是绝对的好，一切皆好。这种形式主义地看问题，就影响了后来这个运动的发展"。

毛泽东指责中国传统史学缺乏思辨性的弱点，他说："吾国二千年来之学者，皆可谓之学而不思。"其实，这种学而不思的情况，在早期的中国共产党领袖中也是严重存在的，他们对于马克思主义的学而不思，给中国革命带来了极严重的后果。

毛泽东认为："没有批评的精神，就容易会做他人的奴隶。"没有学术自由、思想自由，就没有学术进步和思想进步，并终将导致民族文化的萎败倾向和国民心理的奴化痼习。

（三）联系实际学

联系实际，是毛泽东读书的一大特点，也是毛泽东始终遵循的一种读书方法。联系实际，就是为了应用而学，学以致用，理论联系实际。

譬如，毛泽东一直非常重视读历史书，不但自己读，要求身边工作人员读，还强调全党都要读。这是为什么呢？他认为，没有历史知识，不研究自己民族的历史，要指导中国革命的实际运动，是不可能取得胜利的。

毛泽东引用古人的话说："治天下者以史为鉴，治郡国者以志为鉴。"不要割断历史，读历史书，学习历史，汲取历史经验教训，才能更好地了解中国今天的实际，才能更好地指导今天的中国革命和经济建设。

再譬如读马列著作，毛泽东一直强调要用马列之"矢"，去射中国革命之"的"，就是要联系实际学习马列，不是学马列的条条，而是要学解决中国问题的方法。

1958 年 11 月 9 日，毛泽东给中央、省市自治区、地、县四级党委委员写信，"要联系中国社会主义经济革命和经济建设去读这两本书，使自己获得一个清醒的头脑，以利指导我们伟大的经济工作"。

这两本书，一本是斯大林著《苏联社会主义经济问题》，一本是《马恩列斯论共产主义》。当时，毛泽东之所以强调学这两本书，就是要联系实际，解决当时中国经济建设中的问题。

毛泽东结合实际的学习方法，解决了马克思主义中国化问题。

（四）多种形式结合学

毛泽东读书的精神非常可贵，几十年如一日，无限勤奋和刻苦，他在千忙万忙的工作中，以挤的方法获得学习的时间，以钻的方法求得问题的了解和深入。

多种形式结合。毛泽东的做法是，读理论书累了，就改读英语，以此换换脑子；读书读累了，就改为练书法，通过练书法熟记诗词内容、习研书法艺术，并使身体得到活动。

个人与集体结合。毛泽东自己无时无刻地读，还组织小组读，参加集体读，把个人读与集体读结合起来，主张对读不懂的东西要像仇人一样地攻克。

无字书与有字书结合。毛泽东主张读"无字之书"，"有字之书"和"无字之书"有机结合。1914 年，他在湖南第一师范学校读书时就认识到："闭门求学，其学无用。欲从天下国家万事万物而学之。"读"无字之书"，就是向社会、向自然界、向万事万物学习。为此，他多次"游学"，"沙地当床，石头当枕，蓝天为帐，月光为灯"，深刻体察民众的疾苦。

他曾反复说明一个道理：一个人光有书本知识是不行的，一定要投身到社会实际生活中去学习实际的知识。他认为，这是最丰富、最生动、最有用的学不完的知识。

读书与动笔结合。 毛泽东推崇不动笔墨不读书的学习方法，他读过无数书，留下了横道、竖道，大圈、小圈，一道、两道、三道，一圈、两圈、三圈，作出了各种不同的批注与考证。

他还主张不动地图不学习，读书学习，对于地名、事件，要随时借助地图搞明白地理方位，已使获得的知识更加的完整。

读书与"锻炼"结合。 毛泽东是伟大的学者，对于读书，他有独到的见解、独到的方法，日理万机之余，他把医生规定的每天半小时"日光浴"时间，用来看报、看资料，谓之既可以增强体质，又可以了解新闻时事，一举两得。

不同的书换着读。 毛泽东曾对中共中央组织部原副部长曾志说："一样东西看读多了，也实在累，我的休息方法，就是一样东西看久了，觉得疲倦了，就放下来，换上另一本再看，兴趣一来，疲倦就打消了。换着看书，就等于休息。"

毛泽东认真读书，发奋读书，下苦功夫读书，形成了自己的为学之道，"博学之，审问之，慎思之，明辨之，笃行之"。他一生学有所思、学有所得、学有所获、学有所益、学有所乐，饱学人类知识的精华。

20世纪80年代，时任中共中央总书记的胡耀邦，在了解毛泽东读书的情况后，感慨深刻地说："毛主席啊，毛主席，谁也没有你老人家看书看得多啊！"有人说：毛泽东读的书，大大地超越了伟人的容量，他具有无可比拟的智慧，足以胜过一切对手。

四、唯实的学习态度

学者精神，唯实的学习态度是重要的方面。在这方面，毛泽东做得是最好的，为我们树立了光辉典范，教给了我们如何学习，如何对待学问，如何运用知识。

（一）诚实和谦逊

毛泽东说："知识的问题是一个科学问题，来不得半点的虚伪和骄傲，决定地需要的倒是其反面——诚实和谦逊的态度。"

毛泽东真正做到了谦逊和诚实，他说："我们必须向一切内行的人们学习，不管什么人，拜他们做老师，恭恭敬敬地学，老老实实地学。不懂就是不懂，不要装懂。"

毛泽东特别谴责那些徒有虚名并无实学的人，有哗众取宠之心，无实事求是之意，读了一些书，自以为有学问了，自以为了不起，其实并没有读进去。

他说："科学是老老实实的学问，任何一点调皮都是不行的。"学习就要踏踏实实，决不能"山间竹笋，嘴尖皮厚腹中空"。

（二）永远不满足

毛泽东说："学习的敌人是自己的满足，要认真学习一点东西，必须从不自满开始。对自己，'学而不厌'，对人家，'诲人不倦'，我们应取这种态度。"

毛泽东强调说："学习一定要学到底，学习的最大敌人是不到'底'。自己懂了一点，就以为满足了，不要再学习了，这满足就是我们学习运动的最大顽敌。"

（三）不拘泥于书本

毛泽东说，读书看报听演讲，都要动脑子思考，对者则取，错者则弃，不能不加分辨地全然听之或全然否定。古人的话、老师的话、名流学者的话，都要思考分辨，接受正确的，批判错误的，不盲从他人。

毛泽东主张，在学术方面，要进行彻底研究，不受一切传说和迷信的束缚，要寻找什么是真理，踏着社会的实际说话，要敢于打破一切去研究事实和真理。

五、高尚的学习风范

毛泽东以伟大的学者精神，开辟了新中国学术春天。"百花齐放，百家争鸣。"毛泽东以谦逊的态度和渊博的学识，引领、推动了中国的学术研究，使现代科学、文化、学术普及于中国人民大众。

毛泽东是伟大的学者，更是伟大的政治家，当他认为国内、国外不利因素危及人民政权时，他断然采取决然的历史措施。这正是政治家与常人的不同之处。

（一）"无多研究，不敢有所论列"

20 世纪 50 年代中期到 60 年代中期，新中国曾有一场形式逻辑学的学术大讨论，推动了形式逻辑学的发展。这个大讨论，推动者正是对形式逻辑学有深刻研究的毛泽东。

逻辑学界，较前的流行观点，是"高低级"说，即把形式逻辑比作低级数学，把辩证逻辑比作高等数学。周谷城发表文章，提出"主从"说，王方名也持此观点。

周谷城的文章认为：形式逻辑的对象是推论方式，它的法则只是对推论过程的形式规定，它的任务侧重于依据大前提如何推论，却不追问大前提是怎样成立的；它对任何事物都没有主张，因而没有观点上的倾向性，没有阶级性；它既可为辩证法服务，也可为形而上学服务；既能为正确的主张服务，也能为错误的主张服务。文章还认为，"辩证法是主，形式逻辑是从；主从虽有别，却时刻不能分离"。这即为"主从"说。

周谷城的文章一出，引起火箭炮似的批评，大讨论由此开端。

毛泽东一直关注这场大讨论，阅读逻辑学著作，研究中国传统的逻辑思想，研究西方的逻辑论著，读所有的讨论文章，兼收并蓄，涵养各家，鼓励辩论。为了进一步深入开展大讨论，毛泽东从 1957 年 3 月到 1958 年 6 月，先后 5 次召集有关人员座谈讨论。

毛泽东在这场讨论中，始终没有当众表明自己的观点，而实际上，毛泽东对逻辑学的学习研究，是下了功夫的，是有更深层次思考的。他这样做，就是为了便于讨论的各方自由发表各自的意见，表明了他对诸多专家学者的尊重、对学术讨论自由的维护。

我们可以通过毛泽东的一封信，揣摩这位伟大学者的高风。

1958 年 7 月 28 日，毛泽东给周谷城回信："谷城兄：两次热情的信，都已收到，甚谢！大著出版，可资快读。我对逻辑无多研究，不敢有所论列；问题还在争论中，由我插入一手，似乎也不适宜。作序的事，不拟应命，可获谅解否？敬复。顺颂教安！"

时下的毛泽东，如日中天，光芒四射，但我们在这里领略到的是学者间的平等交流，谦逊的态度、真诚的祝福，尊重他人的思想。

（二）"故不必改动"

故不必改动，是毛泽东给章士钊的信中的一句话。

章士钊，湖南长沙人。北洋军阀统治时期曾任段祺瑞执政府司法总长兼教育总长。1949 年中国共产党和国民党和平谈判时，是国民政府代表团成员之一，因国民政府拒绝在国内和平协定上签字，遂留在北平。中华人民共和国成立后，曾任政务院法制委员会委员、全国人民代表大会常务委员会委员、政协全国委员会常务委员、中央文史研究馆馆长。

章士钊，不仅是我国近代史上一位颇有影响的政治活动家，而且还是一位究心文史、用力精勤、著述颇多的大学者。

章士钊酷爱柳宗元的文章，他曾用大半生的闲暇时间研究柳宗元的文集。《柳文指要》是他至 90 岁高龄时才完成的一部巨作，全书分为上、下两部，近 100 万字，是专门研究柳宗元文集的著作。

毛泽东得知《柳文指要》初稿写出后，就让秘书徐克与章士钊商量，提出能不能把书稿先送他一读。"送毛泽东阅示"，这也是章士钊的心底愿望。所以，章士钊很高兴地立即将《柳文指要》初稿送给毛泽东。

毛泽东 1965 年 6 月 26 日收到初稿，到 7 月中旬，从头至尾非常仔细地研读了一遍，逐章逐段、逐句逐字地研究，非常认真地把原稿中的错别字改正过来，对他认为不恰当的地方，一一提出了具体的修改意见，有若干处他还亲自作了修改。

毛泽东一生钟爱柳宗元的文章，自然也非常喜爱这部《柳文指要》，所以，他读完一遍后，1965 年 7 月 18 日，又写信给章士钊说"还想读一遍"。

毛泽东对《柳文指要》评价很高，认为颇有新义、颇有引人入胜之处。但他的信中同时也指出《柳文指要》存在的问题，是唯物史观问题，即没有运用辩证唯物主义和历史唯物主义的观点来对柳文进行分析。

毛泽东在信中明确说："但此事不能求之于世界观已经固定之老先生们，故不必改动。"这就是伟大学者毛泽东，不求全责备，不发号施令，不强加于人，完全推诚不饰的平等交流。

（三）"姑且存留听下回分解吧"

毛泽东与同时代的很多专家学者有过很好的交往与交流，也折服了这些有过交往交流的专家学者，梁漱溟即是其中一位。

梁漱溟是中国近代的一位著名学者。1938 年 1 月，他曾以国民政府国防最高会议参议员的身份北上延安，与毛泽东会见，并就《乡村建设理论》与毛泽东彻夜长谈，发生了激烈争论。

《乡村建设理论》是梁漱溟的著作。梁漱溟到延安后，第一天送给毛泽东，第二天与毛泽东谈话，毛泽东就已看过了这部书，并且写了 1500 字左右的批注。

梁漱溟回忆说："我头一天把自己新出版的几十万字的《乡村建设理论》送给他，第二天谈话他已看过了这本书，并写了一条条批语。"

毛泽东批注的《乡村建设理论》至今保存着，梁漱溟的回忆录写得明明白白的。否则，谁能相信毛泽东一夜看了这部几十万字的书，而且还写了这么多批注，批注又是那样具有真知灼见。

真是神者！神速！

梁漱溟的基本观点是对中国社会实行"改良"，毛泽东的基本观点是对中国社会实行"革命"。毛泽东当时对他说，你的著作对中国社会历史的分析有独到的见解，不少认识是正确的，但你的主张总的是走改良主义的路，不是革命的路。改良主义解决不了中国的问题，中国的社会需要彻底的革命。

辩论双方相持不下，谁也没有能够说服对方。毛泽东最后对梁漱溟说："梁先生是有心之人，我们今天的争论可不必先做结论，姑且存留听下回分解吧。"

毛泽东送梁漱溟出门时，天已大亮，可见争论进行了很长时间，但亦可知，这场争论是非常友好的，不然断不能持续这么长时间。

事情正是如此。

这场争论存留了近 50 年，在毛泽东逝世 10 周年以后算是结了账。1988 年，梁漱溟曾心悦诚服地说道："现在回想起那场争论，使我终生难忘的是毛泽东作为政治家的风度和气度。他披着一件皮袍子，有时踱步，有时坐下，有时在床上一躺，十分轻松自如，从容不迫。他不动气，不强辩，说话幽默，常有出人意外的妙语。明明是各不相让的争论，却使你心情舒坦，如老友交谈。"

中国共产党领导的人民革命的胜利，促使梁漱溟进行了一番考察之后，对自己的观点进行了新的总结，他说："若干年来我坚决不相信的事情，竟然出现在我眼前。这不是旁的事，就是一个全国统一的稳定的政权竟从阶级斗争中建立，而屹立在世界的东方。我曾经估计它一定陷于乱斗混战而没有结果的，居然有了结果，而且结果显赫，分明不虚。"

梁漱溟在历史事实面前，承认他对于中国的历史方向的认识是错误的，毛泽东的认识是正确的。

梁漱溟折服了，他敬佩毛泽东政治家的风度和气度，而这恰是毛泽东的高尚的学者风范。他不动气，不强辩，完全是超然的心胸意境，如同上苍握有真谛、透视寰宇。

要知道，1938年的毛泽东，是被称为握有军队的"共匪"哦！常理，一个匪首，哪有闲工夫听一介书生论长道短！梁漱溟折服了，其他知识分子也就折服了。不然，新中国成立，哪会有那么多旧社会的知识分子为人民效力呢？

毛泽东是世界上仅有的能够称得上伟大学者的政治家。

第十章

修身精神

　　毛泽东的修身精神，指的是毛泽东以修"大我"为主导的修心性、修善德、修意志、修智慧、修胆力、修学识的精神。毛泽东的修身精神，最大的特点是在他成为中国人民的最高领袖后，传导注入了中国共产党的执政中，成为全国人民的实践行动，由此也改变了中国社会的精神面貌。

　　正如有评论说的，毛泽东时代，是一个圣洁的时代。全国人民在中国共产党的领导下，积极为国家做奉献，耻于私欲，耻于奢靡；国家根绝了娼妓，禁止了吸毒贩毒，没有黑社会，没有贩卖妇女儿童，没有贪官，也没有假货；遵从高尚，崇尚国家，社会融合。

　　毛泽东的修身精神是应发扬光大的。

一、修心性

　　心性，就是灵魂状态。心性决定境界，心性决定视野，心性决定意志。心性衰,一切皆衰。

心性低,决定了你的低站位。心性需要修炼。修炼心性,包括诸多方面,但修炼"大我"是核心。修炼"大我",就是以国家社稷为本。

没有国家,哪有个人呢!一个国家破了,这个国家的人,不是变成了苟延残喘的奴隶,就是变成了逃离家园的难民。你个人还有什么呢?没有,什么也没有。国强,民才壮。

所以,修炼心性,就是把以国家社稷为本作为灵魂状态。这一点,在毛泽东的修身精神中,体现得尤为明显。

(一)救国救民——子任

"子任"是毛泽东在东山学堂上学时给自己起的笔名,意思是把报效国家作为自己的责任。这显著地表明了毛泽东从青少年时代起,就开始了"大我"心性的修炼。

这个时期,毛泽东读了《论中国有被瓜分之危险》,了解了日本侵占朝鲜、台湾和法国侵占越南、缅甸的经过,知道了帝国主义瓜分中国的狼子野心,他内心开始无法平静,深深地为中国的前途和命运而担忧。他意识到,国家兴亡,人人有责,每个国民都应该努力来拯救国家的危亡。所以,他给自己起了"子任"的笔名。

在这里,我们可以体会到毛泽东的与众不同。一般人,读书时可能被书中表述的情况而感染,但很可能书读罢,感染的情绪也就此终结。那个时代读过《论中国有被瓜分之危险》的青少年,绝非毛泽东一个人,但把国家被瓜分的危险与拯救国家危亡的责任和自己联系起来,而且几十年后都不曾淡忘,这就是伟人的心性!

此后,毛泽东拯救中国、改造中国、振兴中国的"大我"心性,不断注入心底,毛泽东后来说,"从这时候起,我就决心要为全中国痛苦的人、全世界痛苦的人贡献自己的全部力量"。

　　而毛泽东异于常人的更是，一旦他认定了一个正确的目标，就终生为之追求不辍。就如毛泽东一旦接受了马克思主义是对历史的正确解释以后，他对马克思主义的信仰就没有动摇过。

　　毛泽东改造中国与世界的"大我"心性一旦确立，就全然无他了。在第一师范学校，他和朋友约定："不谈金钱，不谈男女之间的问题，不谈家庭琐事"，而真正关心"人的天性，人类社会，中国，世界，宇宙"的大事。

　　在以后的建党、建军、建国的不朽实践中，无论多么艰难、曲折、险恶，毛泽东以国家为子任的心性，毫无衰减，有的倒是更加凝练与集成。

（二）国败民无安——舍家

　　毛泽东的母亲1919年10月5日去世，毛泽东的父亲1920年1月23日去世。毛泽东的小弟毛泽覃，从1918年起跟随他在长沙就学。两位老人去世后，韶山冲上屋场的家，就由毛泽东的大弟毛泽民和弟媳王淑兰管理，堂妹毛泽建在家帮手。1921年正月初八，毛泽东回到了上屋场家里，召集全家人，作出了舍家为国的决定。

　　毛泽东告诉大弟毛泽民、弟媳王淑兰，把家的房舍、农田、牛、父母生前的衣被都送给穷人；义顺堂的票子（毛泽东的父亲做生意的对外招牌），把猪卖了，凑钱兑给人家，家不要了。就这样，毛泽东断绝了家念，开始了全家人一心为国赴难的征程。

　　毛泽东对他们说，国败民无安，"你们不要舍不得离开这个家！为了建立美好的家，让千千万万的人有一个好家，我们只得离开这个家，舍小家为大家，为国家嘛！"毛泽东安排毛泽民先学习，顺带做些事，将来再正式参加一些有利于国家、民族和大多数人的工作。

　　想想看，家，在中国文化里是占有何等重要的位置，就知道了毛泽东为国家社稷赴难的决绝意志何其坚定。

在毛泽东的带领下，毛家为了中华民族的解放，为了新中国的建立，为了中国人民的安康富强，牺牲了 6 个人，实际上还有毛泽东的 6 个孩子。

这真的不能不令人心生敬意！

从党的历史纵深看，有这样一些人，革命顺利时他是革命的，革命逆境时他是保命的，他们对国家的态度是灵活的，他们对国家社稷是取实用主义的。

毛泽东舍家为国，义无反顾，这种"大我"的心性，感天动地！

（三）为国奋斗——共命运

从 1949 年新中国成立到 1976 年逝世，是毛泽东的第三个 28 年，是他为国家奋斗的 28 年。这 28 年，也可以说成是他守业的 28 年，就是要守住中国人民的江山这个大业。

有句老话，创业容易，守业难。其实，毛泽东的创业极为不容易，守业也极为不容易。

从 1921 年到 1949 年，是他打江山、创业的 28 年。打下了江山，创建了中国人民的这份家业，但要很好地守住它也真不容易。

万事开头难。新中国的建设，开头更是难上加难。

新中国成立了，但满目疮痍，积贫积弱，愚昧落后，人心涣散；外患如狼，举刀霍霍，封锁禁运，舆论绞杀；管理团队，经验缺乏，能力有限，享乐之情，随时复燃。

防范不好，被狼咬死；发展不好，无法交代；政权变质，被人推翻。

难啊！毛泽东为了国家这份大业，殚精竭虑常常是想不到极致不睡觉。

为了战胜豺狼，他牺牲了最心爱的儿子。为了度过灾难，他食野菜与人民共患难；为了强大国家，他终生过着最平民化的生活；

为了防止政权变色，他尝尽了各种办法。

毛泽东没有任何个人财产，他不讲究吃喝、不讲究穿戴，粗茶淡饭随便对付，鞋袜衣服补丁添补丁，但对国家他极为讲究，决不允许任何势力侵略国家，决不允许任何人玷辱国家。他为国奋斗，与国家共命运，完全融入了这个国家，这就是毛泽东"大我"心性的真实写照。

不是吗？试想想，没有这种以国家社稷为本的"大我"心性，哪会有如此决绝的行动呢！

修不修心性，结果是云泥之别。

毛泽东一心为国家，千秋万代共仰！贪官污吏私欲膨胀，遗臭万年公愤！

二、修善德

修善德，就是爱百姓。毛泽东对百姓的爱是文明社会以来，古今中外国家领袖不可比肩的。有人评论说，毛泽东对人民的爱戴将是历代亲民政府仰视的灯塔。

谁对百姓好，百姓心知道。谁对百姓亲，百姓对谁爱。灾难深重的中华民族，在毛泽东的领导下翻身解放，当家作主。毛泽东挚爱百姓，为百姓说话，为百姓撑腰，老百姓颂赞他为"人民大救星"。

（一）接济穷人

毛泽东具有山区农家子弟的天然本色，勤劳善良。但这种天然本色，还需加以修炼才能成为大善精神。这种修炼，既包括来自外力的推动，又包括来自内心的省悟。

父亲勤劳节俭，近乎吝啬；母亲博爱无私，近乎佛性。这对毛泽东的修善德，真是一个绝佳的组合。父亲吝啬的结果，无疑把毛泽东推向了母亲。母亲佛性的结果，无疑又为毛泽东修善德引领道路。

父亲趁机买地、择机买猪，都遭到了毛泽东的反对和抵制，而母亲则极力支持毛泽东。每每灾荒，毛泽东的母亲总是尽量接济穷人，这为毛泽东作出了榜样，使年少的毛泽东学着帮穷人做事、接济穷苦人家的孩子吃饭，而母亲的暗中帮助，使这种善德滋润"发芽"。

毛泽东的大善精神，始于年少时接济穷人的善德培育。

接济穷人，是最基本的善德行为，需要从小培养，决不能漠视孩子的自私与冷酷。

（二）打抱不平

打抱不平，亦即"路见不平，拔刀相助"。人们称之为狭义行为，实际上也是善德行为。惩恶扬善，只有惩恶，才能扬善。对于欺侮人的恶行，没有人出手打抱，这个社会就没有善德。

打抱不平，是修善德的重要方面。

毛泽东说："逢恶就莫怪，逢善就莫欺。"他留有很多打抱不平的故事：穷人吃大户，族长问责治罪，年少的毛泽东挺身喝止；在第一师范读书，一位工友做错了事，教师大骂不休，毛泽东大声斥喝；长沙市一位女学生，因抗婚无效割颈身亡，毛泽东身体力行冲向反抗旧制度的第一线。

要知道，这时的毛泽东就是一名青少年学生，这种多次打抱不平的行为，正好说明了他善德修炼的成长过程。

这种善德，一旦有大权为后盾，就会升级为"替民行道"。

（三）不拿群众一针一线

考察执政者的执政行为，会很清晰地看到执政者个人理念的转化。同样，一个执政者有没有善德，也会在他主持的领域展现出来。

蒋介石四一二反革命政变开始了对共产党人的大屠杀，毛泽东扯旗造反上了井冈山。上山的毛泽东不同寻常地打出人民军队的大旗，可见为人民打江山在他的头脑中是极为清晰的。接着，毛泽东开始建军，他规定军队要保护人民群众，不拿群众一针一线。在他开创的井冈山革命根据地，他发动人民群众，武装人民群众，实行人民群众政权。

为天下穷苦老百姓行善，成为毛泽东建军的终极目的。

这支军队，最终也在毛泽东的打造下，成为真正的人民子弟兵，一支世界无双的伟大军队。

由少小的接济穷人，到青少年的打抱不平，再到军队建设，毛泽东的修善德上升到影响社会的层面。

（四）为人民服务

为人民服务，是中国共产党的《圣经》，是毛泽东追悼张思德时阐释的共产党人的主旨思想。张思德是中央警卫团的战士，1944年秋天，在烧木炭的时候因炭窑崩塌，不幸牺牲。毛泽东知道后，极为悲痛，作出三点指示："第一，给张思德身上洗干净，换上新衣服；第二，搞口好棺材；第三，要开个追悼会，我要去讲话。"

1944年9月8日下午，毛泽东向张思德烈士遗像敬献花圈后，即做了著名的《为人民服务》讲话。他说，共产党，共产党的军队，要全心全意为人民服务，要彻底地为人民的利益而工作。由此，为人民服务这一善德，成为中国共产党、中国政府、中国人民解放军的修为。

不可否认，中国共产党、中国政府、中国人民解放军存在这样那样的不足，但就一个政党、一个政府、一支军队，一直遵循和践行这样的伟大理念，是古今中外历史上所没有的。任何罔顾事实的指责，都不是修善德的行为。

毛泽东还把修善德赋予了共产党人的生命价值，他提出，为人民的利益而死，就是重于泰山的，是死得其所。这是共产党人生命价值的最新含义，是一个新的生命意义的判断。一个人修善德，有没有来世不好说，但只要为人民利益而死，就是修大德，就会受到社会的敬仰。

毛泽东又把视角投向社会，他深知旧社会国人积弊甚深，思想太旧，道德太坏。所以，他开始倡导社会的修为，要做高尚的人、做纯粹的人、做有道德的人、做脱离低级趣味的人、做有益于人民的人。一个人能力有大小，只要他是做过一些有益的工作的，不管什么人，我们都要给他送葬，开追悼会，寄托我们的哀思。

人总是要死的。活在当下，就是要活得有价值。

毛泽东把个人修身的精神注入了他那个时代，培育了那个时代为国为民、毫不利己的高尚情操。

（五）从群众中来，到群众中去

为人民服务，是修善德。修善德，就要有它的方式。这个方式就是"从群众中来，到群众中去"。

从群众中来，就是真心体察人民群众的情感、虚心听取人民群众的要求，把人民群众的意愿、需求，作为制定路线、方针、政策的前提。

到群众中去，就是把路线、方针、政策化为施政的行动，以行政的力量为人民群众排忧解难、谋福祉，使人民群众真正得到实惠。

毛泽东不信鬼神、不信宗教，却把人民群众作为他终身敬仰的"上帝"，虚心向人民群众请教，甘当人民群众的小学生，在中国革命的各个时期，从人民群众那里找到了制定正确路线、方针、政策的金钥匙。

民生就是政治。同广大人民群众关系的好坏，决定着政党的生死存亡，决定着事业的兴衰成败。一个政党的施政纲领，只注意国家机器的职能，而不把民生放在第一位，老百姓有苦难言，没法不闹气、不生变。

毛泽东把人民群众作为"上帝"，为人民、爱人民、靠人民，正确处理同亿万人民群众的关系，他赢得了"上帝"——人民群众的真心拥护。

（六）心里放不下的是中国老百姓

毛泽东在漫长的革命生涯中，政治上、精神上都遭受了常人难以承受的打击与挫折，先后失去多位至亲最爱，身心磨难，累累伤痕，但他以普度苍生的忍难心胸，依靠人民群众，最终缔造了一个光明的中国。

在毛泽东的心目中，人民群众是衣食父母。他曾直白地说过："不靠人民，你有饭吃呀？你有衣穿呀？"所以，他毕生致力于创造一个人民当家作主、人人平等、没有贫富差别的理想国家，让人民过上幸福日子。

所以，毛泽东内心深处一直担心国家会变颜色。他说："我很担心，这个班交给谁我能放心。"他认为，中国不搞社会主义，就会分化很厉害，有的人很穷，没法生活。有卖地的，有买地的，有放高利贷的，有娶小老婆的，人民群众就要受苦受罪，这是他心里始终放不下的。

为了他缔造的这个国家，为了他挚爱着的人民，毛泽东一生节衣缩食、轻装简行，反对地方搞迎送接风，他时时刻刻在为老百姓过日子。

1976年6月，身患心肌梗死的毛泽东，已被抢救过一次，卧床不起，进入7月，他的病情刚刚平稳，唐山大地震灾难突然降临，毛泽东得知地震造成的极其惨重的损失后，号啕大哭，这也可能是他一生中唯一的一次。人民，人民受难了，这使毛泽东的心情无以复加的沉重，他以天大的毅力，在病痛折磨中处理抗震救灾工作，实践着他早年立下的誓言——拯救人民。

1976 年 9 月 8 日，毛泽东身上插着静脉输液管，胸部安着心电图监护导线，鼻子里插着饲管、氧气管，由别人用手托着文件和书，先后看文件、看书 11 次，共 2 小时 50 分钟。9 月 9 日零时 10 分，毛泽东那颗世界上最伟大的心停止了跳动。

这就是毛泽东对人民的虔诚。

三、修意志

朱莉·尼克松说，毛泽东的一生肯定将成为人类意志的力量的突出证明。这用中国话的表达方式说，就是：毛泽东是人类意志力的突出代表。

这话说得到位，之所以这么说，是因为她用"人类"和"突出"代表，来对毛泽东意志力的无可比拟进行定位，这是恰当的。

面对强大敌人的极端残酷、面对恶劣环境的极端艰难、面对党内同志的极端孤立、面对不被理解的极端委屈、面对生死存亡的极端关头、面对成败攸关的极端抉择、面对多种疾病的极端折磨、面对多名至亲的永远诀别，等等，毛泽东都以不可想象的强大意志力，征服了这一切。

"意志也者，固人生事业之先驱也。"

在一定程度上说，没有毛泽东个人的强大意志力和对中国革命的执着，中国共产党革命的成功、中华人民共和国的奠基，也是很难想象的。

毛泽东的这种意志力，不可否认地具有天命的成分，但后天的修炼也是重要的铸造。

（一）文修其心

研究表明，青年毛泽东读书，直接与寻求救国救民的道路、改造中国与世界联系在一起，他要从书中获得与旧社会作斗争的勇气。

我们知道，毛泽东对中国的历史有很深入的研究，尤其对中国历史上的名人志士偏爱有加，秦皇汉武、唐宗宋祖、成吉思汗、曹操等等，可以肯定地说，这些中国历史上的名人志士的正能量，参与了毛泽东内心意志力的合成。

在东山高小学堂，毛泽东研读了《世界英雄豪杰传》，拿破仑、彼得大帝、叶卡捷琳娜女皇、惠灵顿、格兰斯顿、卢梭、孟德斯鸠、华盛顿、林肯等人的传记处，毛泽东留下了涂画标记，这些人物的事迹震撼了毛泽东，他从此下定决心经过长期的艰苦奋斗改变中国。

他曾经对项羽"妇人之仁"的政治短视进行评论，他主张，要求得中国的和平，求得世界的和平，不但求一时的和平，而且要求永远的和平，"便须决一死战，便须准备着一切牺牲，坚持到底，不达目的，决不停止"。

这都是明白不过的文修其心的影响。

（二）武修其体

毛泽东认为，体育锻炼可以磨炼人的意志。他说："夫体育之主旨，武勇也。武勇之目，若猛烈，若不畏，若敢为，若耐久，皆意志之事。"

各种运动皆可锻炼人的意志。所以，毛泽东从青少年时代起就注意通过各种途径有意识地修炼自己的意志品质。

他把繁重的体力劳动当作锻炼意志力的极好机会。毛泽东6岁开始参加田间的零碎劳作，辍学在家时，基本上担负了一个成年人的劳作。对于父亲分配的各种劳作，他总是认真对待，提前完成。在第一师范学校求学时期，对于学校组织的劳动活动，他总是积极参加，例如参加开辟学校操场的劳动，他每次挑土总是装得满满的。他还经常做一些勤务劳动，并打赤脚挑水。

为磨炼自己的意志，毛泽东有意识地到长沙近郊农村进行长途旅行，做忍饥、受热、耐寒的锻炼。假期的时候，毛泽东就约同学徒步穿林越野，爬山绕城，渡江过河。还常常拿着书到离学校不远的南门外嘈杂喧闹的大街角落去读书，锻炼毅力。

三伏酷暑，毛泽东和同学萧子升当"游学先生"，身穿旧衣，脚穿草鞋，背着旧雨伞，用一个多月的时间，步行千里，露宿野地，"行乞"，吃野果充饥，接触社会，开阔胸襟，苦其心志。

毛泽东的锻炼可谓项目繁多，游泳、八段操、空气浴、大风浴、雨浴、冷水浴、雪浴等，都是他的爱好。他认为，自然界中的刮风下雨、霜露、烈日等，都是锻炼的好机会。

毛泽东的锻炼，持之以恒，不论春夏秋冬，晴雨风雪，从不间断。

冷水浴，他一年四季坚持不懈，即使寒风刺骨的冬季也照常不歇。湖南第一师范学校浴室旁有一口水井，毛泽东每天清晨早早起来，第一件事就是在这里进行冷水浴。他把刚从井里提上来的冰冷刺骨的水，一桶一桶从头上浇下来，反复做一二十分钟，一无所惧。他说，这样可以强化筋骨，培养勇猛无畏的精神。

冷水浴，毛泽东坚持了数十年，即使晚年也坚持不用热水洗澡。

游泳，是毛泽东最爱的运动项目。他从家门前的池塘，到湖南长沙的湘江，再到长江、水库，从儿时到青年、中年、老年、晚年，中流击水，豪气干云。他说，就是要到大风大浪中去锻炼。

毛泽东的强大意志品质，就是在这种"苦其心志、劳其筋骨"中淬火的。

四、修胆力

胆力，胆量和魄力也。胆力的形成因素很复杂，心智、学识、意志、体能、技术、经验等等，都是重要的因素，很难准确说明哪种因素起决定作用。但可以肯定地说，这些因素不是先天就有的，而是后天修炼的。

有句老话，艺高胆大。何以艺高呢？就是修炼嘛！

毛泽东的胆力是大大超乎寻常人的。从少年时代的喝止族长，到学生时代的驱张、缴北洋军队 3000 溃兵的枪，到革命战争时期的一次次奇策，到将革命进行到底的"抗旨"决断，到抗美援朝的与美国叫板，到面对美、苏两大霸权挤压的制衡决策，等等，毛泽东一览众山小，真可谓是胆大包天。

毛泽东的超常胆力，也是毛泽东的超常修炼得来的。这主要包括自然、社会、战争三个方面。

（一）纳于烈风雷雨

自然，天地也。天，日月星辰、雷雨风雪；地，山川河流、森林湖泽。畏惧自然是人的天性，不经历练，难有与自然斗争的坚强意志和胆魄。

毛泽东热衷于烈风雷雨的苛刻锻炼，正是他强大胆力修炼的一个重要方面。

夏天的晚上，狂风呼啸，飞沙走石，长空电闪雷鸣，瓢泼大雨倾盆而下，毛泽东和蔡和森顶狂风、冒大雨，爬上岳麓山顶，然后又从山顶跑下，以此，沐浴烈风雷雨，洞彻胸襟，强大胆量。

湖南第一师范学校后山的君子亭、岳麓山、爱晚亭、湘江的橘子洲头等处，是毛泽东经常露宿的地方。每当夜幕降临，游人散尽之后，毛泽东约同学来到这些地方，切磋学问，探讨问题。夜深人静时，便各自找个地方，露宿至天明。这种活动，哪怕是寒霜时节，也在坚持，以此磨炼意志、增强胆量。

毛泽东在第一师范学校组织的人物互选中，名列第一，评选条件其中一项就是"不凡的胆识"。可见青年毛泽东的胆力是公认的。

这种沐浴烈风雷雨的苛刻锻炼是很重要的，这首先使他战胜了对自然的恐惧。毛泽东说，天不怕，地不怕。他的这种胆魄，正是来源沐浴烈风雷雨的锻炼。

不经风雨，怎么能见彩虹！

（二）切实社会调查

人，生活在大自然中，生活在社会中。大自然练过了，就剩社会啦。胆小怕事，实质上是不经事就怕事。

美国记者埃德加·斯诺说过，超过同仁的历史学素养是毛泽东手中的一张王牌。其实远不止此一张王牌，对于在中国大地上生息的人民的了解远胜于同时代的任何"政敌"，更是毛泽东手中的一张王牌。

中国革命的胜利，靠中国的同志了解中国的情况。对中国情况的了解，任何人都比不了毛泽东。

旧中国的社会，就是农业社会，就是占中国人口90%以上的穷苦农民受压迫受剥削的社会。毛泽东生在农村，长在农村，上学时通过游学广泛接触过农村社会；建党后还在别的领导人躲在租界里高谈阔论时，毛泽东完成了对农村社会和农民运动的切实调查。毛泽东熟悉农民，了解农民，洞悉农民的需求。那些大字不识、背朝天面朝土、浑身汗臭的农民，是毛泽东的知心朋友。毛泽东相信农民，这与那些怕农民过火的领导人正好相反。

旧中国有工人，只是数量少而已。安源煤矿是当时少有的大型企业之一，有17000多名工人。毛泽东6次到安源，下矿井，串工棚，与被老板辱骂为"煤黑子""炭古佬"的工人同吃、同宿、同心。在长沙，毛泽东组织过多次大规模的工人罢工。毛泽东对旧中国的工人，有着任何别的领导远不及的切实了解，他懂得他们的生活、懂得他们的家庭、懂得他们的工作、懂得他们的感情。这支规模不大的无产阶级队伍，能在中国共产党的革命中扮演什么角色，毛泽东的心里早已有底。

通过切实的社会调查历练，毛泽东把握住了中国社会，找到了中国革命的主力军，解决了取得胜利的"方程式"，所以，毛泽东领导中国革命的胆识和魄力，自然就是其他领导人无法比肩的。

这就好比武行双方的较量，行家伸伸手，就知有没有。社会领域的阵势，毛泽东早已经验过，遇事已成为"见招拆招"。

不经社会修炼，胆力就难以成型。

（三）战争中的学习

战争，是阶级社会的产物。有国家、政党、集团存在，战争就是不可避免的。人类要和平，国家要和平，基本的途径就是以战争制止战争，所以，驾驭战争的胆力就是必须修炼的。

毛泽东在战争中表现出的胆力，真是叫人赞叹不已。有的外国政要评论说，毛泽东战胜了不同的对手。这话的意思是说，毛泽东战胜了所有的对手。

毛泽东以至雄至强的胆力，为中国人民打出了半个多世纪的持续和平，为世界人民的和平事业作出了不可磨灭的贡献。

看看中国的历史，就知道了我们应该多么地感谢毛泽东，是他为中国人民带来了持久的和平，使人民享受到和平的幸福。

毛泽东的战争胆力是军事家中独一无二的，而毛泽东没有进过军事院校，那么，毛泽东的令军事家都称绝的战争胆力是哪里来的呢？

肯定地说，就是在战争实践中修炼来的，用毛泽东的话说，就是"在战争中学习战争"。毛泽东的修炼方法，也教会了他的属下，新中国成立后得以评为中国人民解放军的那些将帅。

毛泽东在战争中的修炼是有方法的，这个方法就是"打一仗进一步"，按照陈毅元帅的话说，就是毛泽东"事不过二"。毛泽东占据井冈山，在朱德、陈毅上山之前，取胜的战术、生存的方法、建军的套路、安民的政策等，都已经过一次次作战实践，获得了总结，接下来的事就是复制、完善、熟练。

那些将帅不少是经过专业训练的，他们在那个战争就是生活的年代，都在自我感觉良好的情况下大胆尝试过，但都遭遇失败，最后的结论是，按照毛泽东的办法打就胜利，不按照毛泽东的办法打就失败。

这其中的原因，就是毛泽东在战争中修炼了战争。

照着《孙子兵法》打仗，是打不赢的；照着其他兵书打仗，也是打不赢的。但毛泽东的"在战争中学习战争""打一仗进一步"的修炼方法，是什么时候都管用的。

五、修智慧

中国历史的一个特殊的翻天覆地的伟大时代，是以毛泽东这位伟人的姓名为标志的。毛泽东是历史的创造者，也是历史的继承者。这种创造与继承的成功结合，是实现于毛泽东超绝慧悟基础之上的。

毛泽东是举世公认的大智慧者，驰骋疆场战无不胜，经邦治国平天下，制衡世界占据主动，风物长宜放眼量，给予我们学习不尽的智慧源泉。

毛泽东的修智慧，有如下四个特点。

（一）历史联系的思维

历史是联系的，任何事物都是在历史过程中成长的。毛泽东深刻研读中国历史，洞悉千古更迭之故，熟读世界历史，达中外沧桑之变，毛泽东智慧的修炼，具有历史纵向的集成性。

治国靠史，治郡靠志。一方水土养一方人。解决一个地方的问题，就要联系这个地方的历史。在历史变化中寻求智慧，往往是对症的良方。

毛泽东历史联系的思维，化解了旧中国的内症外伤，医治了病入膏肓的中国社会。

（二）透过现象看本质

变幻莫测的战争，纷扰复杂的社会，需要一双慧眼透穿，这双慧眼就是"透过现象看本质"的认知方法。本质是事物的固有属性，带有一般的规律性。认识事物，就要透过现象把握本质规律。

毛泽东智慧超人，每每高人一招、先人一筹，奥秘就在于他参透了透过现象看本质的辩证法精髓。

毛泽东在摸透了中国国情的基础上，透过现象看本质，更加清晰地认识和把握了中国革命的本质规律，更加清晰地认识和把握了中国革命战争的本质规律，更加清晰地认识和把握了时代潮流的大势走向。所以，毛泽东指挥战争、领导革命、指导建设，思人所不能思，为人所不敢为，存乎一心，得心应手。

黑云压城，白色恐怖，革命低潮，红旗抗多久的疑虑，笼罩阵营。而毛泽东透过极为险恶的残酷环境，看到的是革命能量的逐步聚集。一个伟大的结论——"星星之火，可以燎原"划破长空，引来光明。

毛泽东在领导中国人民取得政权和建设国家半个多世纪的漫长征程中，有过无数的智慧佳品，透过现象看本质，正是他获得智慧的源泉因素之一。

（三）辩证地分析判断

毛泽东深谙中国古代辩证法，深刻研究马克思辩证唯物主义，辩证地分析判断情况成为他的拿手好戏。凡事，一分为二。既要看到有利的因素，也要看到不利的因素；既看到成绩，又看到问题。

有利的因素要调动，取得了成绩要发扬，不利的因素要化解，有了错误要纠正，使得毛泽东"事不过二"，力挽狂澜，屡胜不殆，一个胜利接着一个胜利。

抗美援朝，中央领导层几乎是一边倒的反对意见。美国人、世界人士分析，中国不敢参战，原因也是多多。而毛泽东坚持出兵，硬是打败了不可一世的以美国为首的联合国军队，而这一结果又是毛泽东坚持出兵时早已辩证分析判断的结论。

不比自明，国内的、美国的、世界的，论智慧，毛泽东自是峰尖，他人不及。

一般人看来，美国了得，是世界霸主！

不打不行，要打，打得胜吗？中国的空军、海军才刚刚初创；新生政权刚刚建立，国家一穷二白，社会还不是很稳定。这仗很难取胜！

可毛泽东的结论是：无论怎么打，美国都一定会彻底失败。

毛泽东辩证地分析认为，美国的利弊因素是"一长三短"，中国刚好是相反，采取的办法就是"不祈望速战速决"，化掉美国的"一长"，打得美国坐下来谈判就宣告战争胜利结束。

最终，抗美援朝战争的结果，就是按照毛泽东的判断写进了战争史。

智慧自有高下，不服不行。

（四）巧妙地运筹矛盾

毛泽东是运筹矛盾的大师，著有经典的《矛盾论》，集中阐述了他那独具特色的矛盾学说。他善于认识矛盾，分析矛盾，利用矛盾，制造矛盾，转化矛盾，转移矛盾，容忍矛盾，因机施谋，随机决策，妙计高出，计出万端，总能使出令人眼花缭乱而又惊心动魄的智慧之举。

毛泽东对矛盾的认识分析，既分析矛盾的一切方面，又分析矛盾之间的联系和"媒介"，既看到事物中已经和正在起主要作用的因素，又看到行将消失的旧因素和必然出现的新因素，细致地分析矛盾各方面的具体地位及其相互联系，从而预见事物的发展方向。

抗日战争，毛泽东敏锐地分析了中日矛盾中相互联系、相互制约的四个特点：敌强我弱，敌小我大，敌不义我正义，敌寡助我多助。从其内在联系的总和中，得出了中国抗日战争的持久性和最后胜利属于中国的结论，并从中日双方互相矛盾着的基本因素的消涨变化，预见了中国抗日战争进程的战略防御、战略相持、战略反攻三个阶段，从而为抗日战争提供了正确的指导方针。

毛泽东对矛盾的运用，强调抓主要矛盾。他认为，抓住了主要矛盾，就抓住了胜利。在指导辽沈战役、淮海战役、平津战役中，他对打锦州、打宿县、打天津的战役布势，就鲜明地体现了这种抓主要矛盾的智慧。

毛泽东同时强调，要关注主要矛盾和次要矛盾的辩证关系，注意它们之间的相互依存、相互制约，并在一定条件下相互转换。毛泽东指导济南战役时，以 7 个纵队约 14 万人攻城，而以 8 个纵队 18 万余人阻援，就是这种解决主次矛盾的智慧例证。

毛泽东还特别善于巧妙利用敌人内部矛盾，导演出炉火纯青的战争艺术。淮海战役中，他指出："睢杞战役后，刘峙系统中很多人对邱清泉不满，似乎黄百韬特别不满邱清泉，故要李弥靠近黄部，又将一百军从邱部归入黄部，此点亦可注意。"我军利用黄邱之间的矛盾，以一部兵力阻邱，集中大部兵力歼黄，从而以 60 万对 80 万的劣势，在蒋介石的"卧榻之旁"完胜敌军。

毛泽东运筹矛盾的高超艺术，为一般军事家所望尘莫及。

修智慧，就要潜心研究矛盾学说。

六、修学识

修学识，是毛泽东修身精神中最为下功力的一面。可以肯定地说，他的修学识，是无人可比的，也是值得国人永远学为榜样的。

毛泽东修学识有如下特点。

（一）贯通今古，融会中西

毛泽东主张要广泛地读书，读古今中外的书，从中兼收并蓄。重要的、经典的书籍，要反复地读，精心研读，温故知新。读书不盲从，要批判地读，汲取精华，去其糟粕。毛泽东说："既要有大胆怀疑和寻根究底的勇气和意志，又要保护一切正确的东西。"读书贵有恒，真心求学，实则不说大话，不好虚名，活到老学到老，绝不懈怠。

（二）读万卷书，行万里路

毛泽东说："闭门求学，其学无用，欲从天下国家万事万物而学之。"从实践中学习，实践出真知，以社会为课堂，调查研究，实事求是。从群众中学习，"卑贱者最聪明，高贵者最愚蠢"，开门办学，从群众中来，到群众中去，甘当人民群众的小学生。毛泽东在湖南第一师范学校读书期间，曾多次游学，做社会考察，向社会学习。建党后，无论是井冈山时期，还是延安时期，他都把深入群众做调查研究，作为获得真知的重要途径。新中国成立后，一直到晚年，毛泽东都十分注重在实践中学习，每年他都要以三分之一以上的时间，深入全国各地了解情况，在经济建设的活动中探求解决经济实际问题的规律。

（三）联系实际，学以致用

毛泽东最反对死读书、读死书。他主张学习的目的全在于应用，要"有的放矢"，理论联系实际。毛泽东把读书与寻求救国救民之道结合起来，在学习中增强才干，历练精神。他主张要带着中国革命和建设的问题学习马克思主义理论，不是为满足好奇心，而是为改造世界，用马克思主义的立场、观点、方法研究解决中国的问题。资料显示，毛泽东所关注的学习课题，都是那些当时关系到中国革命和建设发展大局的重要内容。

毛泽东的修身，还特别强调人格的修养，主张"自尽其性，自完其心"。通过修身，做一个公平正直、坦荡无私、品德高尚、有益于社会的人；做一个关心他人，先人后己，毫不利己，专门利人，全心全意为人民服务的人。

第十一章

平民精神

　　毛泽东的平民精神，指的是毛泽东视自己为平民、终生保持平民心性、始终追求平民修为的精神。毛泽东作为世界伟人排名第一。这是网上和一些学者的研究结论。这个排名结论的得出，列举了诸多方面的比较，我是基本认可的。但总觉得还缺少了些什么，思度一番过后，我找到了其他伟人所没有的东西，这就是毛泽东的平民精神。

　　伟人总以常人不及的智慧和功绩被人称道，在这方面毛泽东亦是他人所不及。正如英国人巴特曼所说的，毛泽东既是最伟大的政治家，又是最伟大的军事家，是一位政治军事天才人物。

　　而毛泽东这位政治军事天才人物，却终生保持了平民精神。想一想，这真是亘世无双，实属的难能可贵，这也更使得其他伟人稍逊风骚，而使毛泽东独居于伟人中的至尊至贤，他人无法比肩，无法超越。

　　毛泽东的平民精神，是他修身的境界，也是他倡导的修身追求。

有了平民精神，就会永远立于不败之地。

一、平民之情愫

平民之情愫，表达的是毛泽东骨子里所具有的平民感情。毛泽东对平民百姓有一种天然的特殊感情，大量的资料显示，他内心深处对平民百姓有一种真挚好感，尤其是对农民，他有着自然的亲近感。有的评论认为，这与毛泽东出身农民家庭有关系，也有的评论认为，这也与他同萧子升游学讨饭得到穷人的帮助有关。但不论什么原因，毛泽东的平民百姓情愫，是真挚而深刻的。

毛泽东了解百姓，爱百姓，和老百姓聊得来，无论在井冈山时期、延安时期，还是新中国成立后，毛泽东都能和平民百姓无拘无束聊天，聊得很投机、很开心。毛泽东的心，始终和平民百姓是相通的。

毛泽东把老百姓看得最高，他认为"卑贱者"最聪明，所以自己带头并要求共产党的干部，老老实实地拜农民、工人为师。最钟爱的大儿子毛岸英回国，毛泽东首先安排他去向农民学习，学习农业技能，接受农民的教育。同样，毛泽东对两个女儿，对家人，都要求他们向农民、工人学习。平民百姓，这些有些人眼里的土包子，在毛泽东眼里是最可尊敬的人。

毛泽东从内心感谢老百姓，他把老百姓看作衣食父母。新中国成立前后，他多次对党的干部讲，没有老百姓，你吃什么？喝什么？

毛泽东心里始终装着老百姓，他最看不得老百姓流泪，最看不得老百姓受苦。三年自然灾害，苏联逼债，中国遭受了严重经济困难，警卫人员回家捎回的菜团子，毛泽东边吃边流泪，并要求每个人都吃，体恤百姓的心情可见一斑。

毛泽东一生以平民自居，吃喝穿用，始终保持着平民的习惯，也严格要求家人保持平民作风，绝对不允许占国家便宜。

毛泽东始终不忘自己出身农民，一生保持着平民的修为，许多和他接触的人，对其平易近人、不做作、率直、随便，都留有很深刻的印象。

埃德加·斯诺说：毛泽东"有着中国农民的质朴淳真的性格，颇有幽默感，喜欢憨笑"。

诺罗顿·西哈努克亲王说："毛泽东既不唯我独尊，也不要任何特权。他与身边的人们，包括他的下属和普通人，尤其是年轻人之间的关系，有种强烈的父子般的意味。在非正式场合，他的随和与朴实很容易让人把他错当成一位热心为乡民服务的村长。"

"热心为乡民服务的村长"，这或许就是毛泽东自己和要全党树立的平民精神。毛泽东说，共产主义者不是政客，必须勇敢而自豪地贯彻党和人民的意志，为人民的利益而生，与人民共患难，为人民的幸福而战斗。

二、平民之孝道

作者没有研究过，作为一国之元首的人是如何孝敬父母的。往实一想，其实也没研究之必要，因为世界之大，文化之差异，也不可能有一个标准性的孝道结论。而以中国论，几千年的封建社会，国家元首就是皇帝，而皇帝是龙种，也无所谓孝道可研究，更何况还有弑父之荒唐。

毛泽东，中国人民的伟大领袖，位列世界名人之巅的伟人，对父母双亲，有着实实在在的中国平民的浓厚孝道。他说，生我者父母，父母的生身之恩、养育之恩不能忘。

而毛泽东的平民之孝道，又是那样质朴敦厚，一改中国传统的陈规陋俗，开"国家元首"之孝道先河，此更实为中国人民的福祉所幸。

1959 年 6 月 25 日，毛泽东一早爬上南竹沟的小山岗，沉痛凭吊父母。当时有人问他要不要把坟墓修一修，他说："不要了，保持原样就行了。"由此可以想开去，如像一些历史上的或现实中的"大人物"耗巨资耀宗修坟，岂不是中国老百姓的不幸。

说到毛泽东的孝道，笔者绝不同意有的著作对他少年叛逆行为，用"不孝"、"逆子"或"忤逆不孝"等来形容。道理同样简单，少年时期的叛逆行为，不足以定性为如何如何的依据，而只是成长中的正常表象，只是有个人的差别罢了。

1910 年，16 岁的毛泽东要到湘乡东山高等小学堂求学，这是他第一次出远门，父母、弟弟、老师、相邻送行，母亲一遍遍叮咛，父亲动情地说："石三，你在外面要吃饱饭！钱用完了给我来信就是，我会送来的。"毛泽东刚走几步，当弟弟告诉他，父亲流泪时，毛泽东突然回身跑向父亲，"扑通"一声跪在父亲面前，连磕三个头，抽泣着说："爹，你放心吧，我会争气的……"这里，父亲的"吝啬"没了，儿子的"不孝"没了。有的，是真正的父子情深。

所以，尽管毛泽东的父亲有时责他"不孝"，也不足为凭，因为那是中国父母对不听话孩子说气话时的通常表述。

还是这次求学，开始时，毛泽东的父亲不同意，毛泽东就找来母亲、舅舅、表兄、同族的长辈、老师来家里做父亲的工作，这里也没有看到毛泽东的倔强和叛逆，说明毛泽东的叛逆期已经结束，而一个懂事有智慧的孩子表现出来。

毛泽东可谓大孝之人，他内心深处对父母的孝道宏厚而深沉。他恪守传统的"孝顺"思想，认为对父母尽奉养之力是做儿子的本分，而自己长日在外未能略尽奉养之力，深感"欲报之德，昊天罔极"之痛！

32 年回故园，毛泽东折下一束松枝献到父母坟顶上，神情凝重，双手合拢三鞠躬，喃喃地说道："父亲，母亲，我看望你俩来了！"

此情此景，对父母的深情不言自明。

毛泽东的父亲，精明能干，克勤克俭，坚韧倔强，富而不奢，克己奉公，教子有方，正是"亲者严，疏者宽"；毛泽东的母亲，聪明贤惠，勤劳质朴，心地善良，待人宽厚，真诚慷慨，不存欺心。双亲之德，为中华民族培养了最伟大的领袖。

三、平民之婿孝

已有的资料，足以让人看到一个十分重情重义的克尽婿孝的毛泽东。

杨开慧的父亲杨昌济，既是毛泽东的岳丈，又是毛泽东的恩师。杨先生病重住院，毛泽东在百忙中多次挤时间到医院探望，协助杨开慧照料病父。

杨先生逝世，毛泽东与蔡元培、范源濂、章士钊、杨度、黎锦熙等签发讣告，并协助料理全部后事，陪杨家扶柩南下故里。

毛泽东1927年领导秋收起义部队上井冈山，由于战争环境和条件限制，22年与杨家联系隔断。1949年8月5日，长沙解放，杨开慧的哥哥杨开智、嫂嫂李崇德，在一位解放军负责人的帮助下与毛泽东取得了联系。

当毛泽东得知岳母杨老夫人健在，十分欣慰，遂向老人家敬致祝贺，介绍毛岸英、毛岸青的情况，并询问家中衣食经济情况。1949年9月，王稼祥的夫人朱仲丽回湖南省亲，毛泽东托其给岳母杨老夫人捎去皮袄。1950年5月，岳母杨老夫人80大寿，毛泽东安排毛岸英回湘为外祖母祝寿。

1962年岳母杨老夫人逝世，毛泽东十分哀痛，致电妻兄杨开智，杨老夫人可以与夫人杨开慧同穴，两家同是一家，是一家，不分彼此。

毛泽东的贺家岳父岳母，都是参家革命的人。岳父病逝于江西赣州，是项英料理的后事。岳母，后来组织上接到延安，病逝后，毛泽东为岳母安葬并立碑。胡宗南占领延安时，把老人的坟挖了。收复延安后，毛泽东又拿出 10 元钱，请老乡重新造了坟。

这就是作为女婿的毛泽东，对岳父岳母的婿孝，不仅极具中国平民色彩，而且真情实意、恪守不渝，不因杨开慧牺牲、杨家与毛泽东中断联系 20 多年、贺子珍与毛泽东分离远在苏联而稍有疏虞。

毛泽东的婿孝实为完美。

四、平民之兄义

平民之兄义，是指毛泽东对弟弟、妹妹的平民化情义。毛泽东在家居长，大弟弟毛泽民，小弟弟毛泽覃，堂妹毛泽建。弟弟、妹妹均在毛泽东的带领下投身革命，为人民利益而牺牲。毛泽东的弟弟、妹妹，也都是叱咤风云的革命英雄人物，因此，论述他们为革命赴汤蹈火、万死不辞的文献诸多，但述及毛泽东与弟弟、妹妹之间情义的文献较少。从不多的资料看，毛泽东对弟弟、妹妹亦有着中国平民所具有的长兄为父般的大爱兄义。

资料显示，小弟毛泽覃从 1918 年起跟着毛泽东在长沙就学，而毛泽东的母亲 1919 年 10 月病逝，父亲 1920 年 1 月 23 日病逝。毛泽覃比毛泽东小 12 岁，这说明父母在世时，毛泽东就负起了兄长的责任，照顾年仅 13 岁的小弟弟上学成长，尽管毛泽东从事革命活动十分繁忙。这与中国大多数家庭兄长的作为是一样的。

长兄为父。一个家庭，父亲不在了，长子就要负起父亲的责任。父母去世后，毛泽东 1921 年 2 月回到了上屋场家里，召集全家人开会，作出了舍家参加革命的决定。这一决定，说明了两点：一是毛泽东确实起到了长兄为父的作用，父母不在了，毛泽东就成为家里的核心。

试想，如父母在，这是万难行通的。二是毛泽东如同父亲一样对弟弟、妹妹的生活作出了安排。毛泽东笃志革命、救国救民，他认为这是最伟大的事业，所以把弟弟、妹妹都拉进了革命队伍。而弟弟、妹妹都听毛泽东的，这也就足以说明了他们兄妹之间的手足情义。

毛泽东之兄义，还有一件事也颇能说明问题，这件事就是毛泽东为怒斥毛泽覃而四次自责。

1930年12月26日，毛泽东发现弟弟毛泽覃的下属为完成江西省行委和省苏维埃任务而强行"扩红"的错误行为，在赣西南君埠让人把毛泽覃叫来，不分缘由大加训斥，遭到毛泽覃强烈争辩后，毛泽东气得举手想打小弟。

这件事，毛泽东一次对朱德、周恩来等人忆及，深感内疚而自责。1959年4月，在上海召开的中共八届七中全会上，毛泽东心情沉重地再次坦诚自责。回到北京后的一个星期天，秘书田家英陪毛泽东散步，问及此事，毛泽东第三次自责。

毛泽东说："我的弟弟（指毛泽覃）是个坚定的共产主义战士，他受了我的影响，在革命队伍里不甘落后，长了不少见识，懂得了许多革命道理。1927年8月初，他到了南昌，却没有赶上南昌起义，一个人走了几百里路，困难重重，沿途当叫花子，向小摊贩讨饭吃，后来，总算在临川城外追上了部队，成了朱德的特遣大使，上井冈山与我联络，实现了朱毛会师，并创建了井冈山第一个党支部，他任书记。想到以前在江西君埠的争吵，我对弟弟缺乏民主，甚至动辄想用拳头来制服，承袭了父亲的家长专制作风，太不理智，太不应该。"

1959年6月30日，毛泽东第一次上庐山，下榻在"美庐"别墅，次日挥毫写下了著名诗篇《七律·登庐山》。一天，他与湖南省委第一书记周小舟等闲谈时，第四次为要打小弟事深深自责。

毛泽东为此事四次自责，个中的原因，不外乎两个方面。一方面是毛泽覃因他而受过很大的委屈，受到撤职处分，下到兴国县基层改造，以至于长征开始了，毛泽东也无法把他带走，不到而立之年便为革命献出了生命。这是毛泽东深感对不起小弟的。另一方面就是兄弟之间情同手足的深厚感情。

毛泽东毫无顾忌地怒斥毛泽覃甚至想打毛泽覃的行为，正是中国传统之兄长教训弟弟、妹妹的兄义真情。这里我们也清楚地看出毛泽东"亲者严，疏者宽"的家风，这在毛泽东对子女的严格要求中体现得尤为清楚。

五、平民之父爱

平民之父爱，是指毛泽东与子女之间平民化的真情厚谊。毛泽东的大爱大情真是中华民族之永远的楷模。

毛泽东十分爱他的子女，但又因他为国为民日夜操劳，而少于平民家庭的儿女绕膝、欢声绕梁，对此，毛泽东深负疚感。他曾对卫士们说："对我来说，爱人和孩子为我作出了很大牺牲，我是对他们负疚的。"

是啊！对毛泽东来说，他对爱人和孩子的负疚，正是他对国家和人民的忠诚。没有毛泽东，就没有新中国。毛泽东用身家性命拯救了中国，他是中国人民的大救星。

作为父亲，毛泽东一生有过 10 个子女，而因为国为民奋斗失去了 7 个，真不知还有什么代价比这更沉重，还有什么打击比这更令人悲痛！

毛泽东的 10 个儿女，长大成人的 4 个，两个儿子两个女儿，他给予了他们平民化的父情真爱。

长子毛岸英，1922 年 10 月出生；次子毛岸青，1923 年 11 月出生。毛泽东 1927 年离开家时，毛岸英不满 5 岁，毛岸青不满 4 岁。

1938年，有人从苏联回延安，捎回了两个儿子的照片给毛泽东，他禁不住热泪盈眶，很快写了一封信托人捎去，只隔一日，又托人捎信去，并附上自己的照片，急切地请儿子"写点回信给我"。

在与儿子的通信中，毛泽东强调儿子不要有优越感，自己的路自己走，"你们有你们的前程，或好或坏，决定于你们自己及你们的直接环境"。

毛泽东对子女的爱，一以贯之的是一个"严"字，这种"严"，表达的正是毛泽东平民化的父爱和尤为重视培养子女的平民意识。

毛岸英27岁时要求结婚，未婚妻刘思齐差几个月不到18岁（当时解放区的婚姻法规定男子20岁、女子18岁方能结婚），毛泽东坚决不允许，当毛岸英分辩说很多人也不到年龄结了婚时，他强调毛泽东的子女必须更加严格地遵守法律。

新中国成立后，毛泽东先是派毛岸英去工厂，与工人一同学习、一同劳动、一同生活。朝鲜战争爆发，毛泽东又派他去朝鲜前线，成为保家卫国的普通指战员中的一员，直至牺牲。毛泽东说：岸英就是牺牲了的成千上万革命烈士中的一员，一个普通战士。

毛泽东始终保持着普通平民的作风，他更不认为自己的孩子和普通人家的孩子有什么不同。

李敏、李讷，是毛泽东的两个女儿，也是他的心爱，但他一直规定女儿们和普通人一样，决不允许搞半点特殊。

李敏、李讷，小的时候住在丰泽园南园的松树斋，毛泽东规定她们都去中南海的东八所食堂就餐，与机关干部、战士一样排队买饭，只有星期六才在他这里吃一顿饭，用以交流工作、思想情况。

李敏、李讷上大学后，都在学校住集体宿舍，七八个人一间屋，睡上下铺，与同学们一样地吃，一样地下乡参加劳动，一样地在星期六坐公共汽车回家。参加工作后，她们先后都下基层搞过"四清"，去过"五七"干校，与广大的普通干部一样，接受人民群众的教育锻炼。

三年自然灾害时期，全国人民都感到定量不够吃，李讷也不例外。有时星期六从学校回来，毛泽东和江青就把自己的那一份省给她吃。一次警卫员拿了一包饼干给李讷，毛泽东知道后，声色俱厉地狠批李银桥，李银桥辩解说别的家长也有送东西的时候。毛泽东更是不能容忍，拍桌子说："别人可以送，我的孩子一块饼干也不能送。"

毛泽东让儿女们各守本分，多吃苦，多磨炼，永远保持劳动人民的本色。这就是毛泽东对儿女们的大爱——平民化。

李敏、李讷现都已年逾古稀，仍保持着非常朴素的作风，但她们受到了社会的深深爱戴。

纵观历史，大人物如何爱子女，确是一道难题。不然，就不会有纨绔子弟、八旗子弟这些词汇的出现。

毛泽东平民之父爱，虽于他的子女没有带来飞黄腾达，却于国之大家立了永世风范，值得共产党人认真学习和效法。

时下的大大小小的"老虎""苍蝇"，如能学得毛泽东的千分有一，也不至于把自己和子女送进监狱。

六、平民之率真

平民之率真，是指毛泽东所具有的像平民一样的坦诚、直爽、不修琢的心性和品格。毛泽东是真正的男子汉，坦荡磊落，真真切切，不作假，不做作，不掩饰，不会顺情说好话，不会见风使舵。这种在神话故事中只有神仙才有的天性，使他蒙受过巨大耻辱，更使他赢得了其他任何人也不会有的敬重。

毛泽东投身革命后与嫡亲的人相聚甚少，与身边工作人员朝夕相处。他和他们亦庄亦谐，一起散步、一起游泳、一起跳舞，这时候，警卫员和他有说有笑、没大没小，既可以贫嘴，还可以动手动脚。

有一次，他在火车上过生日，车过天津，他买了天津包子请大家，和大家协定，他吃辣椒，大家喝酒，结果卫士长竟喝多了。你想想，这场面之融和度与平民之酒场何异？

延安时期，美国记者埃德加·斯诺一次访问林彪的时候，小小的窑洞里非常热，毛泽东把身子向床上一躺，脱下了裤子，向着墙壁上的军用地图仔细研究了20分钟，只有林彪偶尔插嘴问他一些日期和人名，而毛泽东都是一概知道的。斯诺觉得毛泽东完全不在乎他的形象。

"文化大革命"时期，部队要求"语录化"、"红海洋"、戴毛主席像章，中央警卫团也不例外。毛泽东对这种做法极为不满意，所以他的工作人员、警卫人员一律不戴。一次，有位工作人员戴了一枚新出的、很漂亮的主席像章，毛泽东看到了，工作人员忙解释说：我们热爱……没等工作人员说完，他指着自己的像章说："那有屁用！"闹得这位工作人员很难堪。这话在民间是常用的，伟大领袖在不高兴的时候也是同样。

当然，毛泽东的不高兴，主要是针对社会上形式主义的做法。

七、平民之饮食

平民之饮食，是指毛泽东保持的平民化饮食标准。毛泽东饮食极为节俭，粗茶淡饭，吃什么饭菜毫不介意。正经吃饭是四菜一汤。饭，始终是红糙米，有时还要掺上小米，或黑豆，或芋头。四菜，当中少不了一碟干辣子，一碟霉豆腐，其他两个菜也多是青菜。汤，有时就是刷盘子的水。

毛泽东正经吃饭的时候并不多，因公务繁忙，常常是工作起来不分钟点，所以吃饭也就没有钟点。一天吃两餐的时候多，只吃一餐的时候也有。为了节省时间，他不愿意坐在饭桌前吃饭，经常让卫士们用搪瓷缸子煮一缸麦片粥或是一缸挂面，就着生活秘书叶子龙为他做的霉豆腐吃下去，就算是一顿饭。

1957 年 2 月，毛泽东准备在最高国务会议上作关于正确处理人民内部矛盾的讲话，两天没睡觉，只吃了一顿饭，喝了两缸麦片粥。凌晨两点，他要卫士封耀松给他烤几个芋头，封耀松烤好后送进去，十几分钟后，听到毛泽东的鼾声不正常，进去看到毛泽东歪着脑袋，口含半个芋头睡着了。这使封耀松心颤，潸然泪下。

有的著述把毛泽东的饮食归类为农民习惯。笔者极不赞成这种浅薄的认识，什么是农民习惯？农民就不知道吃好的！经济条件达不到，农民的饮食就只能是粗茶淡饭。经济条件好了，农民照样是变着花样吃。所以，没有农民习惯这么一说。

那么，怎样看待毛泽东的饮食呢？

笔者认为，毛泽东是在刻意地修炼他的人格，为人民过日子。他要通过自身的榜样，告诉全党必须保持劳动人民（平民）的本色，保住人民的江山不变颜色。这是他骨子里的东西。

试想，如果毛泽东讲究吃喝，那么，其他中央领导也必然仿效。中央领导仿效，省部级干部也就必然效法。省部级干部效法，地市县乡干部就必然"发扬光大"，结果就必然是吃喝成风。

一旦吃喝成风，就会腐败泛滥。

从毛泽东不吃肉的实例也可以反证这种推论。毛泽东饮食上有两个爱好：尖辣椒、红烧肉。

爱吃红烧肉，是卫士李银桥发现的。解放战争时期，毛泽东为了指挥沙家店战役，三天两夜不出屋、不上床、不合眼，战役胜利结束后，他要李银桥想法子搞一碗红烧肉吃，而且要肥点的。他说："这段时间用脑子太多，你给我吃点红烧肉对我脑子有好处。"

从这时候起，李银桥知道了毛泽东的这个嗜好，所以，以后毛泽东指挥大战役或者连续写作几昼夜，他就想法替毛泽东搞一碗红烧肉吃。当然，也有顾不上吃的时候，毛泽东指挥三大战役，经常连续熬夜，他知道李银桥为他饮食营养操心，便说："不要乱忙，你弄了我也顾不上吃。你只要隔三天给我弄一顿红烧肉，我肯定能打败蒋介石。"

三年自然灾害，加之苏联变本加厉的逼债，国家处于暂时困难时期。为了度过难关，毛泽东决定不吃肉，周恩来等也跟着不吃肉。毛泽东常常是一盘马齿苋就一顿饭，一盘炒菠菜支撑一天工作。毛泽东的脚浮肿了，脚背按下去就是一个坑。

周恩来一次又一次劝说："主席，吃口猪肉吧，为全党全国人民吃一口吧！"

毛泽东摇摇头，说："你不是也不吃吗？大家都不吃。"宋庆龄从上海给他带来一网兜螃蟹，毛泽东收下，宋庆龄一走，他便把螃蟹转送给警卫战士。

由此，稍加一想便可明了，毛泽东的饮食，粗茶淡饭不是习惯，而是修为。

毛泽东平常饮食如此节俭，过生日更是如此。人们都知道，毛泽东规定领导人不祝寿。那么，毛泽东的生日是如何过的呢？

王鹤滨是毛泽东的保健医生。1952年12月26日，毛泽东的卫士通知他去陪毛泽东吃饭。他看到餐桌上摆了"老三样"：酱菜、腐乳、辣椒，外加一碟牛肉，餐桌中央放着一小盆连汤面，桌子两头各放着一杯红葡萄酒。毛泽东进饭厅，示意王鹤滨坐下，然后举起酒来说："王医生，来！干杯！今天是我的生日。"

这是毛泽东59岁的生日。那么，毛泽东60岁的生日是怎样过的呢？

60岁生日，在中华民族的传统中是一个大寿，非常重要。因为，按照中华民族的天干地支纪年法，正好是一轮甲子。就是普通的人家，也要好好烧一桌菜庆祝一番。而毛泽东1953年12月26日60岁大寿，请了所有的卫士一起吃了顿汤面就算是过了"大寿"。

这就是为人民建立了丰功伟绩的毛泽东，国家的最高领导人，在老百姓眼里他就是至高无上的"皇帝"，皇帝吃什么都是应该的。是啊，毛泽东如果想吃，又有什么吃不到呢？

毛泽东的饮食节俭，开创了毛泽东时代的节俭之风。这是中国人民的福气！

吃喝不是小事，历朝历代的君王官僚，日食万钱，使得平民苦不堪言。清朝的穷奢极欲，使得中国遭受了百余年的耻辱。

再说了，毛泽东是当过国民党高官的，那时也没有听说毛泽东有农民的饮食习惯。所以，用习惯来解释毛泽东的饮食，是不足以服人的。

八、平民之衣着

平民之衣着，是指毛泽东保持的平民化的衣着心境。那么，什么是毛泽东的平民化衣着心境呢？就是没条件讲究的时候不讲究，有条件讲究的时候仍然不讲究。

毛泽东说："经济发展了，有条件讲究仍然约束自己不讲究，这一条难做到。共产党就是要做难做的事。"毛泽东是在"做难做的事"，这就是心境。

对于穿衣，毛泽东说："我的标准是，不露肉，不透风就行。"

战争年代，毛泽东的一件灰军装，补丁摞补丁，一直穿着，补丁多了厚得像硬纸板一样，实在不能穿了，毛泽东还要卫士留做补衣服用。他说："这样吧，用它补衣服。他可以继续发挥作用，我希望能继续见到它。"

"节约一件衣服，前方的战士就多一发子弹。"毛泽东一再这样说。是啊！一人节约，人人节约，就是巨大的战争资源，就能为人民打得江山。毛泽东是算大账的。

所以，历史为这位最伟大的人民领袖留下了很多带有一身补丁的形象。

新中国成立后，公开场合难以见到毛泽东带有补丁的外衣了，但他的内衣、内裤以及其他衣物依然是补丁摞补丁，而且这些补丁"千姿百态"，白布头、蓝布头、黄布头、灰布头，有什么碎布就补什么补丁。毛泽东以国家还很穷，他是人民中的一员为标准，"难做的事"他做到了。

所以，历史又为这位最伟大的人民领袖留下了很多带有补丁摞补丁的珍贵文物。

毛泽东盖过的两条毛巾被，一条补了56块补丁，另一条补了73块补丁。补了73块补丁的这条，他一年四季盖着，全然没了原来的颜色。这在一般家庭也是极为少见的。

毛泽东的一双牛皮拖鞋，一穿就是20年，补补修修，修修补补，不知情的修鞋匠不再给修，住地执勤的人员扔进了垃圾箱里。他们哪里想得到，这竟是他们做梦也想见到的伟大领袖穿的拖鞋呢？

毛泽东的这双拖鞋，是1949年访问苏联时，为他在火车上准备的，此后就一直穿着，无论是在北京，还是到外地视察。

1964年6月，毛泽东到湖南长沙，工作人员肖根如拿着这双鞋去找鞋匠修补，修鞋匠见拖鞋破损严重，认为无法修补，不给修，他又不便说这鞋是毛主席的，只好说是老爷爷的，老爷子喜欢，并给两位修鞋匠递了烟，花了几十分钟才算修补完。

1966年，毛泽东回韶山，仍然穿着这双鞋。到长沙时，工作人员趁毛主席休息，就把鞋拿出去放到阳台上吹吹风，等到毛主席快起床时，工作人员去取，发现拖鞋不见了，急得不得了，一问住地执勤的人员才明白，是他们觉得这鞋太破旧，就扔到垃圾箱里了。

毛泽东有两件睡衣，一穿就是十七八年，补丁摞补丁。有一件木薯棉睡衣，一共补了67块补丁，连洗衣房的工作人员都为难，怕一洗再也拿不起来了。

新中国成立后，毛泽东十几年没买过一件新衣服。

毛泽东的一双棕色皮鞋，皮面都皱了，磨损得上不上鞋油，使得鞋面颜色深浅不一，鞋底厚薄不匀，走起路来很不舒服，但毛泽东一直穿着参加重要活动。

1956年，印度尼西亚总统苏加诺访华，毛泽东就是穿着这双鞋接见了这位以奢侈闻名于世的总统。

接见前，公安部部长罗瑞卿见毛泽东穿着这双旧皮鞋，便说："主席，你还是换一双黑色鞋吧！"毛泽东问为什么，罗瑞卿说："按照国际惯例……"

毛泽东听后，显出一副严肃而又不以为然的样子，说："为什么要按外国惯例呢？""我们中国人要按中国人的习惯穿。"

这就是毛泽东，一个不一样的毛泽东，一个有良知的华人禁不住要击掌大赞的毛泽东。

毛泽东"超乎寻常的自立精神和不屈不挠的民族气节，在他的身上达到了完美的统一，以致在中华民族的历史上留下了一个很难超越的楷模"。

毛泽东的平民衣着，成了毛家的家风，他的子女都养成了穿衣朴素的作风。儿媳邵华，一生都没有像样的衣服。

九、平民之随性

平民之随性，是指毛泽东所具有的平民化任性特点。这主要表现在毛泽东日常生活中的随性所欲，像平民百姓那样随心性而为。

毛泽东是中国共产党的领袖和军队的最高统帅，他有着无可比拟的意志力，被西方誉为人类意志力的典型代表。1945年重庆谈判，平时手不离烟的毛泽东，竟避之毫无，致使蒋介石由衷赞叹。

是的，在事关党、国家和民族利益时，毛泽东有着无以撼动的原则性，丝毫不会因自己好恶而取舍。但在日常生活中，毛泽东则会随性而为，游泳就是最好的例子。

毛泽东酷爱游泳，而且游技高超，能平躺在水面上一动不动。

1954年9月，北戴河已是"秋风萧瑟"，几场大雨过后，海水温度大幅下降。所以，一天中午，毛泽东提出要下海游泳时，医生和警卫员极力劝阻。

"水很凉，会抽筋。"

"我不怕，就你们怕冷，你们别游么。"

"浪太大，岸边的浪有一米多高。"

"那才好么，乘风破浪，这正是机会。"

顶风，浪大，几个年轻战士试几次，都被浪打回来了，根本冲不过去。毛泽东说：

"一个人冲不过去，这么多人还冲不过去？岂有此理。"

"浪太大，贝壳全冲到岸边，要扎伤脚的。"

"从小我打赤脚，就不上山砍柴了？叫你说的。"

看看这段对话，毛泽东多像一个农村倔强的老爷子。

毛泽东力排众议，坚定地走向大海。他迎着呼啸的海风、咆哮的浊浪，像孩子般地高呼："赶浪，我们赶浪。"

面对狂怒的大浪，毛泽东笑了："嘿嘿，我总算找到一个好对手。"

阵阵排浪把警卫战士们打回沙滩，不少人胆怯了，露出了难色。毛泽东问卫士长李银桥："这点浪比刘戡的四个半旅还难闯吗？你们是不是觉得跟我走太危险？你们要是害怕，我可以另外组织人。"

这还能再说什么？李银桥招呼众警卫员，手挽手，肩并肩，拥护着毛泽东，冲进了大海。

大海退缩了，毛泽东在浪峰波谷自若地游着。他对身边的同志说：

"你们正年轻，要经风雨见世面。不要做温室里的花草，要在大风大浪里锻炼成长。"

弦外之音或许正是毛泽东宏大战略视野中的聚焦点，今天看起来，这又是何等的至关重要！

再说1956年夏天的一次，毛泽东在广州，提出要到长江游泳。随行的罗瑞卿、王任重等人都认为很危险，坚决反对。

毛泽东不听，大声冲着王任重说："无非怕我死在你那个地方！你怎么知道我会淹死？"

王任重不好说话了。罗瑞卿仍然说："保护你的安全是党和人民交给我的责任，我是不同意你冒风险的。"

"哪里没有一点风险？坐在家里，房子还可能塌呢！"毛泽东冷笑着说。

相持不下，毛泽东便命令一中队韩队长去实地调查，长江到底能不能游。

韩队长也是反对毛泽东游长江的。他到长江问了一些人，都说长江里旋涡太大太多，不能游。他便回来汇报。

"你下水了没有？"毛泽东沉下脸问道。

"没有。"韩队长脸红了。

"没下水你怎么知道不能游？你别说了，不要解释了。"毛泽东说完，便命令副卫士长孙勇再去调查。

孙勇下长江游了一趟，回来报告说长江可以游泳。这就谁也不能阻拦毛泽东了，王任重只好赶紧回武汉安排。

6月1日，毛泽东从武昌游达汉口，游了2小时零4分钟，游程13千米。

6月3日，毛泽东第二次游长江。这天，气温较低，有风，有涌浪。毛泽东穿过长江大桥桥洞，游过长江和汉水汇合处，直达武昌八大家附近，游程14千米。

6月4日，毛泽东再次畅游长江。

研究认为，毛泽东的著名诗作《水调歌头·游泳》，是作于第二次游泳那天。

"才饮长沙水，又食武昌鱼。万里长江横渡，极目楚天舒。不管风吹浪打，胜似闲庭信步，今日得宽余。"

毛泽东说："长江，别人都说很大，其实，大，并不可怕。美帝国主义不是很大吗？我们顶了他一下也没有啥。所以，世界上有些大的东西，其实并不可怕。"

那个年代，正是以美国为首的西方势力极力封锁中国的时期，毛泽东"横空出世"的齐天性格，使中国人民把西方的封锁蔑视地踩在了脚下。

毛泽东还有到美国密西西比河游泳的想法。1959年3月，毛泽东接见美国作家斯特朗、学者杜波依博士及其夫人时说：

"如果你们三位不反对，我愿意去游密西西比河。但是，我想另外三人可能会反对：杜勒斯先生、尼克松先生和艾森豪威尔总统。"

在毛泽东眼里，寰球可谓小小，密西西比河如同家门口的江河一样。试想，如果不是封锁阻隔，毛泽东真的可能游了美国的密西西比河，那世界各国的国王、总统、首相等，将是朝圣一片。

毛泽东的随性，长了国家志气，那个时代游泳成为全民健身运动，国人豪情万丈。

十、平民之乡邻

平民之乡邻，是指毛泽东所具有的平民化的乡邻情分风格。他对人热情诚恳，就像中国广大平民百姓四邻街坊一样融洽和真诚，就像有人讲的他像热心为乡民服务的村长，这也使得毛泽东形成了征服一切的令人无法形容的伟人风格。

中国古代的皇帝自称寡人，是没有邻居的哦！

毛泽东邀请到家做客的民主人士、同学、朋友，总是亲自为人夹菜招待，包括他的工作人员。王鹤滨是毛泽东的保健医生，到毛泽东身边工作 3 年，不知道毛泽东的生日。1952 年 12 月 26 日，毛泽东邀请他作为唯一的客人过生日，毛泽东首先为王鹤滨夹菜，给王鹤滨盛汤面，俨然就是主人招待邻居。

一次，毛泽东去杭州视察，住地的同志为他准备了小铜墨盒，以方便办公。毛泽东觉得这个小铜墨盒比他的大墨盒方便携带，就让警卫员周福明与地方的同志商量，能不能用他的大墨盒换他们的小铜墨盒。

结果可想而知，地方上的同志哪会不同意呢，都说主席就留下用吧。但毛泽东依旧把从家里带来的大墨盒留在杭州，换回了小铜墨盒。现在，那个从杭州换的小铜墨盒还在中南海。

这正是平民百姓邻里之间常有的做法，是一种无间隙的乡邻情感。

毛泽东生前经常教导他的子女和家人，要夹住尾巴做人，要做一个普通人。毛泽东待人的乡邻情感，实质正是他做普通人的修为。

1937 年 1 月 4 日，毛泽东和中央机关从保安往延安转移，第二天来到保安县的诗儿台，毛泽东住在老乡的土窑洞里。警卫员贺清华给毛泽东烧热了炕，正要出去，毛泽东叫住了他，说："外面人多地方小，睡不下，今晚你就跟我一起睡吧！"

贺清华困极了，一躺下便睡着了，毛泽东为他盖好被子，又把自己的大衣给他盖上。贺清华正睡得迷迷糊糊时，听到毛泽东的喊声，原来是褥子着火了，扑灭了火，毛泽东把中间烧了个洞的褥子移了个位置，又招呼贺清华睡下，给他盖好被子和大衣，然后自己才睡。

在中国北方的农村，尤其冬天，夜间串门太晚了，就在邻居家的炕上凑合一宿。这就是乡情。

从不以领袖自居，而甘享平民之乐，这就是毛泽东的处世风格。

20 世纪 50 年代的一个夏天，烈日炎炎，毛泽东在他的书房会见越南劳动党中央主席胡志明。毛泽东给胡志明递去毛巾让他擦汗，然后就劝他把汗衫也索性脱掉。胡志明摸一摸长长的胡子，仰天大笑说："哪能？哪能？"

而当人们专注毛泽东时，才发现毛泽东已是只穿了件白衬衣，脚踏一双布拖鞋。毛泽东一边给胡志明扇着扇子，一边说："别客气，在这里就像在家里一样嘛！"在毛泽东的亲切劝说下，胡志明脱掉了湿湿的衬衫，袒露着上身，赤脚穿着"抗战胶鞋"，与毛泽东开怀畅谈。

"毛泽东热"，热在中国，热在世界，绝非偶然。

1955 年授上将军衔的陈士榘，1995 年逝世时对家人说，他这一生，最敬爱的人就是毛主席！

"胡子"将军孙毅，长寿百岁，退休后依然一身戎装，始终都以毛主席的士兵自称。

……

毛泽东在外国人心目中同样是一位历史巨人，各国政要、学者的评价、赞誉、颂扬，蔚为大观，甚至远远超过国人。

十一、平民之义气

平民之义气，是指毛泽东所具有的平民化的不忘旧情的风格。毛泽东是个极念旧情的人，他把友情看得很重。对待友情，他不像有些人那样，因自己的地位变化而变化。他对于老友，情长义重，耿耿不忘，真情交往不分你我。正如李银桥说的，"在私交中，毛泽东是论情论理，很讲'朋友义气'的"。

从青年时代起，毛泽东就十分注意广交朋友，以便相互切磋，相互砥砺。他成为党的领袖后，为了避免在党内有亲有疏，形成派别山头，对党的高级干部除工作接触外，一般很少来往，但对党内非从政的故旧，特别是党外的各界朋友，他仍保持着平民化的重义气、讲感情的真性情。

李达，是党的第一次全国代表大会 12 位代表之一，是党的首任宣传部长，后因在国共合作问题上与陈独秀分歧而离开党组织。毛泽东对这位"身在曹营心在汉"的老朋友一直记挂在心。1948 年初，毛泽东曾三次电示华南局护送李达去解放区。

李达因身体原因，于 1949 年 5 月才到达北平。到达后的第四天，毛泽东就把他请到家中叙谈，谈到深夜，毛泽东见李达有几分倦意，便留李达在自己的床上睡觉，自己接着工作。

章士钊，毛泽东一直很敬重这位老人，不时请他到家来晤谈、吃饭。有一次，毛泽东问章士钊的女儿章含之："你对你那位老人家怎么看啊？"

当章含之说他父亲是剥削阶级、是统战对象时，毛泽东细数了章士钊的进步与做的好事，并从自己的稿费中拿钱还章士钊 1920 年资助青年赴欧勤工俭学的 2 万元旧账，每年还 2000 元，10 年还完，然后又以利息的名义还，直至章老逝世。

章士钊苦心创作的巨著《柳文指要》，在出版时遭到了康生的刁难，他向毛泽东申诉，毛泽东又为他解难，使这部大作问世。

张干，毛泽东在湖南第一师范学校读书时的校长，因他要每个学生多交 10 元学杂费，要第四师范学校合并到第一师范学校的学生多读半年书，为此遭到毛泽东带头反对，要赶走张干，而张干则要开除毛泽东等为首的十多名学生。

新中国成立后，毛泽东当了国家主席，而土改中张干又被定为"地主"成分，这如果上头怪罪下来，那是吃不消的。

可是，张干万没想到 1950 年 10 月接到政府工作人员送来的救济米和救济款，说是毛主席知道他家生活困难，特致函省政府主席王首道予以照顾的。

原来，国庆节湖南第一师范学校的师友聚会时，毛泽东问起老校长张干的情况，知道了他还健在，一直教书，现在家中生活困难，于是毛泽东致信王首道对张干救济。

一个月后，毛泽东又写信给张干表达问候。1951年9月，毛泽东特邀请张干到北京参观两个月，用自己的稿费给他买了日用品。1960年困难时期，毛泽东又托湖南省委第一书记张平化给张干捎去2000元钱。"文化大革命"时期，张干受到冲击，毛泽东又给予保护。

张干逢人便说："毛泽东的伟大真是'天高地厚''胞与为怀'"，"此生此世，不知如何报答他啊！"

这三个实例，没经过革命年代的人们理解可能稍显肤浅，但也足以窥见毛泽东重感情、讲义气之气度恢宏。

毛泽东在交友中非常注重对方的长处。比如，李达检讨早年脱党的错误，毛泽东则讲他在白区宣传马克思主义的贡献。再如，章含之讲他父亲帮助蒋介石做事等，毛泽东则讲章士钊进步的表现。还如，张干自责要开除毛泽东的事，毛泽东则称自己那时年轻，并赞其一直从事教育的难能可贵。

看到朋友的长处，才能交得真诚，这或是毛泽东极受朋友爱戴的一个原因。

十二、平民之称呼

平民之称呼，是指毛泽东所表现出的遵从平民化称谓的特点。不要小看这一呼一称，它能够透视出一个人的心境和品位。毛泽东从内心把自己当成一个普通人，所以他就自然遵从平民化的称谓。

1965年5月，毛泽东重上井冈山，他说："我这次重上井冈山，

真是弹指一挥间。千百万革命先烈用鲜血换来的人民江山，会不会
因为我们队伍里滋长特权思想而改变颜色呢？我一想到建立红色政
权牺牲了那么多的好青年、好同志，我就担心今天的政权。你们看，
苏联党内特权、官僚集团占据了国家要害部门，捞取大量政治、经
济利益，一般党员和老百姓没有什么权利，你提意见，他们不听，
还要打击迫害。我们国家也有这种危险啊！"

所以，毛泽东要接见老红军、老赤卫队员、干部、工人、农民、
居民。

5月29日接见时，毛泽东来到革命烈士袁文才的发妻谢梅香跟
前，没等井冈山管理局局长介绍，他就一眼认出了38年前的故人，
紧握着谢梅香的手，真情地唤道："袁嫂子……"

谢梅香的眼泪"哗"地流了出来，只顾抹泪，呆呆地仰望着毛
泽东。

毛泽东这种民间的称呼，在他回韶山、到老区、外地视察时都
一贯地保持着。

还有一种民间的称谓习惯，就是自己的同事、同仁、朋友等，
让自己的孩子均以父辈的关系称谓。毛泽东也遵从了这种民间习惯，
他的警卫员，他让孩子们叫叔叔，尽管这些警卫员和李敏、李讷的
年龄差不多，有的还比她们小，这是毛泽东定的家规。

这典型地反映了中国民间的称呼习惯。

对工作人员、警卫人员，毛泽东工作中称他们为同志，他认为
称同志感情最深。生活中他则经常随意叫，例如，叫他的管理员吴
连登为"咸城人"，因为吴连登是江苏盐城人，有时则喊他为"身边
一盏不灭的灯"。这也反映了民间对熟人随意称谓的特点。

应该说，毛泽东开了最高领袖、最高国家领导人沿袭平民称呼
的先河，这也是一个了不起的创举，它深深体现了毛泽东平民精神
的可贵。

十三、平民之钟爱

人，七情六欲，钟情一物，极为之迷，现代人称为"粉丝"。毛泽东这位世界级的大伟人，同样有着平民一般的钟爱。如果说有差别的话，就是毛泽东的着迷具更高水准。当然，更有别于时下的歌迷，只有狂热，而无判断。

毛泽东钟爱刘春泉的湘剧胡子戏。刘春泉的湘剧胡子戏，倾倒湖南观众，倾倒戏曲界名流。毛泽东就是诸多被倾倒者之一。

刘春泉，祖籍湖南湘潭，1934年4月出生在江西张家坊的一个养鸭的木棚里，后成为著名湘剧表演艺术家，国家一级演员，曾任湖南湘剧院副院长。她的父亲也是唱戏的，唱旦角。刘春泉4岁登台献艺，6岁誉满江南，人称"六岁红"，唱生角。

1956年，毛泽东在怀仁堂第一次看刘春泉的戏，他神情极为投入，右手情不自禁地放在左手掌上，点板点眼，演出结束，他对着李维汉称赞刘春泉在《六郎斩子》中饰演的杨延昭。从此，他记住了刘春泉这位能演戏的小同乡。

这之后，毛泽东多次点名看过刘春泉的戏，直到1975年2月。他看过的刘春泉的戏包括《生死牌》《玉麒麟》《追鱼记》《天门阵》《卢俊义上梁山》《胡迪骂阎》《捉放曹》等，共计40多部。

同大多数戏迷一样，毛泽东1959年看过刘春泉的戏后，也要了刘春泉的两张《生死牌》剧照和便装照。他喜欢刘春泉的唱腔和演出风格，说刘春泉唱腔非常好，有周信芳的风度和气魄，挂的胡子也很漂亮。

毛泽东欣赏刘春泉的戏，也更加关心她的成长。他要刘春泉记住，"满招损，谦受益"，不要骄傲，要谦虚谨慎，向老一辈艺人学习，要传教好年幼的一代，要争取入党，做到又红又专，创造出更多优美的舞台形象，使观众满意。

刘春泉一直到55岁还能唱生角，获得很高赞誉，她说："这一切归功于党，归功于毛主席。"

毛泽东的平民精神，体现在他工作、学习、生活的各个方面，在此只能述及一二。毛泽东平民精神使得毛泽东形象更加完美，成为不可超越的"历史上最伟大的人民救星"。

研究毛泽东平民精神，极有现实意义，君不见，一些"七品""八品""九品"官，总觉得自己了不得，是什么官命，视老百姓为草民，不屑一顾，如此官民对立，为人民服务何从谈起。

后 记

这样一部书，整整写了 3 年。

生在毛泽东时代，长在毛泽东时代，喊着"毛主席万岁"长大。我个人感觉，不系统学习研究毛泽东，真就不知道毛泽东无与伦比的卓越，真就不能切实明白毛泽东为中国共产党、为中国人民军队、为新中国、为中国人民、为中华民族作出的无与伦比的伟大贡献。

写作过程是艰苦的，因为资料浩繁，阅读查找工作量大，也因年龄关系，心力、体力不盈，常常是白天思倦，夜梦中"工作"依然。

写作过程是感动的，常常为毛泽东的意志、豪气、胆魄、智慧而拍案叫绝，也常常为毛泽东的鞠躬尽瘁、严于律己、举家奉献而感动不已，更常常为毛泽东的冤辱、清苦、寂寞、疾患而悲悯心痛。

毛泽东一生太累了、太不容易了、太了不得了。

通过阅读、研究、写作，毛泽东成为我心目中极为崇敬的最伟大的圣贤。

没有毛泽东就没有新中国，毛泽东是中华民族5000年历史上最伟大的英雄，是世界顶级的伟人，历史将千秋万代铭记，任何轻薄的评论，都将为历史所嘲笑，任何怀有不可告人目的的恶意攻击，都将为历史所唾弃。"王杨卢骆当时体，轻薄为文哂未休。尔曹身与名俱灭，不废江河万古流。"

毛泽东精神，本书作了初浅的探讨，书中的观点、结论，皆为一家之言。当然，这一家之言是严肃的，是认真研究史料的思考，没有任何赶时髦和哗众取宠之意。

一家之言，难免差错。文责自负，恳请读者批评指教，我会把任何批评看作对我的帮助和鼓励，也希望通过此书与读者共同更加深入研究探讨毛泽东精神。

毛泽东精神赋予人正能量，愿以读毛泽东、学毛泽东、写毛泽东为余生唯一任务。

本书写作过程中，刘义、张媛媛阅读了全书，并提出了很多好的修改建议。本书出版过程中，中国民主法制出版社刘海涛社长、赵卜慧副总编辑、社科图书出版分社胡孝文社长，认真审读了书稿，提出了很多宝贵的修改意见，为本书的修改成稿贡献了智慧。在此一并表示衷心感谢。

主要参考文献

1.《毛泽东选集》1—4卷，人民出版社，1991年6月第2版。

2. 任志刚:《为什么是毛泽东》,光明日报出版社2013年11月版。

3. 金一南:《苦难辉煌》,华艺出版社2011年6月版。

4. 毛新宇:《母亲邵华》,中国工人出版社2013年12月版。

5. 李敏、李讷:《平民毛泽东》,中国摄影出版社2013年10月版。

6. [美] 瑞贝尔·卡尔:《毛泽东传》,湖南人民出版社2013年12月版。

7. 徐中远:《毛泽东晚年读书纪实》,中央文献出版社2012年1月版。

8. 顾保孜:《毛泽东——最后七年风雨路》,人民文学出版社2010年6月版。

9. 顾保孜:《毛泽东——正值神州有事时》,人民文学出版社2013年7月版。

10. 王子今:《历史学者毛泽东》,西苑出版社2013年1月版。

11. 季世昌、徐四海:《独领风骚——毛泽东诗词赏析》,社会科学文献出版社 2009 年 10 月版。

12. 丁晓平、方健康:《毛泽东印象》,中国青年出版社 2011 年 12 月版。

13. 江涌:《真相——毛泽东的风雨人生》,中国文史出版社 2013 年 1 月版。

14. 马中国:《毛泽东为什么能》,江苏人民出版社 2014 年 3 月版。

15. 中国人民解放军军政大学宣传部:《隆重纪念伟大的领袖和导师毛主席逝世一周年》,1977 年 12 月版。

16. 〔美〕罗斯·特里尔:《毛泽东传》,河北人民出版社 1989 年 7 月版。

17. 贾章旺:《毛泽东——从韶山到中南海》,中国文史出版社 2007 年 4 月版。

18. 成林:《毛泽东的智源》,海南出版社 2001 年 10 月版。

19. 中央文献研究室第一编研室、军事科学院战争理论和战略研究部:《军事统帅毛泽东》,贵州人民出版社 2007 年 8 月版。

20. 中共中央文献研究会、北京东润菊香书屋:《毛泽东箴言》,人民出版社 2009 年 9 月版。

21. 萧延中:《巨人的诞生》,国际文化出版公司 1988 年 12 月版。

22. 〔美〕罗斯·特里尔:《毛泽东传》,中国人民大学出版社 2006 年 9 月版。

23. 晓峰、明军:《毛泽东之谜》,中国人民大学出版社 1992 年 10 月版。

24. 孔冬梅:《改变世界的日子》,中央文献出版社 2006 年 8 月版。

25. 孔冬梅:《翻开我家老影集》,中央文献出版社 2003 年 12 月版。

26. 李健:《红舞台》,中共党史出版社、中国言实出版社2014年3月版。

27. 赵志超:《毛泽东十二次南巡》,中央文献出版社2000年4月版。

28. 谭一青:《毛泽东兵法》,中国青年出版社2014年4月版。

29. 吴连登、丁继华:《毛泽东饮食趣谈》,中央文献出版社2014年9月版。

30. 袁小荣:《毛泽东离京巡视纪实》,人民日报出版社2014年1月版。

31. 毛新宇:《爷爷毛泽东》,国防大学出版社2003年5月版。

32. 侯树东:《一代巨人毛泽东》,中国青年出版社1993年7月版。

33. 于俊道:《毛泽东实录》,中国工人出版社2014年8月版。

34. 蒋含宇、彭淑清:《情系毛泽东》,中央文献出版社2014年1月版。

35. 李君如:《毛泽东与当代中国》,福建人民出版社2014年12月版。

36. 宫力:《毛泽东与中美外交风云》,红旗出版社2014年4月版。

37. 胡长水、李媛:《毛泽东之路——横空出世》,中国青年出版社1993年10月版。

38. 庞松、林蕴晖:《毛泽东之路——立国兴邦》,中国青年出版社1993年10月版。

39. 张树军、雷国珍、高新民:《毛泽东之路——民族救星》,中国青年出版社1993年10月版。

40. 郑谦、韩钢:《毛泽东之路——晚年岁月》,中国青年出版社1993年10月版。

41. 武雷、薛明:《纵说天下风云——政坛内幕纪实》,陕西人民教育出版社1989年6月版。

42. 萧三:《毛泽东的青少年时代》,湖南大学出版社 1988 年 8 月版。

43. 王震宇:《在毛泽东身边》,人民出版社 2009 年 6 月版。

44. 陈毓述、陈丽华:《开国前夜——毛泽东在西柏坡的风云岁月》,中共党史出版社 2003 年 11 月版。

45. 李银桥:《走下神坛的毛泽东》,中外文化出版公司 1989 年 3 月版。

46. 陈湖、文源:《毛泽东的三十险难》,贵州民族出版社 1993 年 1 月版。

47. 黄存林、肖桂清:《毛泽东思想概论》,新华出版社 1999 年 8 月版。

48. 毛泽东思想研究杂志社:《毛泽东思想研究》,2011 年至 2014 年。

49. 中华儿女编委会:《中华儿女》,2005 年第 2 期。

50. 新华文摘杂志社:《新华文摘》,2005 年第 2 期。

51. 中央人民广播电台网络中心:《中广资讯》,中国广播电视协会 2009 年 1 月、5 月。

52. 中国人民银行、金融时报社:《中国金融家》,2015 年 2 月总第 142 期。

53. 李教:《有了毛泽东精神,美国十诚就不会得逞》,网络时事评论,2012 年 4 月。